重庆市精品选修课程《生物技术实践》校本教材

依据高中生物学科核心素养编著

U0461209

生物技术实践

SHENG WU JI SHU SHI JIAN

张基林 刘庆先 陈 斌 编 著

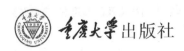

重庆大学出版社

图书在版编目(CIP)数据

生物技术实践 / 张基林,刘庆先,陈斌编著. -- 重庆:重庆大学出版社,2020.6
ISBN 978-7-5689-2179-4

Ⅰ.①生… Ⅱ.①张… ②刘… ③陈… Ⅲ.①生物课—高中—教学参考资料 Ⅳ.①G634.913

中国版本图书馆 CIP 数据核字(2020)第 099551

生物技术实践
SHENGWU JISHU SHIJIAN

张基林 刘庆先 陈 斌 编 著
策划编辑:鲁 黎

责任编辑:张红梅 版式设计:鲁 黎
责任校对:谢 芳 责任印制:张 策

*

重庆大学出版社出版发行
出版人:饶帮华

社址:重庆市沙坪坝区大学城西路21号
邮编:401331
电话:(023)88617190 88617185(中小学)
传真:(023)88617186 88617166
网址:http://www.cqup.com.cn
邮箱:fxk@cqup.com.cn(营销中心)
全国新华书店经销
重庆华林天美印务有限公司印刷

*

开本:890mm×1240mm 1/16 印张:13.5 字数:461 千
2020 年 6 月第 1 版 2020 年 6 月第 1 次印刷
ISBN 978-7-5689-2179-4 定价:48.00 元

编委会

前　言

本书为重庆市精品选修课程"生物技术实践"校本教材,主要以高中学生为读者对象,旨在培养他们生物技术的实践能力,使其掌握中学生物技术的理论、方法及实践应用,是提升高中学生生物学科核心素养,实现立德树人根本任务的重要载体。本书不是单纯的学案,也不是单纯的练习册,而是学习方式变革的载体,充分体现学生当堂自学、同伴助学、活动展学、互动评学、教师导学、实验探索等教学理念,是兴趣的调动、思维的激活、方法的培养,尤其有助于培养学生探究性学习的能力,形成科学思维和生命观念,具备社会责任感。

在编写过程中,编者通过专题对知识进行优化整合,侧重对学生学习方法的指导,注重对基础知识的点拨,避免了相关内容的重复,具有简洁、活用、有趣等特点。本书以专题为单位,以课题为主体,分专题、课题编写。全书共分六个专题,每个专题又细分为相应课题。专题一主要介绍生物技术在食品加工方面的应用,下分三个课题,课题一主要介绍果酒和果醋的制作原理及制作流程;课题二主要介绍腐乳的制作原理和制作流程;课题三主要介绍泡菜的制作原理和制作流程,以及检测泡菜中亚硝酸盐含量的方法步骤。专题二主要介绍微生物的利用,下分三个课题,课题一主要介绍微生物实验室培养的方法及微生物的分离纯化技术;课题二主要介绍土壤中分解尿素的细菌的分离与计数;课题三主要介绍分解纤维素的微生物的分离。专题三主要介绍植物组织培养技术,下分两个课题,课题一主要介绍菊花的组织培养;课题二主要介绍月季的花药培养。专题四主要介绍酶的研究与应用,下分三个课题,课题一主要介绍果胶酶在果汁生产中的应用;课题二主要探讨加酶洗衣粉的洗涤效果;课题三主要介绍酵母细胞的固定化技术。专题五主要介绍DNA和蛋白质技术,下分三个课题,课题一主要介绍DNA粗提取的原理和方法步骤;课题二主要介绍多聚酶链式反应扩增DNA片段的原理和方法步骤;课题三主要介绍血红蛋白提取和分离的原理及方法步骤。专题六主要介绍植物有效成分的提取,下分两个课题,课题一主要介绍植物芳香油提取的原理和方法步骤;课题二主要介绍胡萝卜素提取的原理和方法步骤。

本书具体分工如下(按专题排序):张基林、刘庆先、张彦妮(专题一),张基林、李胜兵、陈瑜(专题二、专题三),蒋鹏、明开春、何定军、唐燕(专题四),陈斌、张涛、范晓东、李旭东(专题五),刘开福、霍本斌、冉红芳、梁新斌(专题六)。在教材的编写中,渝北区教委领导艾道淳、熊德宪、李发林、刘乾明等对生物学科核心素养落实在课堂提出了宝贵的指导意见,重庆市教科院周智良、周素英、吕涛等提出了宝贵的指导意见并对全书进行了修改,多名同志对全书进行了校核,全书由张基林统稿完成。

本书是"学·教·验·考"四位一体的完美结合,是重庆师范大学生命科学学院师生与重庆市松树桥中学教师集体智慧的结晶,是一部整合当今高中新课标课程教学与提升学科核心素养的精华之作。但由于编者水平有限,书中难免存在不足之处,敬请广大读者批评指正。

编　者

2019 年 12 月

目 录

专题一　传统发酵技术的应用

【导引】数千年前,人类在还不了解微生物的时候,就已经能够将微生物应用于酿酒和制酱等生产过程了。19世纪中期,法国科学家巴斯德证明食品发酵是微生物的作用。如今,形形色色的发酵食品在食品业中占有重要的地位。本专题的学习是让学生在实验室条件下制作若干种传统发酵食品,学习相关的加工方法和基本的操作技能,并理解其科学原理;此外,还引导学生学习食品加工中某些有害物质的检测方法。在本专题的学习中,学生需要了解传统发酵食品的制作工艺,并能够动手实践。学生应当学会设计简易的实验装置,掌握发酵食品加工的基本原理和方法,摸索发酵的最佳条件,初步了解食品加工中产生的某些有害物质的检测方法。

发酵产品

课题一　果酒和果醋的制作

[素养目标]

1. 说明果酒和果醋制作的原理。

2. 设计制作果酒和果醋的装置,完成果酒和果醋的制作。

[重难点击]

1. 掌握发酵的基本原理和方法。

2. 学习制作果酒、果醋的实际操作技能。

3. 设计并安装简单的生产果酒和果醋的装置。

[学海导航]

1. 通过回顾"探究酵母菌细胞呼吸的方式"实验,掌握果酒制作的原理。

2. 结合教材图1-3,理解并掌握果酒和果醋制作的过程。

3. 结合教材图1-4b及操作提示,学会设计并安装简单的生产果酒和果醋的装置。

【导引】本课题从人类酿酒制醋的历史切入,说明酒与醋的制作不仅是发酵食品的制作加工,还是一种文化现象,反映了人类文明发展的足迹,教师可以充分利用这一素材,渗透"科学、技术、社会"的教育。在此基础上,本课题简述了果酒和果醋的特点及其在日常生活中的作用,以激发学生动手制作的兴趣。

葡萄美酒夜光杯，
欲饮琵琶马上催。
醉卧沙场君莫笑，
古来征战几人回？

·基础知识

夯实基础　突破要点

一、果酒、果醋制作的原理

葡萄酒

果醋

1．果酒制作的原理

（1）菌种：酵母菌

①菌种来源：主要是附着在葡萄皮上的野生型酵母菌。

②代谢类型：异养兼性厌氧型。

③生长繁殖最适温度：20 ℃左右。

④分布场所：分布广泛，尤其种植水果类的土壤中。

（2）发酵原理

条　件	反应式	目　的
有氧条件	$C_6H_{12}O_6 + 6O_2 \longrightarrow 6CO_2 + 6H_2O$	大量繁殖
无氧条件	$C_6H_{12}O_6 \longrightarrow 2C_2H_5OH + 2CO_2\uparrow$	酒精发酵

（3）发酵所需条件

①环境条件：缺氧、酸性条件。

②温度：一般控制在 18 ~ 25 ℃。

2．果醋制作的原理

（1）菌种：醋酸菌

①菌种来源：人工接种醋酸菌。

②代谢类型：异养需氧型，对氧气的含量特别敏感。

（2）发酵原理

①氧气、糖源都充足：醋酸菌将葡萄汁中的糖分解成醋酸。

②氧气充足、缺少糖源：醋酸菌将乙醇变为乙醛，再将乙醛变为醋酸。

反应简式如下:$C_2H_5OH + O_2 \longrightarrow CH_3COOH + H_2O$。

(3)发酵所需条件

①环境条件:氧气充足。

②温度:最适生长温度为30～35 ℃。

·疑难探讨

理解升华　重难透析

1. 发酵菌种

观察酵母菌与醋酸菌的结构模式图,比较回答:

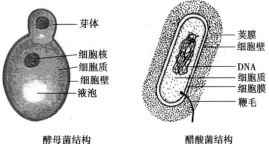

酵母菌结构　　　　醋酸菌结构

(1)酵母菌和醋酸菌在细胞结构方面的主要区别是什么?

(2)酵母菌和醋酸菌的主要细胞分裂方式分别是哪种?

(3)酵母菌和醋酸菌发酵场所有何不同?

2. 发酵原理

(1)在酒精发酵过程中往往"先通气后密封",为什么?

(2)酒精发酵过程中发生"先来水后来酒"现象,其原因是什么?

(3)为什么果酒搁置时间过久会有酸味,而且表面常有一层菌膜?

(4)醋酸菌进行醋酸发酵时,无论是利用糖源还是酒精,都需要氧气这一重要条件,请说明原因。

【归纳总结】

(1)发酵是通过微生物的培养来大量生产各种代谢产物的过程,包括有氧发酵(如醋酸发酵、谷氨酸发酵)和无氧发酵(如酒精发酵)。发酵不等于无氧呼吸。

(2)果酒的发酵过程分为两个阶段:有氧呼吸阶段和无氧呼吸阶段。有氧呼吸阶段酵母菌大量繁殖,无氧呼吸阶段产生酒精。制作过程中产生的酒精更不利于杂菌生长。

(3)醋酸菌是异养需氧菌,对氧气的含量非常敏感,当进行深层发酵时,即使只是短时间中断通入氧气,也会引起醋酸菌的死亡。醋酸菌能氧化多种有机碳源,其氧化能力随菌种而异。

(4)在糖源供应不足的情况下,可以用果酒发酵后产生的乙醇来制造果醋。开瓶后的葡萄酒如果密封不严很快就会变酸也是这一原因。

·案例剖析

【例1】下列关于果酒和果醋制作原理的叙述中,正确的是(　　)

A. 果酒和果醋制作分别需要醋酸菌和酵母菌

B. 制作果酒或果醋,都需要不断通入氧气

C. 果酒和果醋制作过程中都有气体产生

D. 酵母菌和醋酸菌都可以利用糖源进行发酵

【例2】下图表示果酒和果醋制作过程中的物质变化过程,相关叙述正确的是(　　)

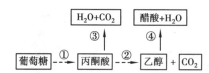

A. 过程①和②都只能发生在无氧条件下

B. 过程①和③都发生在酵母菌的线粒体中

C. 过程③和④都需要氧气的参与

D. 过程①—④所需的最适温度基本相同

【易错辨析】果酒与果醋发酵中,酵母菌和醋酸菌代谢原理的辨析

(1)在果酒和果醋的发酵过程中,酵母菌进行有氧呼吸的目的是使酵母菌进行大量繁殖,醋酸菌是好氧菌,在代谢过程中需要吸收氧气。

(2)酵母菌在有氧呼吸和无氧呼吸时都会产生 CO_2,醋酸菌在缺少糖源时不产生 CO_2。

二、果酒、果醋制作的流程

·基础知识

1. 果酒、果醋制作的流程及装置分析

(1)实验流程

(2)实验装置

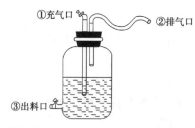

2. 果酒、果醋制作的操作要求及结果分析

(1)材料的选择与处理

选择新鲜的葡萄,先冲洗,再除去枝梗。

(2)防止发酵液被污染

①榨汁机要清洗干净,并晾干。

②发酵瓶要清洗干净,并用体积分数为70%的酒精消毒,或用洗洁精洗涤。

(3)发酵条件的控制

①装置:将葡萄汁装入发酵瓶,留大约发酵瓶总体积1/3的空间。

②制葡萄酒:关闭充气口;温度控制在18~25 ℃,时间控制在10~12 d。

勇者
教育

③制葡萄醋:温度控制在 30 ~ 35 ℃,时间控制在 7 ~ 8 d;适时通过充气口充气。

(4)果酒、果醋制作的结果分析

①酒精发酵的结果检测。

重铬酸钾

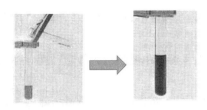
酸性条件下,重铬酸钾与酒精反应呈灰绿色

a. 检测试剂:重铬酸钾。

b. 检测条件:酸性条件。

c. 实验现象:呈现灰绿色。

②醋酸发酵的结果检测:可通过检测发酵前后的酸碱度作进一步的鉴定。

·疑难探讨

理解升华　重难透析

1. 发酵装置的组成及使用

(1)管口①②③分别有什么作用?

(2)排气口胶管长而弯曲,有何作用?

2. 材料的选择与处理

(1)冲洗时先去梗还是先冲洗葡萄? 为什么?

(2)为什么冲洗葡萄的次数不能过多?

3. 发酵条件的控制

(1)葡萄汁充入发酵瓶后,其体积为什么不能超过发酵瓶总体积的2/3?

(2)在果酒和果醋制作过程中,需要控制的温度相同吗? 为什么?

(3)为防止杂菌污染,实验中采取了哪些措施?

4.实验结果分析与评价

(1)试分析在果酒制作过程中酵母菌数量、酒精浓度及发酵液的pH分别有何变化。

(2)制作果酒时,经检测发酵液中酵母菌数量适宜,但是没有产生酒精,试分析可能的原因是什么。

(3)试分析在制作果醋时发酵液中醋酸菌的数量、发酵液的pH有何变化。

(4)制作果醋时,醋酸菌不能大量繁殖,试分析最可能的原因是什么。

【归纳总结】果酒和果醋制作流程和发酵条件的控制

比较项目	果酒制作	果醋制作
发酵温度	18～25 ℃	30～35 ℃
发酵时间	10～12 d	7～8 d
气体控制	先通气一段时间后再密封发酵容器或预留发酵容器1/3的空间	需不断通入氧气(无菌空气)
杂菌控制	①实验材料的冲洗和实验用具的灭菌 ②酸性的发酵液具有抑菌作用 ③发酵菌种迅速形成优势种	
制作流程	挑选葡萄→冲洗→榨汁→酒精发酵→醋酸发酵 　　　　　　　　　　　　↓　　　　　↓ 　　　　　　　　　　　果酒　　　果醋	
联系	可在酒精发酵的基础上进行醋酸发酵制作果醋	

·案例剖析

活学活用　巩固提升

【例3】下面是果酒和果醋制作的实验流程(图1)以及某同学设计的果酒和果醋的发酵装置(图2)。

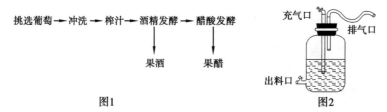

挑选葡萄→冲洗→榨汁→酒精发酵→醋酸发酵
　　　　　　　　　　　↓　　　　　↓
　　　　　　　　　　果酒　　　果醋

图1　　　　　　　　图2

下列相关叙述中,错误的是(　　　)

A.根据图1可知,用葡萄制作果醋时,必须先进行酒精发酵然后再进行果醋发酵

B.冲洗葡萄的次数不能过多,否则果酒的制作会失败

C.图2装置中排气管长而弯曲的目的是防止被杂菌污染

D.制作果酒时,要关闭充气口、打开排气口,制作果醋时充气口和排气口都要打开

【拓展延伸】

(1)在图1所示的操作流程中,如果果酒发酵完毕,需要改变什么条件才能继续进行果醋发酵?

(2)图2中出料口的作用是什么?如何检验有无酒精产生?

【例4】下列评价果酒和果醋制作是否成功的方法中,错误的是(　　　)

A.通过观察相关微生物的存在或数量变化进行鉴定

B.通过向果酒发酵液中加入酸性重铬酸钾试剂进行鉴定

C.通过检测果酒发酵前后发酵液的温度进行鉴定

D.通过检测果醋发酵前后发酵液的酸碱度进行鉴定

【拓展提升】酒精发酵进程的检测

酒精发酵的进程可以通过出料口取样检测,以便及时掌握发酵状况,并根据实际情况及时调控发酵条件。

(1)酵母菌数量的检测:在整个发酵过程中,酵母菌数量应呈"S"形增长。

(2)酒精含量的检测:正常发酵过程中,酒精含量应先增加,后稳定。

·学习小结　　　　　　　　　　　　　　　归纳总结　构建网络

果酒制作
- 菌种:酵母菌
- 原理:①有氧条件进行大量繁殖
  - 反应式:$C_6H_{12}O_6 + 6O_2 \longrightarrow 6CO_2 + 6H_2O$
  - ②无氧条件进行酒精发酵
  - 反应式:$C_6H_{12}O_6 \longrightarrow 2C_2H_5OH + 2CO_2\uparrow$

果醋制作
- 菌种:醋酸菌
- 原理:①氧气、糖源充足,把糖分解为醋酸
  - ②糖源不充足,将乙醇转变为乙醛,再转变为醋酸

·达标检测　　　　　　　　　　　　　　　监测评价　达标过关

1.下列有关酵母菌和醋酸菌的叙述,不正确的是(　　　)

A.两者的正常繁殖都离不开氧气

B.在无氧条件下,酵母菌可以产生酒精,醋酸菌则不能产生醋酸

C.两者都是异养生物,生存都离不开葡萄糖

D.醋酸菌可以用酵母菌的某种代谢产物为原料来合成醋酸

2.在酿制果醋的过程中,下列相关说法正确的是(　　　)

A.果醋的制作需用醋酸菌,醋酸菌是兼性厌氧型细菌,需先通一段时间氧气后再密封

B.在发酵过程中,温度控制在$18\sim25\ ℃$,发酵效果最好

C.当氧气、糖源充足时,醋酸菌可将葡萄汁中的糖分解成醋酸而酿制成果醋

D.醋酸菌对氧气特别敏感,但仅在深层发酵时缺氧影响代谢活动

3.下列哪种条件下,醋酸菌可以将葡萄汁中的糖分解成醋酸(　　　)

A.氧气、糖源充足　　　　　　　　　　　B.氧气充足、缺少糖源

C.缺少氧气、糖源充足　　　　　　　　　D.氧气、糖源都缺

4.如图所示为制作果酒和果醋的流程,下列相关叙述中,错误的是(　　　)

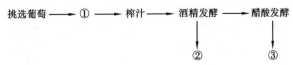

A.①为冲洗,目的是去掉葡萄表面的污物,但冲洗次数不能过多

B.②为果酒,酒精发酵过程中要严格控制氧气和温度

C.③为果醋,醋酸发酵过程中要间断通气

D.②的制作过程中既涉及有氧呼吸又涉及无氧呼吸

5.某果酒厂的果酒滞销,欲将生产的部分果酒"转变"为果醋。研究人员设置了如图所示的装置,其中乙瓶为发酵瓶。请回答下列问题:

甲

通入无
菌空气

乙

丙

(1)大规模工业化生产果酒时,需要向果汁中接种纯净的_____菌种,整个生产过程需要在_____条件下进行。

(2)在乙瓶中,当缺少糖源时,醋酸菌先将酒精变为_____,最后变为醋酸。在果醋发酵过程中,需要不断向乙瓶中通入无菌空气,原因是_____;温度应控制在_____。

(3)可以用_____来检验丙瓶中是否含有酒精,在酸性条件下,该物质与酒精反应使溶液呈_____色。

·课时对点练

注重双基　强化落实

【基础过关】

1.下列关于用塑料瓶制作果酒和果醋的叙述,正确的是(　　)

A.为了提高果酒的产出量,果汁应尽量装满发酵瓶

B.醋酸发酵阶段应封闭瓶口,防止杂菌污染

C.制作果酒过程中每天需适时打开瓶盖

D.果酒制成后,可将装置转移至温度较高的环境中制作果醋

2.下列防止发酵液被污染的操作中不正确的是(　　)

A.榨汁机要清洗干净,并晾干

B.发酵瓶要清洗干净,用无水酒精消毒

C.葡萄汁装入发酵瓶后,要密封充气口

D.发酵装置的排气口要通过一根长而弯曲的胶管与瓶身相连

3.果汁发酵后,检验是否有酒精产生,下列叙述不正确的是(　　)

A.可以用重铬酸钾检验

B.需要设计对照实验

C.在酸性条件下,用重铬酸钾检验酒精能出现灰绿色

D.以上操作需要加热

4.果酒是以新鲜水果或果汁为原料,经全部或部分发酵配制而成的,酒精浓度为7%~18%。在果酒的基础上继续发酵可得到果醋。下列有关果酒和果醋制作的叙述中,正确的是(　　)

A.果酒和果醋的制作都是由酵母菌完成的

B.制作果醋的温度比制作果酒的温度高

C.传统的葡萄酒制作一定需要人工接种菌种

D.葡萄汁装入发酵瓶时,要将瓶装满

5.在利用葡萄自然发酵产生果酒的过程中,未经杀菌,但其他杂菌不能生长的原因是(　　)

A.经冲洗后的葡萄上只有野生型酵母菌,无其他杂菌

B.其他杂菌不能利用葡萄汁中的糖作碳源

C.在缺氧和呈酸性的发酵液中,酵母菌能生存,其他杂菌不适应环境而被抑制

D.酵母菌发酵产生大量酒精,杀死了其他杂菌

6.下列关于果酒和果醋的制作原理、发酵过程的叙述,错误的是( )

A.果酒和果醋的发酵菌种不同,但代谢类型相同

B.制作果酒和果醋时都应用体积分数为70%的酒精对发酵瓶消毒

C.变酸果酒的表面观察到的菌膜可能是醋酸菌的菌落

D.果酒和果醋的制作可用同一装置,但需控制不同发酵条件

【能力提升】

7.在一普通的锥形瓶中,加入含有酵母菌的葡萄糖溶液,如图甲所示,则如图乙所示的有关坐标图中,正确的是( )

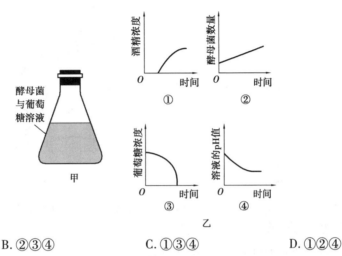

A.①②③　　　　B.②③④　　　　C.①③④　　　　D.①②④

8.酵母菌是兼性厌氧微生物,在有氧和无氧条件下均能生长。如果向培养酵母菌的葡萄糖悬浊液中通入空气,在短时间内发生的变化是( )

①乙醇的产量增加;②乙醇的产量降低;③葡萄糖消耗下降;④葡萄糖消耗量明显增加

A.②③　　　　B.②④　　　　C.①③　　　　D.①④

9.某同学设计了右图所示的发酵装置,下列有关叙述不正确的是( )

A.该装置可阻止空气进入,用于果酒发酵

B.该装置便于果酒发酵中产生的气体排出

C.去除弯管中的水后,该装置可满足果醋发酵时底层发酵液中大量醋酸菌的呼吸

D.去除弯管中的水后,该装置与巴斯德的鹅颈瓶作用相似

10.果酒和果醋制作过程中,发酵条件的控制至关重要,下列相关措施正确的是( )

A.葡萄汁要装满发酵瓶,造成无氧环境,有利于发酵

B.葡萄酒发酵过程中,每隔12 h左右打开瓶盖一次,放出CO_2

C.果酒发酵过程中温度控制在30 ℃,果醋发酵过程中温度控制在20 ℃

D.在果醋发酵过程中,适时通过充气口充气,有利于醋酸菌的代谢

11.下图简单表示了葡萄酒的酿制过程,请据图分析:

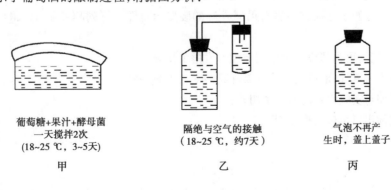

葡萄糖+果汁+酵母菌 一天搅拌2次 (18~25 ℃,3~5天)	隔绝与空气的接触 (18~25 ℃,约7天)	气泡不再产 生时,盖上盖子
甲	乙	丙

(1)葡萄酒的酿制原理是先通气进行_____,以增加酵母菌的数量,然后再_____获得葡萄酒。

(2)随着发酵程度的加深,液体密度会逐渐变小(可用密度计测量),原因是_____。

(3)下列叙述中不正确的是(　　)

A.在甲中进行搅拌是为了增加溶氧量

B.在甲中,酵母菌的能量来源将全部消耗

C.甲与乙放出的气体主要是二氧化碳

D.揭开丙容器的盖子,可能会有醋酸产生

(4)如果用葡萄酒来制作葡萄醋,请写出反应式:_____。

12.某同学利用图1所示装置制作苹果酒和苹果醋,请分析回答有关问题:

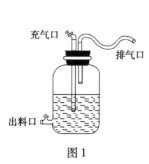

图1

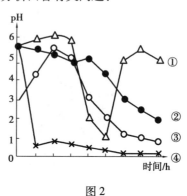

图2

(1)可分别利用酵母菌和_____菌制作果酒和果醋,这两种微生物的主要区别是后者为_____(填"厌氧""好氧"或"兼性厌氧")微生物。

(2)酵母菌利用苹果汁进行酒精发酵的反应式为_____,密封充气口后可用_____检测是否有酒精生成。

(3)要利用苹果酒继续发酵生产苹果醋,接种发酵所用菌种后,需要将发酵温度改变为_____,并_____。

(4)图2中能表示装置内液体发酵过程中pH变化的曲线是_____。

【高考体验】

13.(2015·江苏,24)下图为苹果酒的发酵装置示意图,下列叙述错误的是(多选)(　　)

A.发酵过程中酒精的产生速率越来越快

B.集气管中的气体是酵母菌无氧呼吸产生的CO_2

C.发酵过程中酵母种群呈"J"形增长

D.若发酵液表面出现菌膜,最可能的原因是发酵瓶漏气

14.(2017·江苏,25)如图是探究果酒与果醋发酵的装置示意图。下列相关叙述正确的是(多选)(　　)

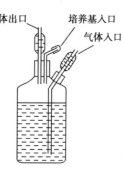

A.改变通入气体种类,可以研究呼吸作用类型对发酵的影响

B.果酒发酵中期通入氮气,酵母菌将从有氧呼吸转变为无氧呼吸

C.果醋的发酵周期与实验设定的温度密切相关

D.气体入口与气体出口可以交换使用

· 课外阅读

1. 为什么酒是陈的香?

不论是果酒还是白酒,能散发芳香气味的"功臣"是乙酸乙酯。但新酒中乙酸乙酯的含量是微乎其微的。而酒中的醛、酸不仅没有香味,还有刺激喉咙的作用。所以新酿造的酒喝起来生、苦、涩,不那么适口。新制的酒放在坛里密封好,长期存放在温湿度适宜的地方,使之慢慢地发生化学变化,酒里的醛便不断地氧化为羧酸;而羧酸再和酒精发生酯化反应,生成具有芳香气味的乙酸乙酯,从而使酒质醇香,这个变化过程就是酒的陈化。但需要的时间很长,现代科技可缩短这个时间。

2. 一般情况下,葡萄酒为什么呈红色?

在发酵过程中,随着酒精度的提高,红葡萄皮的色素也进入发酵液,使葡萄酒呈红色。

3. 葡萄酒的分类

葡萄酒根据颜色分成白葡萄酒、红葡萄酒和桃红葡萄酒三种。

白葡萄酒:用白葡萄酿造,皮汁分离发酵;红葡萄酒:用红葡萄酿造,皮汁混合发酵;桃红葡萄酒:颜色介于白葡萄酒和红葡萄酒之间,皮的发酵时间短。

葡萄酒根据含糖量分成干葡萄酒、半干葡萄酒、半甜葡萄酒和甜葡萄酒四种。

干葡萄酒:含糖量低于 4 g/L;半干葡萄酒:含糖量为 4~12 g/L;半甜葡萄酒:含糖量为 12~50 g/L;甜葡萄酒:含糖量高于 50 g/L。

4. 葡萄酒的酿造

传统的葡萄酒酿造,都是采用自然发酵的工艺。所谓自然发酵,就是葡萄破碎入罐以后,不去人为地添加任何菌种,靠葡萄本身携带的自然界的酵母菌,在葡萄浆或分离后的葡萄汁里自发地繁殖,最终发酵成葡萄酒。

(1)温度对发酵的影响　酵母菌只能在一定温度下生活。温度低于 10 ℃,酵母菌发育很缓慢。随着温度的升高,繁殖速度加快,20 ℃时为最佳繁殖温度,此时酵母菌生殖速度快、生命力强。超过 35 ℃,酵母菌生长受到抑制,繁殖速度迅速下降,到 40 ℃酵母菌停止出芽,开始出现死亡。如果想要获得高酒精浓度的发酵液、减少酒精的损耗,必须控制好发酵温度。

(2)空气对发酵的影响　酵母菌繁殖需要空气。在完全隔绝空气的情况下,酵母菌繁殖几代就停止了。稍微与空气接触,酵母菌又能继续繁殖。如果长时间得不到空气,大部分的酵母菌就会死亡。要维持酵母菌长时间发酵,必须供给微量的氧气。

(3)葡萄汁中酵母菌的种类　葡萄汁中酵母菌的种类大致可以分为以下三类。第一类是在发酵中起主要作用的酵母,即葡萄酒酵母(或称啤酒酵母)。这种酵母发酵力强,产酒的风味好,生成有益的副产物多。在葡萄汁还没发酵之前,这种酵母占的比例很小;在发酵的过程中,这种酵母繁殖很快,由它完成主要的发酵任务。第二类在葡萄汁中数量很大,但发酵力很弱,其代表是尖端酵母。在新压榨的葡萄汁中,尖端酵母和葡萄酒酵母的比例约为 1 000∶1。在发酵开始时,这种发酵力弱的酵母先引起发酵。在以后的发酵过程中,它的作用逐渐被葡萄酒酵母所代替。第三类是一种产膜的好气性酵母菌。当发酵容器未灌满时,产膜酵母便会在葡萄汁液面生长繁殖,使葡萄汁变质。

发酵:发酵是酿造葡萄酒最重要的过程。葡萄汁变成葡萄酒的过程就是酵母菌的酒精发酵过程。发酵过程非常复杂,其主要产物是乙醇和二氧化碳,此外还有其他的副产物。不难设想,如果发酵的最终产物只是乙醇和二氧化碳,而不产生有香味和有口味的物质,那么发酵而成的酒,口味就太单调了。

5. 对葡萄酒有害的微生物

产膜酵母:由于产膜酵母是好气性真菌,所以在卫生条件差的情况下,如贮酒容器不满、暴露在空气中的表面积很大时,很容易产生产膜酵母。产膜酵母又叫酒花菌,最初在酒面繁殖,形成雪花状的斑片,然后连成灰色薄膜,时间长了,就会在酒的液面上形成一个膜盖。产膜酵母能把乙醇氧化成乙醛,又能把乙醛氧化成水和二氧化碳,从而使葡萄酒的酒精含量降低,酒味变淡薄。

乳酸菌:葡萄酒里的糖,为大多数细菌的繁殖提供了良好的营养物质,所以含糖的葡萄酒是最容易被细菌感染的。葡萄酒中有一种有害的乳酸菌,它不分解苹果酸,专门分解葡萄酒中的糖、甘油、酒石酸,使优质的葡萄酒完全变质。

醋酸菌:醋酸菌是一种好气性细菌,在有氧的条件下才能进行旺盛的代谢活动。葡萄汁中的糖,是醋酸菌重要的碳源和能源。在有氧的情况下,醋酸菌能把葡萄汁中的糖分解成醋酸。在葡萄酒中缺少糖源的情况下,酒精便是醋酸菌的碳源和能源,醋酸菌将乙醇变为乙醛,再变为醋酸。

6.果醋的生产制作过程

清洗:将水果或果皮、果核等投入池中,用清水冲洗干净,拣去腐烂部分与杂质等,取出沥干。

蒸煮:将上述洗净的果物放入蒸汽锅内,在常压下蒸煮 1~2 h。在蒸煮过程中,可上下翻动二三次,使其均匀熟透;然后降温至 50~60 ℃,加入质量为原料总质量10%的用黑曲霉制成的麸曲或适量的果胶酶,在 40~50 ℃ 温度下糖化 2 h。

榨汁:糖化后,用压榨机榨出糖化液,然后泵入发酵用的木桶或大缸,并调整浓度。

发酵:糖化液的温度保持在 28~30 ℃,加入酒母液进行酒精发酵,接种量(酒母液量)为糖化液的 5%~8%。发酵初的 5~10 d,需用塑料布密封容器。当果汁含酸度为 1%~1.5%、酒精度为 5°~8°时,酒精发酵已基本完成。接着将果汁的酒精度稀释至 5°~6°,然后接入 5%~10% 的醋酸菌液,搅匀,将温度保持在 30 ℃,进行醋酸静置发酵。经过 2~3 d,液面有薄膜出现,说明醋酸菌膜形成,一般 1°酒精能产生 1% 的醋酸,发酵结束时的总酸度可达 3.5%~6%。

过滤灭菌:在醋液中加入适量的硅藻土作为助滤剂,用泵打入压滤机进行过滤,得到清醋。滤渣加清水洗涤 1 次,将洗涤液并入清醋,调节其酸度为 3.5%~5%。然后将清醋经蒸汽间接加热至 80 ℃ 以上,趁热入坛包装或灌入瓶内包装,即为成品果醋。

上述液体发酵工艺,能保持水果原有香气。但应注意,酒精发酵完毕后,应立即投入醋酸菌,最好保持 30 ℃恒温进行醋酸发酵,温度高低相差太大,会使发酵不正常。如果在糖化液中加入适量饴糖或糖类混合发酵,效果更好。

葡萄酒窖　　　　　　　　啤酒酒窖　　　　　　　　白酒酒窖

课题二　腐乳的制作

[素养目标]

1.以制作腐乳为例了解传统发酵技术的应用。

2.说明腐乳制作过程的科学原理,设计并完成腐乳的制作,分析影响腐乳品质的条件。

[重难点击]

1.以制作腐乳为例了解传统发酵技术的应用。

2.说明腐乳制作过程的科学原理。

3.设计并完成腐乳的制作,分析影响腐乳品质的条件。

[学海导航]

1.结合教材P6"腐乳制作的原理",理解并掌握与腐乳形成有关的微生物及腐乳的优点。

2.通过教材P7"实验设计",掌握腐乳制作的过程。

3.结合教材P8"操作提示",分析影响腐乳制作的条件。

【导引】腐乳作为一种发酵的大豆食品,它的制作工艺在我国有着悠久的历史。早在公元 5 世纪的北魏古籍中,就有关于腐乳生产工艺的记载"于豆腐加盐成熟后为腐乳"。明朝李晔的《蓬栊夜话》亦云:"黔(移)县人喜于夏秋间醢(hǎi)腐,令变色生毛随拭之,俟稍干……"腐乳根据颜色,可分为青方、红方和白方三类。

青方腐乳　　　　　　　　红方腐乳　　　　　　　　白方腐乳

一、腐乳制作的原理

·基础知识

夯实基础　突破要点

1.制作菌种

 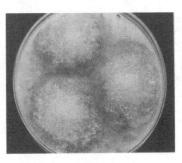 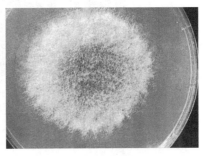

生活中常见的腐乳　　　　　总状毛霉菌落　　　　　　毛霉菌落形态

 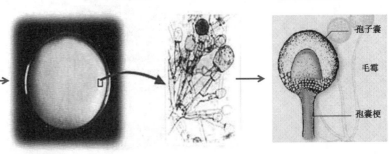

长满毛霉白色菌丝的培养基　　　　　　显微镜下毛霉菌的菌丝

（1）毛霉

①特点：丝状真菌；生长迅速；具有发达的白色菌丝。

②繁殖方式：孢子生殖。

③代谢类型：异养需氧型。

（2）其他微生物

如青霉、曲霉、酵母菌等。

2.发酵原理

①蛋白质 $\xrightarrow{\text{蛋白酶}}$ 小分子的肽和氨基酸。

②脂肪 $\xrightarrow{\text{脂肪酶}}$ 甘油和脂肪酸。

3.菌种来源

①传统腐乳生产中，豆腐块上生长的毛霉来自空气中的毛霉孢子。

②现代腐乳生产是在严格无菌的条件下，将优良的毛霉菌种直接接种在豆腐上，可避免其他菌种的污染。

·疑难探讨

1. 毛霉的特点

（1）从细胞结构上分析毛霉有什么特点？

（2）豆腐上长的白毛与毛霉有何关系？腐乳外部致密的"皮"又与毛霉有何关系？

2. 腐乳发酵的原理

（1）王致和做腐乳时，为什么要撒许多盐将长毛的豆腐腌起来？

（2）在毛霉的代谢过程中主要有哪些物质参与豆腐发酵变成腐乳的过程？

（3）腐乳为什么"闻着臭，吃着香"？

【归纳总结】腐乳制作的原理

菌　种	青霉、毛霉、曲霉、酵母菌等,主要是毛霉
代谢类型	异养需氧型
繁殖方式	孢子生殖
前期发酵	主要是毛霉等微生物生长。需要满足微生物生长所需要的适宜的温度、充足的氧气和一定的湿度
后期发酵	是微生物生长产生的酶发挥作用的过程。需要抑制微生物的生长,主要是控制高盐、无氧等条件,同时加入酒和香辛料

·案例剖析

活学活用　巩固提升

【例1】下列关于腐乳制作原理的叙述,错误的是(　　　)

A.腐乳制作的实质就是利用发酵技术,将大分子有机物分解为小分子有机物的过程

B.腐乳发酵中,起作用的微生物多为异养真菌

C.腐乳制作的过程中,不能有细菌参与,因此必须严格灭菌

D.家庭自制腐乳时,一般不需单独接种菌种

【例2】腐乳自然发酵中毛霉起主要作用的原因是(　　　)

A.在毛霉、青霉、曲霉和酵母菌中只有毛霉为孢子生殖,孢子繁殖速度快

B.毛霉的孢子小,数量多,适于在豆腐上繁殖

C.毛霉分布广泛,且生长迅速

D.只有毛霉的蛋白酶活性高且数量比其他的多

【拓展延伸】

(1)上题中,腐乳制作过程中参与的微生物在代谢类型上有何异同?

(2)上题中,毛霉、青霉、曲霉和酵母菌在豆腐上生长,形成怎样的种间关系?

【易错辨析】传统腐乳制作与现代腐乳生产的区别

比较项目	生产方式	
	传统制作	现代生产
是否灭菌	无须灭菌	严格无菌条件
菌种来源	空气中的毛霉孢子	经筛选的优良毛霉菌种

二、实验设计和操作提示

·基础知识

1.实验流程及材料作用

选材:所用豆腐含水量为70%左右,一般切成 3 cm×3 cm×1 cm 小块

↓

让豆
腐上
长出
毛霉
{
条件:温度 15～18 ℃,保持一定湿度
时间:48 h 后,毛霉开始生长,3 d 之后菌丝生长旺盛,5 d 后豆腐块表面布满菌丝
"皮"的形成及作用:为豆腐表面生长的菌丝;使腐乳成形,对人体无害
}

↓

加盐
腌制
{
用量:盐与豆腐坯的质量比为 1:5
方法:逐层加盐且随豆腐层数的加高而增加盐量
时间:8 d 左右
目的:防止杂菌污染,避免豆腐块腐败变质
}

↓

加卤
汤装
瓶
{
成分
{
酒
{
种类:料酒、黄酒、米酒、高粱酒等
含量:一般控制在 12% 左右
作用:可以抑制微生物的生长,同时能使腐乳具有独特的香味
}
香辛料
{
种类:胡椒、花椒、八角、桂皮、姜、辣椒等
作用:调制腐乳的风味,也具有防腐杀菌的作用
}
}
作用:直接关系到腐乳的色、香、味
}

↓

密封腌制

2.操作提示

(1)控制好材料的用量

①盐的用量
{
浓度过高:会影响腐乳的口味
浓度过低:不足以抑制微生物生长,会导致豆腐腐败变质
}

②酒的用量
{
过多:会延长腐乳成熟的时间
过少:不足以抑制微生物的生长,可能导致豆腐腐败
}

(2)防止杂菌污染的其他措施

①玻璃瓶用沸水消毒。

②装瓶时,操作要迅速、小心。

③装瓶后用胶条将瓶口密封。

④封瓶时,将瓶口通过酒精灯火焰,防止瓶口被污染。

·疑难探讨

1.从温度的角度考虑,盛夏制作腐乳会有什么不利影响?

2.盐的用量及作用。

(1)加盐的时候为什么要随着层数的加高而增加盐的用量,且接近瓶口的表面盐要铺厚些?

（2）试分析在腐乳制作中盐有哪些作用。

3.酒的用量和作用。

（1）酒在腐乳制作中有哪些作用？

（2）卤汤中酒的含量一般控制在多少为宜？酒精含量过高时,腐乳成熟的时间为何会延长？

4.腐乳在制作时腐败变质的可能原因有哪些？

【归纳总结】影响腐乳品质的主要因素

（1）菌种和杂菌:菌种是生产发酵的关键,如果菌种退化会影响品质;如有杂菌污染则直接影响产品的色、香、味。

（2）温度:温度影响菌丝的生长和代谢。温度过低会延长发酵时间,温度过高易使杂菌生长。

（3）豆腐中的含水量:以70%为宜,含水量过高的豆腐不易成形,含水量过少会影响毛霉的生长。

（4）盐的用量:随豆腐块层数的增加而加大用盐量,接近瓶口表面的盐要铺厚些。盐浓度过低,腐乳易腐败变质;盐浓度过高,会影响腐乳的口味。

（5）卤汤中酒的量:一般控制在12%左右,过少不足以抑制杂菌,过多会抑制酶的活性而影响后期发酵。

（6）香辛料:加入的香辛料的种类和数量会影响腐乳的风味和质量。

·案例剖析

活学活用 巩固提升

【例3】回答下列关于腐乳制作的问题:

（1）腐乳是豆腐经微生物发酵后制成的食品。多种微生物参与了该发酵过程,其产生的蛋白酶可将豆腐中的蛋白质分解为＿＿＿＿＿＿和＿＿＿＿＿＿;其产生的＿＿＿＿＿＿能将豆腐中的脂肪水解为＿＿＿＿＿＿和＿＿＿＿＿＿。

（2）发酵完成后需加盐腌制,加盐还可以抑制＿＿＿＿＿＿生长。

（3）腐乳制作的后期可加入由酒和多种香辛料配制而成的卤汤。卤汤除具有一定的防腐作用外,还能使腐乳具有独特的＿＿＿＿＿＿。

【拓展延伸】

（1）题中卤汤的成分主要有哪些？

（2）题中腐乳发酵过程中以哪种微生物为主？它属于哪类微生物？

【例4】腐乳制作过程中,影响腐乳风味和质量的是(　　　)

①盐的用量;②酒的种类和用量;③发酵温度;④发酵时间;⑤豆腐含水量;⑥盛豆腐的容器的大小

A.①④⑥　　　　　B.①③⑤⑥　　　　　C.①②③④⑤　　　　　D.①②③④

【拓展延伸】

（1）发酵瓶的大小不影响腐乳的质量,但如果选择的容器有裂缝,那么会对腐乳的制作造成怎样的影响?

（2）温度为什么会影响腐乳的制作?

【方法技巧】影响腐乳风味的因素

影响腐乳风味的因素是多方面的,可以从以下几个方面进行分析:

①豆腐的含水量。

②盐的用量。

③酒的用量。

④香辛料的种类和用量。

⑤辅料的种类。

·学习小结

归纳总结　构建网络

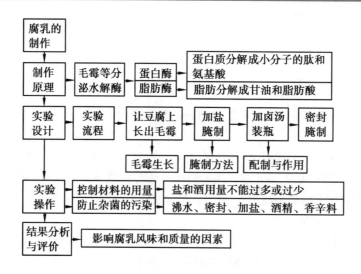

·达标检测

监测评价　达标过关

1.下列微生物参与豆腐发酵的是(　　)

①青霉;②酵母菌;③毛霉;④曲霉;⑤小球菌

A.①②④⑤　　　　　B.①②③④　　　　　C.①③④⑤　　　　　D.②③④⑤

2.在多种微生物的协同作用下,普通的豆腐转变成营养佳品腐乳,其中起主要作用的酶是(　　)

A.淀粉酶、蛋白酶　　　B.淀粉酶、脂肪酶　　　C.蛋白酶、果胶酶　　　D.蛋白酶、脂肪酶

3.下列关于腐乳制作的叙述,错误的是(　　)

A.毛霉可利用其体内的酶将豆腐中的蛋白质分解成小分子的肽和氨基酸

B.卤汤中酒的含量越高,杂菌繁殖越快,豆腐越易腐败

C.用盐腌制腐乳的过程中,要控制盐的用量,过低则难以抑制杂菌的生长,导致豆腐腐败

D.其制作过程可以表示为:让豆腐上长出毛霉→加盐腌制→加卤汤装瓶→密封腌制

4.下列关于腐乳制作过程中的操作,不正确的是(　　)

A.先将豆腐切成块放在已消毒的笼屉中,保持温度在 15～18 ℃,并保持一定的湿度

B.将长满毛霉的豆腐放在瓶中,并逐层加盐,接近瓶口表面的盐要铺厚一些

C.卤汤中酒的含量一般控制在 12% 左右

D.卤汤中香辛料的作用仅仅是调制风味,且越多越好

5.腐乳是我国古代劳动人民创造的一种经过微生物发酵的大豆食品。腐乳味道鲜美,易于消化吸收,所以一直受到人们的喜爱。请结合腐乳制作的原理及流程示意图回答下列问题:

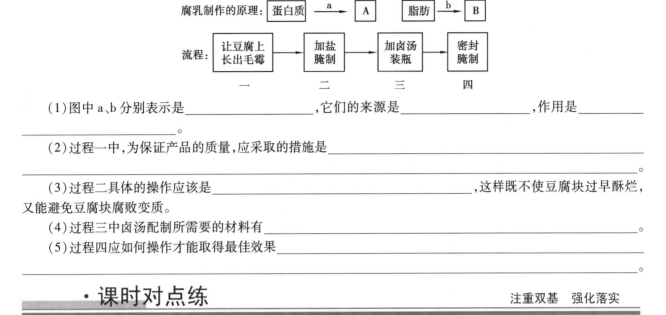

(1)图中a、b分别表示是_____,它们的来源是_____,作用是_____
_____。

(2)过程一中,为保证产品的质量,应采取的措施是_____
_____。

(3)过程二具体的操作应该是_____,这样既不使豆腐块过早酥烂,又能避免豆腐块腐败变质。

(4)过程三中卤汤配制所需要的材料有_____。

(5)过程四应如何操作才能取得最佳效果_____
_____。

· 课时对点练

注重双基　强化落实

【基础过关】

1.腐乳味道鲜美,易于消化、吸收,是因为其含有的营养成分主要是(　　)
A.无机盐、水、维生素
B.氯化钠、氨基酸、甘油和脂肪酸
C.小分子的肽、氨基酸、甘油和脂肪酸
D.蛋白质、脂肪、氯化钠、水

2.下列关于腐乳发酵原理的叙述,不正确的是(　　)
A.多种微生物参与了腐乳发酵
B.装瓶后腐乳坯上的各种微生物会继续发酵
C.发酵过程中蛋白质被分解成小分子的肽和氨基酸
D.发酵过程中毛霉和根霉为互利共生关系

3.卤汤中酒的含量一般控制在12%左右,下列不属于其作用的是(　　)
A.抑制微生物的生长　　　　　　　　B.使腐乳具有独特香味
C.使腐乳中蛋白质变性　　　　　　　D.使后熟期安全度过,延长保质期

4.吃腐乳时,腐乳外部有一层致密的“皮”,它是由(　　)
A.腐乳外层蛋白质凝固形成的　　　　B.细菌繁殖形成的
C.人工加配料形成的　　　　　　　　D.霉菌菌丝繁殖于表面形成的

5.根据毛霉在新陈代谢中异化作用的特点,下列措施与其有关的是(　　)
A.豆腐含水量控制在70%左右　　　　B.控制温度为15～18 ℃
C.用塑料袋罩时不要太严　　　　　　D.与上述A、B有关

6.豆腐块用食盐腌制,食盐的作用是(　　)
①渗透盐分,析出水分;②给腐乳必要的咸味;③防止毛霉继续生长及防止杂菌污染
A.①②③　　　　B.①③　　　　C.②③　　　　D.①②

【能力提升】

7.下列关于腐乳制作过程中食盐和酒用量的说法,正确的是(　　)
A.食盐不能抑制微生物生长,只会影响腐乳风味
B.酒用量过高促进微生物生长
C.酒用量过低可能导致豆腐腐败

D. 以上说法均不对

8. 下列有关卤汤的描述,错误的是(　　)

A. 卤汤是决定腐乳类型的关键因素

B. 卤汤是由酒和各种香辛料配制而成的,酒的含量应控制在12%左右

C. 卤汤可以调制腐乳的风味,并有加强腐乳营养的作用

D. 卤汤也有防腐杀菌作用

9. 腐乳制作的主要生产工序是将豆腐进行前期发酵和后期发酵。前期发酵主要是毛霉在豆腐上的生长,后期发酵则加入了多种物质抑制微生物的生长,使蛋白酶作用缓慢,促进其他生化反应的进行,使腐乳具有独特的香味,后期发酵能抑制微生物生长的物质是(　　)

A. 适量的盐　　　　　　B. 12%左右的酒　　　　　　C. 香辛料　　　　　　D. 以上全部

10. 请结合腐乳制作的流程示意图判断下列叙述错误的是(　　)

让豆腐上长出毛霉 → 加盐腌制 → 加卤汤装瓶 → 密封腌制
　　　①　　　　　　②　　　　　③　　　　　④

A. 流程①中,为保证产品的质量,在现代腐乳生产时通常将优良毛霉菌种直接接种在豆腐上

B. 流程②中,需要将长满毛霉的豆腐块分层整齐地摆放在瓶中,并逐层加盐且盐量逐层增加

C. 流程③中,卤汤配制中添加12%左右的酒的目的是满足食用者饮酒需要和调节风味

D. 流程④中,密封时要将瓶口通过酒精灯的火焰,再用胶条密封瓶口,以防瓶口被污染

11. 某实验小组自己动手制作腐乳,他们精心选择豆腐,切成豆腐块,放在笼屉中,温度控制在15 ~ 18 ℃,并保持一定的湿度,几天后发现豆腐块表面已长满毛霉,然后就把长满毛霉的豆腐块分层摆放在瓶中,每层的盐用量严格保证均衡。3 d后取出,加入配制的卤汤,控制酒精含量为30%,经过一段时间后取出食用,发现腐乳咸味不均匀,表面还长了一层黄色的某种微生物,难以下咽。

(1)请你帮他们改正制作过程中的四处错误。

①_____；

②_____；

③_____；

④_____。

(2)毛霉的代谢类型是_____,在毛霉的发酵过程中,现代腐乳的生产和家庭生产的腐乳有很大的不同,主要区别是什么?_____

12. 腐乳至今已有一千多年的历史了,为我国特有的发酵制品之一。早在公元五世纪,北魏时期的古书上就有"于豆腐加盐成熟后为腐乳"之说。《本草纲目拾遗》记述:"豆腐又名菽乳,以豆腐腌过酒糟或酱制者,味咸甘心。"请回答下列问题:

(1)腐乳制作中有多种微生物参与发酵,其中主要是_____,其生长的适宜温度为_____ ℃。

(2)从微生物培养的角度看,豆腐是_____(按物理性质)培养基,接种时_____(填"需要"或"不需要")对其进行严格灭菌。"味咸"是因为加了盐,加盐的目的除了调味以外,还有_____和_____的作用;酒的含量一般控制在_____左右,目的是_____。

(3)"甘心"是指在多种微生物的协同作用下,普通豆腐转变成风味独特的腐乳,其原因是_____
_____。

(4)γ-氨基丁酸(GABA)是具有降血压、抗焦虑等功能的水溶性氨基酸。在腐乳发酵过程中,有GABA的产生,但随着发酵时间的延长,腐乳中GABA含量下降,一方面是由于部分GABA会溶解于水(不存在于豆腐块中,导致测定值减小),另一方面与_____有关。

13. 请完成腐乳的制作实验的相关内容:

(1)目的要求

①说明腐乳制作过程的科学原理,设计并完成腐乳的制作。

②在实践中摸索_____。

（2）实验步骤

①将豆腐切成若干 3 cm×3 cm×1 cm 的块。所用豆腐的含水量为 70% 左右,原因是_____

_____。

②将豆腐块平放在铺有干粽叶的平盘内,粽叶可以提供菌种,并能起到_____的作用。每块豆腐等距离摆放,周围留一定的空隙。豆腐上面再铺上干净的粽叶。气候干燥时,将平盘用保鲜膜包裹,但不要封严,原因是_____。

③将平盘放入温度保持在 15~18 ℃的地方,毛霉逐渐生长,大约 5 d 后豆腐表面丛生着_____。

④当毛霉生长旺盛并呈淡黄色时,应去除包裹平盘的保鲜膜以及铺在上面的粽叶,目的是_____

_____,这一过程一般持续 36 h 以上。

⑤当豆腐凉透后,将豆腐间连接在一起的菌丝拉断,并整齐排列在容器内,准备腌制。

⑥长满毛霉的豆腐块(以下称"毛坯")与盐的质量比为 5∶1。将培养毛坯时靠近平盘没长直立菌丝的一面统一朝向玻璃瓶边,将毛坯分层摆放在容器中。分层加盐,并随层数加高而增加盐量,在瓶表面铺盐厚些,目的是_____。约腌制 8 d 成咸坯。

⑦将黄酒、米酒和糖,按口味不同而配以各种香辛料(如胡椒、花椒、八角、桂皮、姜、辣椒等)混合制成卤汤。

⑧将广口玻璃瓶刷干净后,高压蒸汽灭菌 30 min,目的是_____,将腐乳咸坯摆入瓶中,加入卤汤和辅料后,将瓶口用酒精灯加热灭菌,用胶条密封。在常温情况下,一般 6 个月可以成熟。

【高考体验】

14.(2016·江苏,7)下列关于中学"腐乳的制作"实验,叙述正确的是(　　)

A.加盐主要是为了调节水分,利于毛霉生长

B.加料酒主要是为了灭菌,避免腐乳变质

C.发酵过程中起主要作用的是乳酸菌

D.实验室制作的腐乳不宜直接食用

15.(2017·江苏,10)下列关于"腐乳的制作"的实验,叙述正确的是(　　)

A.控制发酵温度的主要目的是腐乳调味

B.腐乳制作后期加入香辛料和料酒有防腐作用

C.毛霉的主要作用是分解脂肪和淀粉

D.成品腐乳表面的黏性物质主要由细菌产生

·课外阅读

自主研修　拓展视野

1.豆腐的营养成分

大豆是一种富含蛋白质的植物性食物资源,其蛋白质含量达到 36%~40%。经常食用大豆或大豆制品,可有效补充食物中的蛋白质。同时,大豆中含有约 18%的脂肪,还含有硫胺素、烟酸、维生素 A 等多种维生素以及钙、磷、铁等矿物质,对人体具有良好的保健作用。

2.毛霉

毛霉是一种低等丝状真菌,属接合菌亚门、接合菌纲、毛霉目、毛霉科。毛霉的种类很多,在自然界广泛分布。毛霉生长迅速,能产生发达的白色菌丝。毛霉菌丝呈棉絮状,无隔膜,有多个细胞核,可以通过孢囊孢子进行无性繁殖。毛霉是食品加工业中的重要微生物,它可以产生能够分解大豆蛋白的蛋白酶,常用于制作腐乳和豆豉。

3.腐乳的生产工序及发酵机理

以大豆为原料酿制腐乳的过程主要是豆腐所含蛋白质发生生物化学反应的过程。研究这一过程所涉及的学科,除了生物化学之外,还包括物理化学、胶体化学和高分子物理学等。

酿制腐乳的主要生产工序是将豆腐进行前期发酵和后期发酵。前期发酵所发生的主要变化是毛霉在豆腐（白坯）上的生长。发酵的温度为 15~18 ℃,此温度不适于细菌、酵母菌和曲霉的生长,而适于毛霉慢慢生长。毛霉生长大约 5 d 后使白坯变成毛坯。前期发酵的作用,一是使豆腐表面有一层菌膜,形成腐乳的"皮";二是毛霉分泌以蛋白酶为主的各种酶,有利于豆腐所含有的蛋白质水解为各种氨基酸。后期发酵主要是酶与微生物协同

参与生化反应的过程。通过腌制并配入各种辅料(红曲、面曲、酒酿),使蛋白酶作用减缓,促进其他生化反应,生成腐乳的香气。

课题三　制作泡菜并检测亚硝酸盐含量

[素养目标]

1.尝试制作泡菜,并尝试用比色法测定泡菜中亚硝酸盐含量的变化。

2.讨论与此相关的食品安全问题。

[重难点击]

1.尝试制作泡菜。

2.尝试用比色法测定泡菜中亚硝酸盐的含量。

3.讨论与此相关的食品安全问题。

[学海导航]

1.通过阅读教材"基础知识",掌握乳酸菌及亚硝酸盐的相关知识。

2.通过教材"实验设计"及"操作提示",掌握泡菜制作过程,并分析影响泡菜腌制的条件。

3.掌握测定亚硝酸盐含量的原理和操作。

【导引】泡菜是一种以湿态发酵方式加工而成的浸制品,为泡酸菜类的一种,其特点是:制作容易、成本低廉、营养卫生、美味可口、利于贮存。在我国四川、湖南、湖北、河南、广东、广西等地,民间均有自制泡菜的习惯。四川泡菜历史悠久,流传广泛,几乎家家做、人人吃,甚至在筵席上也要吃上几碟泡菜。北魏贾思勰的《齐民要术》一书中就有关于制作泡菜的叙述,可见至少一千四百多年前,我国就开始制作泡菜了。

目前较受欢迎的是川味泡菜和韩味泡菜,在许多风味餐馆里,都有它们的踪影,其鲜嫩爽脆,可以增进食欲,帮助消化与吸收。如果自己在家也做一些这样的泡菜,作为每天饭前小菜,或以它配菜,烹成各种菜肴,不失为一件美事。但是泡菜含亚硝酸盐,具致癌作用,危害身体健康,所以不宜多吃。

一、泡菜的制作

·基础知识

夯实基础　突破要点

1.菌种——乳酸菌

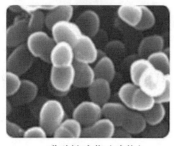 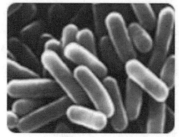 

乳酸链球菌(球状)　　　　乳酸杆菌(杆状)　　　　乳酸杆菌常用于制作酸奶

(1)分布广泛

空气、土壤、植物体表、人或动物的肠道内都有分布。

（2）代谢类型

异养厌氧型。

（3）常见种类

乳酸链球菌和乳酸杆菌。其中乳酸杆菌常用于制作酸奶。

2.制作原理

在无氧条件下,乳酸菌将葡萄糖分解为乳酸。

3.制作流程

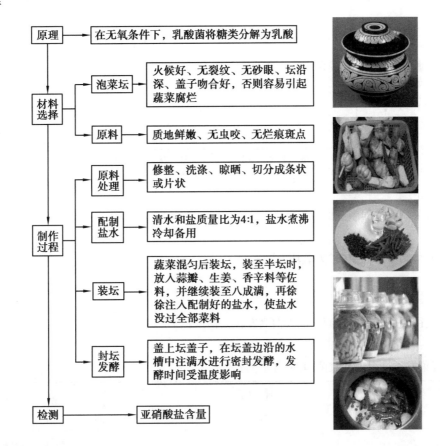

·疑难探讨

理解升华　重难透析

阅读下列材料,探究问题:

泡菜发酵过程中,乳酸菌、杂菌及乳酸含量的变化规律

材料1　发酵初期:蔬菜刚入坛时,其表面带入的微生物,主要以不抗酸的大肠杆菌和酵母菌较为活跃,发酵产物为乳酸、乙醇、醋酸和二氧化碳等。此时泡菜液的含酸量为 $0.3\% \sim 0.4\%$,泡菜处于初熟阶段,咸而不酸、有生味。

材料2　发酵中期:由于初期乳酸发酵使乳酸不断积累,所以 pH 值下降,无氧状态形成,乳酸菌开始活跃,这时乳酸的积累量可以达到 $0.6\% \sim 0.8\%$,pH 值为 $3.5 \sim 3.8$ 。大肠杆菌、腐生菌、酵母菌、霉菌的活动受到抑制。这一期间为泡菜完全成熟阶段,泡菜有酸味且清香。

材料3　发酵后期:乳酸含量继续增加,可达 1.0% 以上。当乳酸含量达到 1.2% 以上时,乳酸菌的活性受到抑制,发酵速度逐渐变缓甚至停止。此阶段泡菜酸度过高,风味不协调。

1.泡菜发酵原理

（1）试写出泡菜发酵过程的反应式。

（2）乳酸菌常用于制作酸奶,为什么含有抗生素的牛奶不能发酵成酸奶?

（3）发酵初期发酵坛的水槽内会间歇性有气泡冒出,试分析气泡产生的原因。为什么泡菜坛内有时会长一层白膜?

（4）在坐标系中画出乳酸菌、乳酸含量的变化曲线。

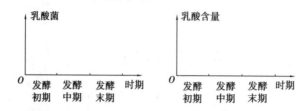

2. 发酵条件的控制

（1）为什么在泡菜制作过程中要保持无氧环境?

（2）如何制造泡菜制作过程中的"无氧环境"?

（3）制作泡菜往往要加入一些白酒。加入白酒有什么作用?

【归纳总结】泡菜发酵过程中乳酸菌、乳酸含量的变化

物　质	时　　期			变化曲线
	发酵初期	发酵中期	发酵后期	
乳酸菌	少(有氧气,乳酸菌活动受抑制)	最多(乳酸抑制其他菌活动)	减少(乳酸继续积累,pH值继续下降,抑制自身活动)	乳酸菌曲线图
乳酸	少	增多,pH值下降	继续增多,pH值继续下降	乳酸曲线图

·案例剖析

【例1】下列关于乳酸菌的叙述,不正确的是(　　　)

A. 乳酸菌的种类很多,常见的有乳酸链球菌和乳酸杆菌

B.乳酸菌在自然界中分布广泛,空气、土壤、植物体表、人或动物的肠道内均有分布

C.乳酸菌是兼性厌氧型微生物

D.乳酸菌可将葡萄糖分解成丙酮酸,丙酮酸再在酶的作用下还原成乳酸

【例2】在泡菜的制作过程中,下列叙述不正确的是(　　　)

A.按照清水与盐的质量比为4:1的比例配制盐水

B.按照清水与盐的质量比为5:1的比例配制盐水

C.盐水入坛前要煮沸冷却,以防污染

D.在坛盖边沿的水槽中注满水,以保证坛内的无氧环境

【方法技巧】发酵过程中杂菌的控制方法

(1)泡菜坛的密闭性及灭菌。

(2)蔬菜的清洗可以防止杂菌繁殖。

(3)食盐的用量合适可以抑制杂菌的繁殖。

(4)调味料也具有抑菌的作用。

(5)泡菜盐水的浸泡提供的无氧环境为乳酸菌的繁殖提供条件,同时又能抑制好氧菌繁殖。

二、亚硝酸盐含量的测定

· 基础知识
夯实基础　突破要点

1.亚硝酸盐

(1)物理性质:白色粉末,易溶于水。

(2)应用:在食品生产中用作食品添加剂。

(3)直接危害:当人体摄入总量达 0.3 ~ 0.5 g 时,会引起中毒;当摄入总量达 3 g 时,会引起死亡。

(4)间接危害:膳食中的绝大部分亚硝酸盐在人体内随尿排出,但在特定条件下,会转变成致癌物——亚硝胺。

(5)我国卫生标准规定了亚硝酸盐的残留量:

食品类型	肉制品	酱腌菜	婴儿奶粉
亚硝酸盐的残留量/(mg · kg^{-1})	≤30	≤20	≤2

2.亚硝酸盐含量的测定

(1)实验原理:

亚硝酸盐 + 对氨基苯磺酸 $\xrightarrow[\text{重氮化反应}]{\text{盐酸酸化}}$ 生成物;

生成物 + N-1-萘基乙二胺盐酸盐 ——→ 玫瑰红色染料。

将发生显色反应后的样品与已知浓度的标准显色液进行目测比较,可大致估算出泡菜中亚硝酸盐的含量。

(2)方法:比色法。

(3)实验步骤:配制溶液→制备标准显色液→制备样品处理液→比色。

（4）具体流程

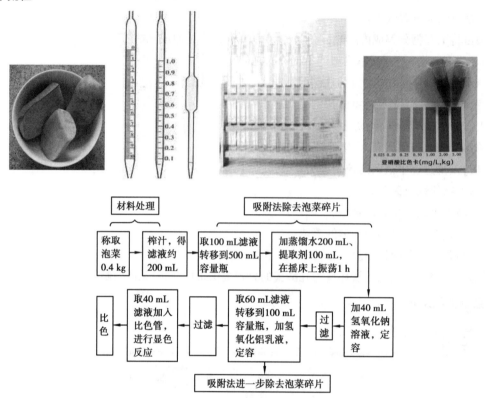

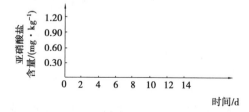

疑难探讨

1. 亚硝酸盐含量的变化

某同学在泡菜腌制过程中每3~4天测一次亚硝酸盐的含量，其结果如下表：

泡菜腌制过程中亚硝酸盐含量变化（mg/kg）

腌制天数	坛　号		
	1	2	3
封坛前	0.15	0.15	0.15
4 d	0.60	0.20	0.80
7 d	0.20	0.10	0.60
10 d	0.10	0.05	0.20
14 d	0.10	0.05	0.20

（1）在下图中绘出1号坛泡菜腌制过程中亚硝酸盐含量变化曲线。

(2)结合曲线和表中数据分析亚硝酸盐含量变化的原因。

(3)日常生活中不能吃存放时间长、变质的蔬菜的原因是什么?

2.亚硝酸盐含量的测定
(1)制备样品处理液时,最后向试管中加入氢氧化铝乳液,过滤后变得透明澄清,试分析氢氧化铝的作用。

(2)如果样品液显色后,目测比色时发现与标准显色液的浓度不吻合怎么办?

【归纳总结】
(1)实验中所用的各种试剂、药品及其作用
①对氨基苯磺酸:与亚硝酸盐发生重氮化反应。
②盐酸:营造酸性环境。
③N-1-萘基乙二胺盐酸盐:与重氮化反应的产物结合生成玫瑰红色染料,作为测定亚硝酸盐含量的指示剂。
④硅胶:干燥剂,用于干燥亚硝酸盐。
⑤干燥后的亚硝酸钠:制备相应浓度的标准显色液。
⑥氯化镉、氯化钡:溶于蒸馏水后作为亚硝酸盐的提取剂。
⑦氢氧化钠:中和过多的盐酸,营造碱性环境。
⑧氢氧化铝:作为吸附剂,使泡菜滤液脱色,变澄清。
⑨蒸馏水:作为溶剂。
(2)亚硝酸盐含量(mg/kg)计算公式

$$亚硝酸盐含量 = \frac{样品中亚硝酸盐含量}{取样量(40\ mL\ 滤液的质量)}$$

·案例剖析

活学活用　巩固提升

【例3】下列关于测定亚硝酸盐含量的原理的叙述,不正确的是(　　　)
A.亚硝酸盐经显色反应后呈玫瑰红色
B.显色反应后亚硝酸盐的理化性质没有发生改变
C.不同浓度的亚硝酸盐显色深浅不同
D.样品液显色后,通过与已知浓度的标准显色液比色,可大致估算出样品液中亚硝酸盐的含量

【例4】下列关于测定亚硝酸盐含量的操作中,错误的是(　　　)
A.质量浓度为 4 mg/mL 的对氨基苯磺酸溶液呈酸性
B.对氨基苯磺酸溶液和 N-1-萘基乙二胺盐酸盐溶液应避光保存
C.质量浓度为 5 μg/mL 的亚硝酸钠溶液应保持弱碱性环境
D.制备样品处理液时加入氢氧化铝乳液的目的是中和氢氧化钠

【拓展延伸】检测过程中应注意的问题
(1)标准显色液、样品处理液的制备中,计量要精确。
(2)测定亚硝酸盐含量的操作中,注意每次取样要用洗净的筷子、小匙,专人专用,专人清洗。取样后迅速封坛,防止泡菜被污染。
(3)在实验过程中,应比较不同时期亚硝酸盐含量的变化及其对泡菜质量的影响。
(4)比色后,如果发现样品液与标准液浓度不吻合,则应在已知浓度范围内,改变浓度梯度,进一步配制标准显色液,重新比色。

·学习小结

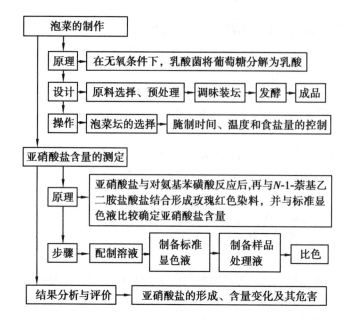

·达标检测

1.发酵是利用微生物生产有用代谢产物的一种生产方式,通常说的乳酸菌发酵是(　　)

A.固体发酵　　　　B.氨基酸发酵　　　　C.厌氧发酵　　　　D.需氧发酵

2.某人利用乳酸菌制作泡菜,因操作不当泡菜腐烂。下列原因中不正确的是(　　)(多选)

A.罐口密闭缺氧,抑制了乳酸菌的生长繁殖

B.罐口封闭不严,氧气抑制了乳酸菌的生长繁殖

C.罐口封闭不严,氧气抑制了其他腐生菌的生长繁殖

D.罐口封闭不严,促进了好氧腐生菌的生长繁殖

3.如图为泡菜腌制过程中亚硝酸盐含量变化曲线,其中正确的是(　　)

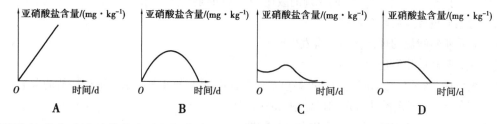

4.下列测定泡菜中亚硝酸盐的含量的操作中,用不到的试剂是(　　)

A.对氨基苯磺酸溶液　　　　　　　　　B.N-1-萘基乙二胺盐酸盐溶液

C.氯化镉和氯化钡溶液　　　　　　　　D.班氏试剂

5.泡菜是人们日常生活中比较喜欢食用的一种食品,但是泡菜中却含有亚硝酸盐。某研究性学习小组的同学为了探究泡菜在发酵过程中不同食盐浓度和发酵时间对亚硝酸盐含量变化的影响,设计了相关实验。请回答下面的问题:

(1)制作泡菜的原理是_____,制作泡菜宜选用新鲜的蔬菜,原因是_____
_____。

(2)测定亚硝酸盐含量的实验原理是:在_____条件下,亚硝酸盐与对氨基苯磺酸发生_____反应后,与N-1-萘基乙二胺盐酸盐结合形成_____色染料。将显色反应后的样品与已知浓度的标准显色液进行目测比较,可以估测出泡菜中亚硝酸盐的含量。

(3)如图是该活动小组记录的三种食盐浓度的泡菜中的亚硝酸盐含量与发酵天数的关系图。

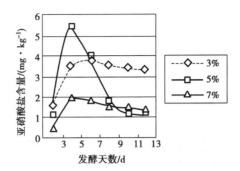

根据此实验结果,你认为制作泡菜比较适合的食盐浓度为_____;原因是_____。

(4)泡菜的制作方法不当,很容易造成泡菜变质,甚至发霉变味,试分析可能的原因:_____
_____。

·课时对点练

注重双基　强化落实

【基础过关】

1. 制作泡菜过程中亚硝酸盐的含量变化是(　　)

A. 先减少后增加　　　　B. 先增加后减少　　　　C. 逐渐增加　　　　D. 逐渐减少

2. 在选泡菜坛时,应选择火候好、无裂纹、无砂眼、坛沿深、盖子吻合好的,其目的是(　　)

A. 美观　　　　　　　　　　　　　　　　B. 可防止内部液体渗出

C. 耐用　　　　　　　　　　　　　　　　D. 密封好,保证坛内外气体不交换

3. 下列关于亚硝酸盐含量测定原理的描述,正确的是(　　)

A. 重氮化→酸化→显色→比色　　　　　　B. 重氮化→酸化→比色→显色

C. 酸化→重氮化→显色→比色　　　　　　D. 酸化→重氮化→比色→显色

4. 泡菜制作过程中,下列关于不同时期泡菜坛中乳酸菌含量的叙述,正确的是(　　)

A. 制作泡菜初期并无乳酸菌存在

B. 腌制过程中乳酸菌含量会逐渐增多并达到最高峰,然后下降

C. 腌制后期乳酸菌含量会急剧下降

D. 腌制的全过程乳酸菌的含量不变,活性不同

5. 下列是测定亚硝酸盐含量所用的试剂,其中在配制时需加入盐酸的是(　　)

①对氨基苯磺酸溶液;②N-1-萘基乙二胺盐酸盐溶液;③提取剂

A. ①②③　　　　　　　B. ①②　　　　　　　C. ①③　　　　　　　D. ②③

6. 膳食中一般含有一定量的亚硝酸盐,下列含量不正确的是(　　)

A. 蔬菜中亚硝酸盐的平均含量约为 4 mg/kg

B. 咸菜中亚硝酸盐的平均含量在 7 mg/kg 以上

C. 豆粉中亚硝酸盐的平均含量可达 10 mg/kg

D. 婴儿奶粉中亚硝酸盐的平均含量在 7 mg/kg 左右

【能力提升】

7. 下列关于发酵产物的说法,错误的是(　　)

A. 果汁发酵是否产生酒精可以用酸性重铬酸钾溶液来检测

B. 检测是否有醋酸产生的简单易行的方法是闻气味

C. 泡菜制作过程中产生的亚硝酸盐可以用对氨基苯磺酸和 N-1-萘基乙二胺盐酸盐检测

D. 检验是否有乳酸产生的简单易行的方法是品尝

8. 人们利用某些微生物制作食品时,需要分析微生物的特点,控制微生物的发酵条件。下列与此有关的各项内容都正确的是(　　)

选项	A	B	C	D
食品	果酒	果醋	腐乳	泡菜
主要微生物	酵母菌	醋酸菌	毛霉	醋酸菌
制作装置或操作步骤	温度计	通气孔 开关 过滤膜	加盐腌制后接种毛霉	放水

9.下列操作中不会引起泡菜污染的是(   )

A.坛盖边沿的水槽应注满水,并且要时常补充水槽中的水

B.腌制时温度过高,食盐量不足10%

C.腌制的时间过短

D.盐水入坛前不用煮沸,直接入坛

10.泡菜发酵的微生物主要是乳酸菌,而在发酵初期,水槽内经常有气泡产生,这些气泡产生的原因及成分分别是(   )

A.乳酸菌是兼性厌氧型微生物,初期进行有氧呼吸产生 CO_2;气体为 CO_2

B.因腌制过程中的盐进入蔬菜使蔬菜体积缩小,气体被排出;气体为空气

C.发酵初期活动强烈的是酵母菌,其进行细胞呼吸产生 CO_2;气体为 CO_2

D.乳酸菌在发酵过程中产生了热量,使坛内温度升高,空气受热膨胀排出;气体为空气

11.泡菜的制作方法:将新鲜的蔬菜经过整理、清洁后,放入彻底清洗并用白酒擦拭过的泡菜坛中,泡菜坛一般是两头小中间大的陶器,坛口有坛沿,凡有裂缝的菜坛不能用。然后加入盐水、香辛料及一些"陈泡菜水",密封后置于阴凉处,最适环境温度为 28~32 ℃。有时制作的泡菜会"咸而不酸"或"酸而不咸",前者是用盐过多,后者是用盐过少。

(1)用白酒擦拭泡菜坛的目的是_____。

(2)菜坛密封的原因是_____。

若菜坛有裂缝,可能会出现的结果是_____。

(3)若制作的泡菜"咸而不酸",最可能的原因是_____

_____。

(4)加入一些"陈泡菜水"的作用是_____。

(5)制作泡菜的过程中,有机物的干重如何变化? 菜坛内有机物的种类如何变化?

_____。

12.请回答下列有关泡菜发酵过程中的相关问题。

(1)蔬菜刚入坛时,其表面带有不抗酸的大肠杆菌和酵母菌等微生物。其中的酵母菌最初的呼吸作用方式是_____,请写出相关反应式_____。

(2)在发酵初期会有气泡从坛沿水槽内的水中间歇性逸出,试说明这些气泡的来源:_____

_____。

(3)到发酵中期,无氧状态形成,乳酸菌开始活跃并产生大量乳酸,使乳酸积累量达到0.6%~0.8%,pH值为3.5~3.8,试分析此时坛内其他微生物的活动情况及原因_____

(4)发酵后期,乳酸含量继续增加,当达到1.2%以上时,发酵速度逐渐变缓甚至停止,主要原因是_____

_____。

（5）请在下列坐标图中画出该过程中乳酸菌、乳酸和亚硝酸盐含量的变化趋势。

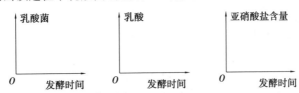

13.某兴趣小组就"泡菜腌制过程中亚硝酸盐含量变化"开展了探究,操作如下:某年1月4日下午选取编号为1、2、3的三只相同的泡菜坛,在每个坛中加入洗净的新鲜莲花菜0.6 kg,再分别倒入相同量的煮沸并冷却的10%的盐水,将坛密封,置于同一环境中。封坛前进行第一次取样测定亚硝酸盐含量,后来定时测定,结果见图。请回答以下问题:

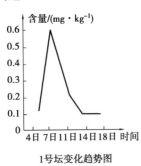 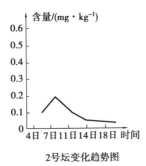 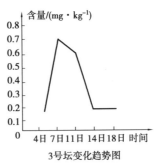

1号坛变化趋势图　　　　2号坛变化趋势图　　　　3号坛变化趋势图

（1）实验中,盐水需煮沸并冷却后才可使用,原因是_____。在腌制过程中,会出现坛中溶液量增加的现象,这是由于_____。

（2）测定亚硝酸盐含量的方法是_____,其原理是:在盐酸酸化条件下,亚硝酸盐与对氨基苯磺酸发生重氮化反应后,与N-1-萘基乙二胺盐酸盐结合形成_____,将显色反应后的样品与已知浓度的标准显色液进行目测比较,可以大致估算出泡菜中亚硝酸盐的含量。

（3）该小组对实验数据的处理方法是否合理?_____。并说明理由。

_____

_____。

（4）根据图中数据进一步分析,可推测:在腌制的第_____天,泡菜中的亚硝酸盐含量达到最大值。若要食用,至少要在腌制的第_____天。

（5）实验中3只坛中产生的亚硝酸盐含量存在差异,最可能的原因是_____。

【高考体验】

14.(2014·广东,4)下列叙述错误的是(　　)

A.醋酸菌在无氧条件下利用乙醇产生醋酸

B.酵母菌在无氧条件下利用葡萄汁产生酒精

C.泡菜腌制利用了乳酸菌的乳酸发酵

D.腐乳制作利用了毛霉等微生物的蛋白酶和脂肪酶

15.(2015·广东,29)泡菜是我国的传统食品之一,但制作过程中产生的亚硝酸盐对人体健康有潜在危害,某兴趣小组准备参加"科技创新大赛",查阅资料得到下图。

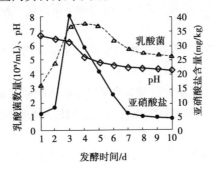

发酵时间/d

(1)制作泡菜时,泡菜坛一般用水密封,目的是＿＿＿＿＿＿＿＿＿＿＿＿＿＿＿＿＿＿。乳酸菌发酵第一阶段的产物有＿＿＿＿＿＿＿＿＿＿＿＿＿＿＿＿＿。

(2)据题图,与第3天相比,第8天后的泡菜更适于食用,因为后者＿＿＿＿＿＿＿＿＿＿＿＿；pH值呈下降趋势,原因是＿＿＿＿＿＿＿＿＿＿＿＿＿＿＿＿＿＿＿＿＿＿＿＿＿＿＿＿＿＿＿＿＿＿。

(3)该小组得到一株"优选"乳酸菌(亚硝酸盐还原酶活力比普通乳酸菌高5倍),拟参照资料的实验方案和食盐浓度(4%～10%),探究"与普通乳酸菌相比,用'优选'乳酸菌制作泡菜过程中亚硝酸盐含量的高低",并确定其最适条件,请你设计一个实验结果记录表,并推测实验结论。

知识体系构建　核心素养提升

·系统构建

把握整体　突破要点

【知识建网】

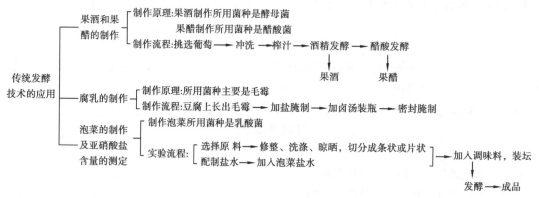

【要语必背】

1.果酒制作中应先通气再密闭,而果醋的制作应始终在有氧条件下进行。

2.当氧气、糖源都充足时,醋酸菌可将葡萄汁中的糖分解成醋酸;当缺少糖源时,醋酸菌将乙醇变为乙醛,再将乙醛变为醋酸。

3.腐乳制作所用的主要菌种是毛霉,毛霉产生的蛋白酶能将蛋白质水解为小分子的肽和氨基酸,产生的脂肪酶能将脂肪水解为甘油和脂肪酸。

4.加盐既可析出豆腐中的水分,又能抑制微生物的生长。卤汤是由酒和香辛料配制而成的,既能防腐杀菌,又能调味。

5.测定亚硝酸盐的含量用比色法,即在盐酸酸化条件下,亚硝酸盐与对氨基苯磺酸发生重氮化反应后,与N-1-萘基乙二胺盐酸盐结合形成玫瑰红色染料,将显色反应后的样品与已知浓度的标准显色液进行目测比较,可以大致估算出泡菜中亚硝酸盐的含量。

6.在腌制泡菜的过程中要保证乳酸菌所需的无氧环境。在发酵过程中,亚硝酸盐含量先增加后减少。

·规律整合

一、四种传统发酵技术的比较

项　目	果酒制作	果醋制作	腐乳制作	泡菜制作
菌种	酵母菌	醋酸菌	主要是毛霉	乳酸菌
菌种类别	真核生物	原核生物	真核生物	原核生物
菌种来源	葡萄皮上附着的野生型酵母菌	空气中或人工接种	空气中的毛霉孢子	空气中或植物体表附着
代谢类型	异养兼性厌氧型	异养需氧型	异养需氧型	异养厌氧型
原　理	$C_6H_{12}O_6 + 6O_2 \xrightarrow{\text{酶}} 6CO_2 + 6H_2O$； $C_6H_{12}O_6 \xrightarrow{\text{酶}} 2C_2H_5OH + 2CO_2 \uparrow$	糖源充足： $C_6H_{12}O_6 + 2O_2 \xrightarrow{\text{酶}}$ $2CH_3COOH + 2CO_2 + 2H_2O$； 缺少糖源： $C_2H_5OH + O_2 \xrightarrow{\text{酶}}$ $CH_3COOH + H_2O$	蛋白质 $\xrightarrow{\text{酶}}$ 小分子的肽 + 氨基酸； 脂肪 $\xrightarrow{\text{酶}}$ 甘油 + 脂肪酸	$C_6H_{12}O_6 \xrightarrow{\text{酶}} 2C_3H_6O_3 +$ 能量
发酵条件	前期需氧,后期无氧,温度18~25 ℃	一直需氧,温度30~35 ℃	一直需氧,温度15~18 ℃	无氧、室温
实验流程	挑选葡萄→冲洗→榨汁→酒精发酵→醋酸发酵 　　　　　　　　↓　　　　↓ 　　　　　　　果酒　　果醋		豆腐长出毛霉(毛坯)→加盐腌制→加卤汤装瓶→密封腌制	①选择原料→修整、洗涤、晾晒,切分成条状或片状 ②加盐→盐水煮沸、冷却→泡菜盐水 ③加入调味料,装坛→发酵→成品 ④亚硝酸盐含量检测
共同点	都是天然发酵,利用了微生物新陈代谢过程中代谢产物的作用或直接获取了代谢产物			

【例1】在制作果酒、果醋、腐乳、泡菜时,关于发酵过程对氧气的需求,叙述正确的是(　　　)

A. 四个过程均需氧气参与,无氧时不能完成这四个过程

B. 四个发酵过程中只有果酒制作是在完全无氧的条件下完成的

C. 泡菜发酵和果酒制作是应用微生物的无氧发酵,而醋酸菌和毛霉则需在有氧条件下才能正常繁殖

D. 腐乳制作时密封发酵进行的是无氧发酵

【方法链接】几种发酵技术对氧气的要求

(1)果酒制作过程:酵母菌的繁殖需大量能量,而发酵过程进行无氧呼吸,故果酒制作的前期应通入氧气,而后期应保证严格的厌氧环境。

(2)果醋制作过程:要求始终通氧,因为醋酸菌为好氧菌,缺氧时醋酸菌的生长、增殖都会受到影响,醋酸的生成也会受到影响。

(3)泡菜制作过程:乳酸菌是严格的厌氧菌,在制作泡菜时,应将装置密封。若密封不严,则很容易造成泡菜变质,甚至发霉变味。

二、发酵食品制作过程中防止杂菌污染的措施

1. 果酒和果醋制作过程中

(1)材料的选取与处理:选择新鲜的葡萄,榨汁前应先将葡萄冲洗干净再去枝梗。

（2）防止发酵液被污染：

①榨汁机要清洗干净，并晾干。

②发酵瓶要清洗干净，并用体积分数为70%的酒精消毒。

③装入葡萄汁后要封闭充气口。

④发酵装置的排气口要通过一根长而弯曲的胶管与瓶身连接。

（3）发酵液的无氧、酸性环境不利于杂菌生长。

2.腐乳制作过程中

（1）将腌制腐乳的玻璃瓶洗刷干净后，用沸水消毒。

（2）酒、盐、香辛料都有杀菌作用，接种、封瓶时都要进行无菌操作。

（3）装瓶要迅速、小心，装瓶后要用胶条密封，最好将瓶口通过酒精灯的火焰，防止瓶口被污染，进而影响腐乳风味。

3.泡菜制作过程中

（1）将泡菜坛洗净，并用热水洗坛内壁两次，起到消毒作用。

（2）用水封闭坛口可以将坛内与坛外空气隔绝，如不封闭则有许多好氧菌生长，蔬菜会腐烂。

（3）食盐、蒜、生姜、香辛料起到杀菌作用，食盐用量不足10%，容易造成细菌大量繁殖。

（4）泡菜坛内的无氧、酸性环境不利于杂菌生长。

【例2】某探究性学习小组以樱桃、番茄为材料进行果酒、果醋发酵实验。下列相关叙述正确的是（ ）

A.酵母菌是嗜热菌，所以果酒发酵所需的最适温度较高

B.先供氧进行果醋发酵，然后隔绝空气进行果酒发酵

C.与人工接种的发酵相比，自然发酵获得的产品品质更好

D.适当加大接种量可以提高发酵速率、抑制杂菌生长繁殖

·核心素养提升

理念渗透　贯穿始终

　　生物学科素养是公民科学素养的重要组成部分。生物学科素养是指公民参加社会生活、经济活动、生产实践和个人决策所需的生物学知识、探究能力以及相关的情感态度与价值观，它反映了一个人对生物学领域中核心基础内容的掌握和应用情况，以及在已有基础上不断提高自身科学素养的能力。它包括生命观念、科学思维、科学探究和社会责任四个方面。

　　生命观念是指对观察到的现象及相互关系或特性进行解释后的抽象，是经过实证后的想法或观点，有助于理解或解释较大范围的相关事件和现象。

　　生命观念涵盖结构与功能观、物质与能量观、稳态与平衡观、进化和适应观等，学生在学好细胞的分子组成及结构的基础上形成生命观念，能够从结构与功能观的角度，即"生物体结构与功能是相适应的，是生物长期进化所形成的，是生物适应环境的一种体现"，来解释细胞分子组成的多样及细胞形态、结构、功能的多样，形成结构与功能统一的观念。从多角度体会这一观念，例如，分子水平上，蛋白质和核酸的结构决定其功能；细胞水平上，线粒体的分布和数量与其功能相适应，细胞及细胞器的结构及功能相统一；个体水平上，动物各个器官的结构与功能相统一。

　　生命观念强调对生命的理解和尊重，领悟生命活动和生物世界的博大精深，产生尊重生命、珍惜生命、关爱生物的情感，具备生物科学知识是生物科学素养的重要体现之一，只有将知识系统化和结构化，才能形成能力，因此，学习过程中要将相关内容串联起来，形成网络，并进行扩展，联系实际，综合运用。

【例3】（2016·全国卷Ⅱ,37）苹果醋是以苹果汁为原料经发酵而成的。回答下列问题：

（1）酵母菌的呼吸代谢途径如图所示。图中过程①和②是苹果醋生产的第一阶段，在酵母菌细胞的_____

_____中进行,其产物乙醇与_____试剂反应呈现灰绿色,这一反应可用于乙醇的检验;过程③在酵母菌细胞的_____中进行。与无氧条件相比,在有氧条件下,酵母菌的增殖速度_____。

(2)第二阶段是在醋酸杆菌的作用下将第一阶段产生的乙醇转变为醋酸的过程,根据醋酸杆菌的呼吸作用类型,该过程需要在_____条件下才能完成。

(3)在生产过程中,第一阶段和第二阶段的发酵温度不同,第一阶段的温度_____(填"低于"或"高于")第二阶段。

(4)醋酸杆菌属于_____核生物,其细胞结构中_____(填"含有"或"不含有")线粒体。

【素养解读】本题主要考查的核心素养有生命观念、科学思维,具体表现在三个角度:

核心素养	素养角度	具体表现
生命观念	结构与功能观	(1)中发酵过程在一定结构中进行 (4)中醋酸杆菌的结构分析
科学思维	分析与综合	(1)(2)中关于发酵过程的分析
	比较与分类	(3)中发酵两个阶段的比较分析

【例4】(2017·全国卷Ⅱ,37)豆豉是大豆经过发酵制成的一种食品。为了研究影响豆豉发酵效果的因素,某小组将等量的甲、乙两菌种分别接入等量的A、B两桶煮熟大豆中并混匀,再将两者置于适宜条件下进行发酵,并在32 h内定期取样观测发酵效果。回答下列问题:

(1)该实验的自变量是_____、_____。

(2)如果发现发酵容器内上层大豆的发酵效果比底层的好,说明该发酵菌是_____。

(3)如果在实验后,发现32 h内的发酵效果越来越好,且随发酵时间呈直线上升关系,则无法确定发酵的最佳时间;若要确定最佳发酵时间,还需要做的事情是_____。

(4)从大豆到豆豉,大豆中的成分会发生一定的变化,其中,蛋白质转变为_____,脂肪转变为_____。

【素养解读】本题主要考查的核心素养是生命观念、科学思维和科学探究,具体表现在三个角度:

核心素养	素养角度	具体表现
生命观念	进化与适应观	(2)中好氧菌适应有氧环境,分布在发酵容器的上层
科学思维	比较与分类	(4)中将大豆成分的变化与腐乳制作中豆腐的成分变化进行类比
科学探究	设计实验	(1)中对实验变量的分析
		(3)中对最佳发酵时间的探究方案的设计

【例5】(2013·全国卷Ⅰ)回答下列有关泡菜制作的问题:

(1)制作泡菜时,所用盐水需煮沸,其目的是缩短制作时间,有人还会在冷却后的盐水中加入少量陈泡菜液,加入陈泡菜液的目的是_____。

(2)泡菜制作过程中,乳酸发酵的过程即为乳酸菌进行_____的过程。该过程发生在乳酸菌细胞的_____中。

(3)泡菜制作过程中影响亚硝酸盐含量的因素有_____、_____和_____等。

(4)从开始制作到泡菜品质最佳这段时间内,泡菜液逐渐变酸,这段时间内泡菜坛中乳酸菌和其他杂菌的消长规律是_____,原因是_____。

【素养解读】本题主要考查的核心素养是生命观念、科学思维,具体表现在两个角度:

核心素养	素养角度	具体表现
生命观念	结构与功能观	(2)中乳酸菌进行无氧呼吸的场所
科学思维	分析与综合	(3)中影响亚硝酸盐含量的因素分析
		(4)泡菜坛中乳酸菌和其他杂菌的消长规律分析

·跟踪训练

精练深思　触类旁通

1.下列有关果酒制作过程的叙述,正确的是(　　　)

A.酵母菌与醋酸菌在结构上的主要区别是前者无核膜,后者有核膜

B.酵母菌发酵时要保持有氧环境

C.果汁发酵后是否有酒精产生,可用碱性重铬酸钾溶液来检验

D.酵母菌在无氧条件下可利用葡萄汁产生酒精

2.将接种有醋酸菌的葡萄汁 100 mL(4 份)和接种有酵母菌的葡萄汁 100 mL(4 份)分别装在 100 mL、200 mL、300 mL、400 mL 的烧瓶中,将瓶口密封,置于适宜温度下培养,24 h 后产生的醋酸和酒精最多的烧瓶分别是(　　　)

A.100 mL　100 mL　　　B.400 mL　400 mL　　　C.100 mL　400 mL　　　D.400 mL　100 mL

3.下图为腐乳制作过程的流程图,下列说法不正确的是(　　　)

$$\boxed{让豆腐上长出毛霉} \rightarrow \boxed{加盐腌制} \rightarrow \boxed{加卤汤装瓶} \rightarrow \boxed{密封腌制}$$

A.毛霉为好氧型真菌,为避免其无氧呼吸,摆放豆腐时要留出一定缝隙

B.加盐腌制的目的是析出豆腐中的水分使之变硬,同时能抑制微生物的生长

C.加卤汤、密封腌制过程中,毛霉不断增殖,并产生大量的酶,分解蛋白质

D.用胶条密封瓶口时,最好将瓶口通过酒精灯的火焰,以防止瓶口污染

4.在腐乳制作过程中,豆腐含水量、盐的用量、发酵温度和酒的用量等均会影响腐乳的风味和质量。下列相关叙述正确的是(　　　)

A.豆腐含水量过高,腐乳不易成形　　　　　B.加盐量过多,腐乳硬度会降低

C.前期发酵温度过低,不影响腐乳"皮"的形成　　D.酒的用量过多,后期成熟时间缩短

5.有关泡菜发酵过程的叙述,正确的是(　　　)

A.发酵过程中要经常补充水槽中的水　　　　B.发酵过程中只有乳酸菌的发酵作用

C.发酵过程中乳酸菌可分解蛋白质和果胶　　D.发酵时间越长,亚硝酸盐的含量越高

6.用酵母菌酿制葡萄酒时,一般酒中所含的酒精成分在 12% 左右,其原因是(　　　)

A.加水过多　　　　　　　　　　　　　　B.原料中用于发酵的糖太少

C.一定浓度的酒精影响酵母菌的存活　　　　D.发酵过程中产热多,高温使酵母菌死亡

7.下列关于制作果酒、果醋和腐乳的叙述,不合理的是(　　　)

A.在果酒发酵后期拧松瓶盖的间隔时间可延长

B.条件适宜时醋酸菌可将葡萄汁中的糖分解成醋酸

C.果酒发酵过程中发酵液密度会逐渐减小

D.将长满毛霉的豆腐装瓶腌制时,底层和近瓶口处需加大用盐量

8.如图是泡菜的制作及测定亚硝酸盐含量的实验流程示意图。下列说法错误的是(　　　)

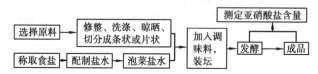

勇者
教育

A. 制作泡菜宜选用新鲜的蔬菜或其他原料,原因是它们的亚硝酸盐含量低

B. 发酵过程中应定期测定亚硝酸盐的含量,原因是发酵不同时期亚硝酸盐的含量会发生变化

C. 发酵过程中应及时测定亚硝酸盐的含量,以把握食用泡菜的最佳时机

D. 测定亚硝酸盐含量的方法是纸层析法

9.(2016·天津高考)天津独流老醋历史悠久、独具风味,其生产工艺流程如下图。

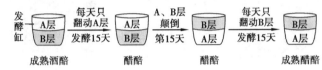

请回答下列问题:

(1)在糖化阶段添加酶制剂需要控制反应温度,这是因为酶_____。

(2)在酒精发酵阶段,需添加酵母菌。在操作过程中,发酵罐先通气,后密闭。通气能提高_____的数量,有利于密闭时获得更多的酒精产物。

(3)在醋酸发酵阶段,独流老醋采用独特的分层固体发酵法,发酵30 d。工艺如下:

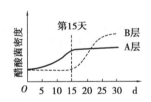

①发酵过程中,定期取样测定醋酸菌密度变化,趋势如下图。据图分析,与颠倒前相比,B层醋酸菌在颠倒后,密度变化的特点是_____。由此推测,影响醋酸菌密度变化的主要环境因素是_____。

②乳酸含量高是独流老醋风味独特的重要成因。发酵过程中,发酵缸中_____层的醋醅有利于乳酸菌繁殖,积累乳酸。

③成熟醋醅中乳酸菌的种类明显减少,主要原因是发酵后期营养物质消耗等环境因素的变化,加剧了不同种类乳酸菌的_____,淘汰了部分乳酸菌种类。

10.某校同学在实验室开展生物技术实践活动。请回答下列问题:

(1)A组同学制作泡菜。在泡菜腌制的过程中,要注意控制腌制的时间、_____和食盐的用量;最后要向坛盖边沿的水槽中注满水,这一操作的目的是_____。

(2)B组同学制作腐乳。在制作腐乳过程中,在腐乳表面往往会有一层致密的"皮",这层"皮"实际上是微生物的_____,对人体无害;加盐的作用是_____,避免豆腐块变质。

(3)C组同学制作蓝莓果酒与果醋。

①某同学对自己的发酵装置定时通过充气口充气,该同学是在制备蓝莓_____(填"果酒"或"果醋")。另一位同学在蓝莓果汁中直接加入某品牌活性酵母,之后先向发酵罐中通入一段时间的无菌空气,通入无菌空气的目的是_____。

②在蓝莓果酒制作过程中,在变酸的酒表面观察到的菌膜是由_____大量繁殖形成的,其可在缺少糖源时将乙醇变为_____,然后变为醋酸。

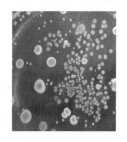

专题二　微生物的培养与应用

【导引】微生物结构都相当简单,个体多数十分微小,通常要用光学显微镜或电子显微镜才能看到,有的甚至没有细胞结构,且体内一般不含有叶绿素,不能进行光合作用。微生物包括五类:病毒、细菌、放线菌、真菌、原生动物。

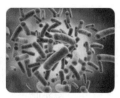

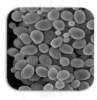

病毒　　　　　细菌　　　　　放线菌　　　　　真菌　　　　　原生动物

微生物与人类的关系极为密切。目前,微生物已经在医疗、环保、工农业生产等许多领域得到广泛的应用,形成了大规模的发酵工程,为人类创造出了巨大的财富。本专题在必修课基础上,引导学生学习微生物培养的基本技术,以增进学生对微生物的了解。

课题一　微生物的实验室培养

[素养目标]

1.了解有关培养基的基础知识。

2.进行无菌技术的操作。

3.进行微生物的培养。

[重难点击]

1.掌握制备牛肉膏蛋白胨固体培养基的方法。

2.学会用平板划线法和稀释涂布平板法纯化微生物。

[学海导航]

1.通过阅读教材"(一)制备牛肉膏蛋白胨固体培养基",掌握配制培养基的步骤和倒平板操作的过程。

2.结合教材"(二)纯化大肠杆菌",理解并掌握利用平板划线法和稀释涂布平板法纯化微生物的方法。

一、培养基

·基础知识

夯实基础　突破要点

1.概念

人们按照微生物对营养物质的不同需求,配制出供其生长繁殖的营养基质。

2. 培养基的种类

分类依据	种　类	特　点	应　用
物理性质	液体培养基	不加凝固剂	工业生产
	半固体培养基	加凝固剂	观察微生物的运动、分类鉴定
	固体培养基		微生物的分离、鉴定、活菌计数、保藏
化学成分	天然培养基	含化学成分不明的天然物质	工业生产
	合成培养基	培养基成分明确或用一定化学物质配制	分类、鉴定
用途	选择培养基	添加某物质,抑制杂菌生长,促进所需微生物生长	培养分离出特定微生物
	鉴别培养基	根据微生物的代谢特点,在培养基中加入某种指示剂	鉴别微生物

3. 成分

(1)主要成分:水、碳源、氮源、无机盐。

营养要素	含　义	作　用	主要来源
碳源	凡能提供所需碳元素的物质	构成生物体细胞的物质和一些代谢产物,有些是异养生物的能源物质	无机碳源:CO_2、$NaHCO_3$等;有机碳源:糖类、脂肪酸、花生饼粉、石油等
氮源	凡能提供所需氮元素的物质	合成蛋白质、核酸以及含氮的代谢产物	无机氮源:NH_3、铵盐、硝酸盐等;有机氮源:尿素、牛肉膏、蛋白胨等
生长因子(特殊营养物质)	生长必不可少的微量有机物	酶和核酸的组成成分	维生素、氨基酸、碱基等
水	在生物体内含量很高,在低等生物体内含量更高	不仅是优良的溶剂,而且可维持生物大分子结构的稳定	培养基、大气、代谢产物等
无机盐	为微生物提供除碳、氮元素以外的各种重要元素,包括某些大量元素	细胞内的组成成分;生理调节物质;某些化能自养菌的能源;酶的激活剂	培养基、大气等环境

(2)其他成分:还需要满足微生物生长对 pH、特殊营养物质以及氧气的要求。

(3)填表完成牛肉膏蛋白胨培养基的营养构成。

培养基组分	提供的主要营养
牛肉膏	碳源、氮源、磷酸盐和维生素
蛋白胨	碳源、氮源和维生素
NaCl	无机盐
H_2O	氢元素、氧元素

(4)某些微生物生长还需要特殊的条件,填表完成培养下列微生物时所需的特殊条件。

培养的微生物	需要满足的其他要求
乳酸杆菌	培养基中添加维生素
霉菌	将 pH 调至酸性
细菌	将 pH 调至中性或微碱性
厌氧微生物	需要提供无氧条件

·疑难探讨

1.培养基的成分与作用

(1)试根据微生物的同化作用类型将微生物进行分类。

(2)试从碳源和氮源的角度分析不同类型的微生物所需的培养基成分的特点。

项 目	自养型微生物	异养型微生物
碳 源	CO_2、$NaHCO_3$ 等无机物	
氮 源		

2.牛肉膏蛋白胨培养基

(1)牛肉膏蛋白胨培养基中提供碳源和氮源的物质各是什么?

(2)牛肉膏蛋白胨培养基中主要提供碳源和主要提供氮源的物质各是什么?

·案例剖析

【例1】下列关于培养基的说法正确的是( )

A.培养基是为微生物的生长繁殖提供营养的基质

B.培养基只有两类:液体培养基和固体培养基

C.除水以外的无机物只能提供无机盐

D.无机氮源不可能提供能量

【方法链接】培养基的种类

分类标准	培养基种类	培养基特点	作 用
物理性质	固体培养基	外观固态	微生物的分离、计数等
	半固体培养基	容器放倒不致流出,剧烈振动则破散	观察微生物的运动、鉴定菌种等
	液体培养基	呈液态	常用于工业生产
功能	选择培养基	允许特定种类的微生物生长,同时抑制或阻止其他微生物生长	选择、分离
	鉴别培养基	根据微生物的代谢特点,在培养基中加入某种指示剂或化学药品	鉴定
成分来源	天然培养基	化学成分还不清楚	工业上大规模的微生物发酵生产
	合成培养基	化学成分完全了解	在实验室用来对微生物进行分析

【例2】下列培养基配方中能作为选择培养基、鉴别培养基的依次是(　　)

原　料	①	②	③	④
蛋白胨/g	10	10	10	10
乳糖/g	5	5	5	5
蔗糖/g	5	5	5	5
KH_2PO_4/g	2	2	2	2
伊红/g	0.4			
美蓝/g	0.065			
琼脂/g	10	20		
NaCl/g				20
蒸馏水/mL	1 000	1 000	1 000	1 000

A. ①③　　　　　B. ②①　　　　　C. ②④　　　　　D. ③①

【拓展延伸】

(1)表格中的蛋白胨主要为微生物提供何种营养成分?

(2)乳糖和蔗糖在培养基中的作用是什么?

(3)如果用培养基培养某种自养型微生物,则该配方中的哪种物质可以去除?

【归纳总结】有关培养基营养物质的四点提醒

(1)培养不同的微生物所需要的营养物质可能不同。

①自养型微生物的培养基主要以无机营养为主。

②异养型微生物的培养基主要以有机营养为主。

(2)对异养型微生物来说,含 C、H、O、N 的有机化合物既是碳源,又是氮源、能源。

(3)微生物需要补充生长因子,是由于缺乏合成这些物质所需的酶或合成能力有限。

(4)微生物需求量最大的是碳源。能合成含碳有机物的是自养型微生物,反之则为异养型微生物。

二、无菌技术

·基础知识

夯实基础　突破要点

1.目的

获得纯净培养物。

2.关键

防止外来杂菌的入侵。

3. 两种无菌技术的比较

无菌技术	消 毒	灭 菌
作用强度	较为温和的理化因素	强烈的理化因素
作用程度	杀死物体表面或内部的部分微生物	杀死物体内外所有的微生物
芽孢和孢子	一般不能杀灭	能杀灭
适用对象	操作空间、活体生物材料、操作者衣物和双手	操作工具、玻璃器皿、培养基等
常用方法	煮沸消毒法、巴氏消毒法、化学药剂消毒法、紫外线消毒法	灼烧灭菌法、干热灭菌法、高压蒸汽灭菌法

灼烧灭菌

干热灭菌

高压蒸汽灭菌

·疑难探讨

理解升华 重难透析

1. "无菌操作"与人们的生活休戚相关,无时无处不在。在日常生活、生产实践、自身健康防护中,有哪些"无菌操作"的例子?

2. 消毒和灭菌的原理是什么? 消毒和灭菌都能杀死所有的微生物吗? 是否适用于所有的生物和物品?

3. 无菌技术除了用来防止实验室的培养物被其他外来微生物污染外,还有什么目的?

4. 无论是接种微生物还是制备培养基中的倒平板,都要在酒精灯火焰附近进行,请简述理由。

·案例剖析

活学活用 巩固提升

【例3】高温灭菌的原理是(　　　)

A. 每种微生物生长的最适温度是一定的

B.微生物对高温环境不适应

C.高温破坏了微生物细胞内的蛋白质、核酸,影响其生命活动

D.高温降低了环境中氧的浓度

【例4】培养基、培养皿、接种环、实验操作者的双手、空气、牛奶所采用的灭菌或消毒方法依次是(　　)

①化学消毒;②灼烧灭菌;③干热灭菌;④紫外线消毒;⑤高压蒸汽灭菌;⑥巴氏消毒法

A.⑤③②①④⑥　　　B.①②③④⑤⑥　　　C.⑥②③④①⑤　　　D.③④②①⑥⑤

【拓展延伸】

(1)接种环灼烧灭菌后为什么不能立即接触菌液?

(2)选择无菌操作方法的依据除了无菌操作的目的外还有什么?

【特别提醒】

(1)酒精消毒液中酒精浓度对效果的影响:70%的酒精杀菌效果最好。原因是浓度过高,菌体表面蛋白质变性过快而凝固成一层保护膜,酒精不能渗入其中;浓度过低,杀菌能力减弱。

(2)无菌技术的选择原则

①考虑效果:灭菌的效果比消毒的效果要好。

②考虑操作对象的承受能力:活体生物材料、操作者的双手等只能采用消毒的方法,而不能采用灭菌的方法。

·学习小结

归纳总结　构建网络

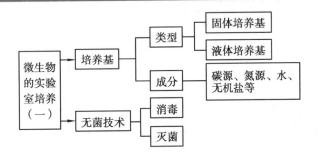

·达标检测

监测评价　达标过关

1.不同的微生物对营养物质的需求各不相同。下列关于一种以 CO_2 为唯一碳源的自养型微生物营养的描述,不正确的是(　　)

A.氮源物质为该微生物提供必要的氮元素

B.碳源物质也是该微生物的能源物质

C.无机盐是该微生物不可缺少的营养物质

D.水是该微生物的营养要素之一

2.能作为自养型微生物的碳源的是(　　)

A.糖类　　　　　　B.石油　　　　　　C.二氧化碳　　　　　　D.花生粉饼

3.下列关于灭菌和消毒的理解,不正确的是(　　)

A.灭菌是指杀灭环境中的一切微生物的细胞、芽孢和孢子

B.消毒和灭菌实质是相同的

C.接种环用灼烧法灭菌

D.常用的灭菌方法有加热法、过滤法、紫外线法、化学药品法

4.不同的微生物对营养物质的需求各不相同,但一般都需要水、碳源、氮源和无机盐。下列有关微生物所需营养物质的描述,正确的是(　　)

A.氮源物质只能为该微生物提供必要的氮元素

B.有些碳源也可以给微生物的生长提供能源

C.无机盐是微生物不可缺少的营养物质,所以无机盐越多越好

D.固体培养基中不含水分

5.下列实验材料和用具的无菌操作中,适合使用消毒方法的是_____,适合使用灭菌方法的是_____。

①培养基 ②外植体 ③操作者双手 ④锥形瓶 ⑤接种环 ⑥牛奶 ⑦工作台 ⑧培养皿

·课时对点练

注重双基 强化落实

【基础过关】

1.关于微生物的营养,下列说法正确的是( )

A.同一种物质不可能既作碳源又作氮源 　　B.凡是碳源都能提供能量

C.除水以外的无机物仅提供无机盐 　　D.无机氮源也可能提供能量

2.下列关于培养基的说法,正确的是( )

A.为微生物的生长繁殖提供营养基质的是固体培养基

B.培养基只有两类:液体培养基和半固体培养基

C.固体培养基中加入少量水即可制成液体培养基

D.微生物在固体培养基上生长时,可以形成肉眼可见的菌落

3.下表是对四种生物的能源、碳源、氮源、新陈代谢类型的描述,其中正确的一组是( )

选 项	项 目	硝化细菌	乳酸菌	根瘤菌	衣 藻
A	能源	NH_3	乳酸	N_2	光能
B	碳源	CO_2	糖类等	糖类等	CO_2
C	氮源	NH_3	N_2	N_2	NO_3^-
D	代谢类型	自养需氧型	异养厌氧型	自养需氧型	自养需氧型

4.下列选项中不含有微生物的是( )

A.洗干净的脸上 　　B.洗完澡后的皮肤 　　C.刷完牙后的口腔 　　D.灼烧之后的接种环

5.培养基配制需要运用灭菌和消毒技术,但两者消灭的微生物种类和数量是不同的。下列哪一项能正确表示消毒结果和灭菌结果之间的关系( )

A　　　　　　B　　　　　　C　　　　　　D

6.细菌培养过程中分别采用了高压蒸汽灭菌、酒精擦拭、火焰灼烧等几种不同的处理方法,这些方法依次用于杀死哪些部位的杂菌( )

A.接种环、手、培养基 　　B.高压锅、手、接种环 　　C.培养基、手、接种环 　　D.接种环、手、高压锅

【能力提升】

7.下列常用的无菌操作中,错误的是( )

A.无菌操作不要求杀死培养基中的一切细菌

B.用酒精擦拭双手的方法是对操作者进行消毒

C.实验操作过程应在酒精灯火焰附近进行

D.玻璃器皿(吸管、培养皿)可用酒精擦拭

8.甲、乙、丙为三种微生物,下表中Ⅰ、Ⅱ、Ⅲ是用来培养微生物的三种培养基。甲、乙、丙都能在Ⅲ中正常生长繁殖;甲能在Ⅰ中正常生长繁殖,而乙和丙都不能;乙能在Ⅱ中正常生长繁殖,甲、丙都不能。下列说法正确的是(　　)

培养基	粉状硫 10 g	K_2HPO_4 4 g	$FeSO_4$ 0.5 g	蔗糖 10 g	$(NH_4)_2SO_4$ 0.4 g	H_2O 100 mL	$MgSO_4$ 9.25 g	$CaCl_2$ 0.5 g
Ⅰ	+	+	+	+	−	+	+	+
Ⅱ	+	+	+	−	+	+	+	+
Ⅲ	+	+	+	+	+	+	+	+

注:"＋"表示培养基中加入了这种物质,"－"表示培养基中没有加入这种物质。

A.甲、乙、丙都是异养型微生物

B.甲、乙都是自养型微生物,丙是异养型微生物

C.甲是异养型微生物,乙是固氮微生物,丙是自养型微生物

D.甲是固氮微生物,乙是自养型微生物,丙是异养型微生物

9.牛肉膏蛋白胨培养基中需加入琼脂这一理想的凝固剂。下列关于琼脂的说法不正确的是(　　)

A.不被所培养的微生物分解利用,对所培养的微生物无毒害作用

B.在微生物生长温度范围内保持固体状态

C.琼脂凝固点低,利于微生物的生长

D.琼脂在灭菌过程中不会被破坏,透明度好,凝固力强

10.含C、H、O、N的大分子化合物可以作为(　　)

A.异养型微生物的氮源、能源　　　　　　　B.异养型微生物的碳源、氮源

C.自养型微生物的氮源、能源、碳源　　　　D.异养型微生物的氮源、能源、碳源

11.请你判断以下材料或用具是否需要消毒或灭菌。如果需要,请选择合适的方法:

(1)培养细菌用的培养基;

(2)玻璃棒、试管、烧瓶和吸管;

(3)实验操作者的双手。

判断:

(1)_____;

(2)_____;

(3)_____。

12.为了检测饮用水中是否含有某种细菌,配制培养基的配方如下,请分析回答下列问题:

蛋白胨	乳 糖	蔗糖	K_2HPO_4	伊 红	美 蓝	蒸馏水
10 g	5 g	5 g	2 g	0.4 g	0.065 g	1 000 mL
将培养基 pH 值调至 7.2						

(1)该培养基所含碳源有_____,其功能是_____。

(2)该培养基所含氮源有_____,其功能是_____。

(3)该培养基除含碳源、氮源外,还有微生物需要的营养物质是_____。

(4)该细菌在同化作用上的代谢类型是_____型。

(5)该培养基可用来鉴别哪种细菌(　　)

A.霉菌　　　　　　　B.酵母菌　　　　　　　C.大肠杆菌　　　　　　　D.乳酸菌

13. 在连续培养微生物时,一部分旧的液体培养基以一定的速度流出,同时不断有等量的新鲜液体培养基流入以保证微生物对营养物质的需要。研究人员将大肠杆菌 JA122 菌株接种到葡萄糖含量受到限制的液体培养基中,连续培养多代,然后取样分析其中存在的新菌株。请回答下列问题:

(1) 液体培养基中除了把葡萄糖作为_____外,还应该含有_____。

(2) 样品中还发现了 CV101、CV103 新品种,对其菌株的代谢差异进行分析发现,CV103 对葡萄糖吸收率最高,代谢终产物是醋酸盐。进一步研究表明,CV101 可以在过滤的培养过 CV103 的培养基中生长,据此作出的推测是:_____

_____。

请再设计并完成下列实验,来验证你的观点:
① 配制_____的固体培养基(A 组)和不含碳源的固体培养基(B 组);
② 将等量且适量稀释的 CV101 菌液分别接种到 A、B 组培养基中培养一段时间,并观察记录菌株的生长情况。实验过程应在_____条件下进行。
③ 预期实验结果:_____。

【高考体验】

14. (2014·大纲,4) 某同学在①、②、③三种条件下培养大肠杆菌,这三种条件是:

① 以葡萄糖为碳源的培养基,不断补充培养基,及时去除代谢产物;② 以葡萄糖为碳源的培养基,不补充培养基,不去除代谢产物;③ 以葡萄糖和乳糖为碳源的培养基,不补充培养基,不去除代谢产物。

根据培养结果绘制的一段时间内菌体数的对数随时间变化的趋势图如下:

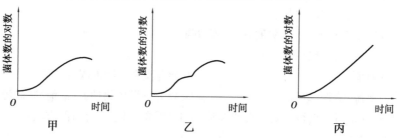

假设三种培养基中初始总糖量相等,则①、②、③三种条件依次对应的趋势图是(　　)
A. 甲、乙、丙　　　　　B. 乙、丙、甲　　　　　C. 丙、甲、乙　　　　　D. 丙、乙、甲

15. (经典高考题) 在自制酸奶的过程中,除了高温加热以外,其他灭菌方法还有(　　)
A. 紫外线照射　　　B. 真空包装　　　C. 用保鲜膜密闭　　　D. 添加防腐剂

三、制备牛肉膏蛋白胨固体培养基

·基础知识

夯实基础　突破要点

牛肉膏蛋白胨固体培养基是细菌培养中常用的一种培养基,大肠杆菌的纯化就是用的该培养基。

1. 牛肉膏蛋白胨培养基的成分及各成分提供的主要营养物质

培养基组分	提供的主要营养物质
牛肉膏 5.0 g	碳源、氮源、磷酸盐和维生素
蛋白胨 10.0 g	碳源、氮源和维生素
NaCl 5.0 g	无机盐
蒸馏水定容至 1 000 mL	氢元素、氧元素

2. 制备步骤
(1) 培养基的配制
计算:根据牛肉膏蛋白胨培养基配方的比例,计算配制 100 mL 培养基时各成分的用量

↓

称量
{
0.5 g 牛肉膏:比较黏稠,用称量纸称取
1 g 蛋白胨:易吸潮,要迅速称取(牛肉膏也是)
0.5 g NaCl
2 g 琼脂
}

↓

溶化
{
牛肉膏和称量纸 + 水
↓加热溶化后取出称量纸
加蛋白胨和 NaCl
↓微火加热、不断搅拌
溶解后加琼脂(需不断用玻棒搅拌,防止琼脂糊底而导致烧杯破裂)
↓
熔化后,补加蒸馏水至 100 mL
}

↓

调节 pH 值:1 moL 的 NaOH、pH 试纸,将 pH 值调为 7.4 ~7.6

↓

分装:趁热分装到洁净锥形瓶中

↓

加棉塞:用棉花不用脱脂棉,因为脱脂棉要吸水

↓

包扎:外包牛皮纸,且挂标签

(2)灭菌
{
①培养基:高压蒸汽灭菌
②培养皿:干热灭菌
}

(3)倒平板

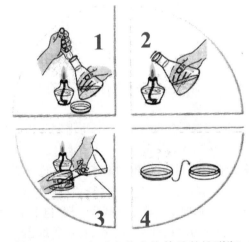

①将灭过菌的培养皿放在火焰旁的桌面上,右手拿装有培养基的锥形瓶,左手拔出棉塞。

②右手拿锥形瓶,使瓶口迅速通过火焰。

③用左手将培养皿打开一条稍大于瓶口的缝隙,右手将锥形瓶中的培养基倒入培养皿,左手立即盖上培养皿的皿盖。

④等待平板冷却凝固后,将平板倒过来放置。

疑难探讨

理解升华　重难透析

1.填表比较溶化时两次使用玻棒搅拌的目的

操 作	搅拌的目的
往烧杯中加入蛋白胨和氯化钠后用玻棒搅拌	_____
加入琼脂,加热使其熔化的过程中使用玻棒搅拌	_____

2. 倒平板时的注意事项

(1)培养基灭菌后,需要冷却至50 ℃左右时才能倒平板的原因是什么?你用什么办法来估计培养基的温度?

(2)分析下图,回答问题:

图一 　　　　　　　　图二

①为什么需要使锥形瓶的瓶口通过火焰?

②从防止杂菌污染的角度思考,平板冷凝后将平板倒置的原因是什么?

(3)怎样判断制备的培养基是否合格、成功,是否受到污染?

·案例剖析

活学活用 巩固提升

【例1】某学校开展大肠杆菌培养活动,首先对实验室进行清扫和消毒处理,然后准备各种原料和用具。请回答下列问题:

(1)对买回来的菌种进行扩大培养,首先制备试管培养基,写出制备牛肉膏蛋白胨固体培养基所需的原料:_____。

(2)微生物在生长过程中对各种成分需求量不同,配制培养基时各成分要有合适的_____。在烧杯中加入琼脂后要不停_____,防止_____。

(3)将配制好的培养基分装到试管中,加棉塞后若干支试管一捆,包上牛皮纸并用皮筋勒紧放入_____中灭菌。灭菌完毕后拔掉电源,待压力表指针回到零后,将试管取出。如果棉塞上沾有培养基,此试管应_____。

【例2】制备牛肉膏蛋白胨固体培养基的过程中,关于倒平板的具体描述正确的是(　　)

①待培养基冷却至40 ℃左右时,在酒精灯火焰附近倒平板;②将灭过菌的培养皿放在桌面上,左手拔出棉塞;③右手拿锥形瓶,使瓶口迅速通过火焰;④用左手的拇指和食指完全打开皿盖;⑤右手将锥形瓶中培养基倒入培养皿,左手立即盖上培养皿的皿盖;⑥等待平板冷却5～10 s,将平板倒过来放置,使皿盖在下,皿底在上

A.①③④⑤ 　　　　　B.④⑤⑥ 　　　　　C.③⑤ 　　　　　D.①②④⑥

【问题导析】

(1)培养基灭菌后,需冷却至50 ℃左右时倒平板,原因是琼脂在44 ℃以下凝固。

(2)倒平板的过程要在酒精灯火焰附近进行。

【拓展延伸】

倒平板的过程需要进行无菌操作,在培养基的制备过程中,还有哪些环节需要进行无菌操作?

四、微生物的分离与纯化技术

·基础知识
夯实基础　突破要点

1.纯化大肠杆菌

(1)平板划线法

①原理:通过接种环在琼脂固体培养基表面连续划线的操作,将聚集的菌种逐步稀释分散到培养基的表面。

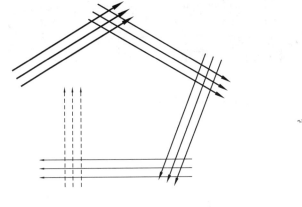 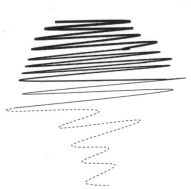

分区划线法　　　　　　　　　　　　　连续划线法

②步骤

接种环灭菌　　　　　在酒精灯火焰旁冷却　　　试管口通过火焰灭管口杂菌
　　　　　　　　　　接种环并打开棉塞

冷却的接种环伸入菌液中蘸取菌液　试管口通过火焰并塞上棉塞　接种环伸入平板内划三至五条平行线

接种环灭菌:将接种环放在酒精灯火焰上灼烧直至烧红

　　↓

取菌种 { a.在酒精灯火焰旁冷却接种环,并打开盛有菌液的试管的棉塞
b.将试管口通过火焰达到消灭试管口杂菌的目的
c.将已冷却的接种环伸入菌液中,蘸取一环菌液
d.将试管口通过火焰,并塞上棉塞

↓

平板划线
{
a. 左手将皿盖打开一条缝隙,右手把沾有菌种的接种环迅速伸入平板内,划三至五条平行线,盖上皿盖。注意不要划破培养基。

b. 灼烧接种环,待其冷却后,从第一区域划线的末端开始往第二区域内划线。重复以上操作,完成第三、第四、第五区域内划线。注意不要将最后一区的划线与第一区相连
}

↓

培养:将平板倒置,放入培养箱中培养

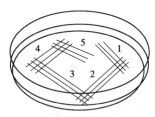 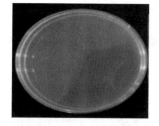 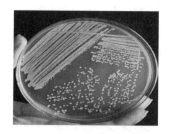

（2）稀释涂布平板法

①原理:将菌液进行一系列的梯度稀释,然后将不同稀释度的菌液分别涂布到琼脂固体培养基的表面,进行培养。

②步骤

Ⅰ. 系列稀释操作

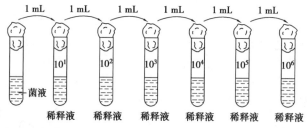

a. 编号为 10^1—10^6 试管中分别盛有 9 mL 水。

b. 用移液管吸取 1 mL 培养的菌液,注入 10^1 倍稀释的试管中,得到稀释菌液。

c. 从 10^1 倍稀释的试管中吸取 1 mL 稀释液,注入 10^2 倍稀释的试管中。依次类推,完成菌液的稀释。

注意:移液管要经过灭菌,并且操作应在酒精灯火焰附近完成。

Ⅱ. 涂布平板操作

涂布器消毒:将涂布器浸在盛有酒精的烧杯中

↓

取菌液:取少量菌液滴加到培养基表面

↓

涂布器灭菌:将沾有少量酒精的涂布器在火焰上引燃,待酒精燃尽后,冷却 8 ~ 10 s

↓

涂布平板:用涂布器将菌液均匀涂布在培养基表面,涂布时可转动培养皿,使菌液分布均匀

【特别提醒】平板划线操作中三种灼烧的目的不同

项　目	目　的
蘸取菌液前灼烧	避免接种环上可能存在的微生物污染菌种
每次划线前灼烧	杀死上一次划线结束后接种环上残留的菌种,使下一次划线时接种环上的菌种直接来源于上一次划线的末端
划线操作结束后灼烧	及时杀死接种环上残留的菌种,避免菌种污染环境和感染操作者

2.菌种保藏

比较项目	临时保藏	甘油管藏
适用范围	频繁使用的菌种	长期保存的菌种
培养基	固体斜面培养基	液体培养基
保藏温度	4 ℃	-20 ℃
具体方法	接种到固体斜面培养基上→适宜温度下培养→4 ℃冰箱中保藏	甘油瓶中装入甘油后灭菌→将菌液转移至甘油瓶中→混匀后冷冻箱中保藏

·疑难探讨

理解升华　重难透析

1.平板划线操作的注意事项

(1)平板划线法接种菌种时,哪些操作可防止杂菌污染?

(2)在灼烧接种环之后,为什么要等其冷却后再进行划线?

(3)为什么在操作的第一步以及每次划线之前都要灼烧接种环?

(4)在划线操作结束时,仍然需要灼烧接种环吗? 为什么?

(5)在做第二次划线以及其后的操作时,为什么总是从上一次划线的末端开始划线?

(6)为何最后一次划线不能与第一次划线相连?

2.稀释涂布平板操作注意事项

(1)涂布平板的所有操作都应在酒精灯火焰附近进行。结合平板划线与系列稀释的无菌操作要求,想一想将菌液滴加到培养基上时应如何进行无菌操作?

（2）操作结束后，为什么要将一个未接种的培养基和一个接种的培养基放在一起培养？未接种的培养基表面是否有菌落生长很关键。如果有菌落生长，说明了什么？

【归纳总结】两种接种方法的比较

方法	平板划线法	稀释涂布平板法
用途	一般用于菌种的纯化	一般用于筛选菌株
优点	可对混合菌进行分离	可以计数
缺点	不能计数	较麻烦，平板不干燥，效果不好；若菌液浓度大则长不出单菌落
培养结果		

·案例剖析

【例3】稀释涂布平板法是微生物培养中常用的一种接种方法。下列相关叙述错误的是（ ）

A.操作中需要将菌液进行一系列的梯度稀释

B.需将不同稀释度的菌液分别涂布到固体培养基表面

C.不同浓度的菌液均可在培养基表面形成单个菌落

D.操作过程中对培养基和涂布器等均需进行严格灭菌处理

【拓展延伸】

(1)B项中不同稀释度的菌液一般涂布几个平板为宜？

(2)如何证明该接种过程是成功的？

(3)题中如果不同稀释度的菌液接种后都不能得到单细胞菌落，原因可能是什么？

(4)如果不进行D项操作，培养基上的菌落可能有哪些变化？

【例4】图甲是稀释涂布平板法的部分操作，图乙是平板划线法操作结果。

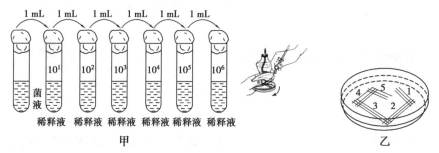

下列叙述中，错误的是（ ）

A.甲中涂布前要将涂布器灼烧，冷却后才能取菌液

B.对于浓度较高的菌液，如果甲中的稀释倍数仅为10^2，则所得的菌落不是由单一的细胞或孢子繁殖而成的

C. 乙中培养皿中所得的菌落都符合要求

D. 乙中的连续划线的起点是上一次划线的末端

【问题导析】

(1)对菌液进行稀释时,菌液中菌体的浓度越高,则稀释的倍数也要越高,菌体的浓度低时,则稀释的倍数不必太高。

(2)高温会杀死菌体,所以一些经过高温或灼烧灭菌的器材需要冷却后才能接触菌种。

(3)平板划线法的多次划线中,菌体越来越少,即不同划线处的菌体数目不同,所以形成的菌落并非全部是由单个菌体繁殖而成的。

【拓展延伸】

稀释倍数和划线次数是两种接种方法的关键,决定稀释倍数和划线次数的因素是什么?

【拓展提升】两种接种方法中,只有稀释涂布平板法才适合对细菌进行计数的原因

只要稀释倍数足够高,则稀释涂布平板法中形成的每个菌落都是由单一菌体繁殖而成的,即一个肉眼看不见的细菌对应着一个可以看见的菌落,可以通过统计菌落的数目推测出细菌的数目。而平板划线法中除了最后一次划线末端处的菌落是由单一的细菌繁殖而成的外,其他每个菌落往往是由多个细菌一起繁殖而成的,即一个菌落并非对应一个细菌,所以不适合用于细菌的计数。

·学习小结

归纳总结　构建网络

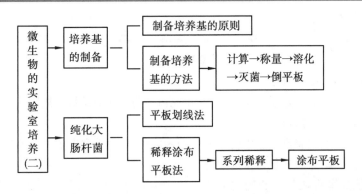

·达标检测

监测评价　达标过关

1. 制备牛肉膏蛋白胨固体培养基的步骤是(　　　)

A. 计算、称量、倒平板、溶化、灭菌　　　　B. 计算、称量、溶化、倒平板、灭菌

C. 计算、称量、溶化、灭菌、倒平板　　　　D. 计算、称量、灭菌、溶化、倒平板

2. 平板冷凝后,要将平板倒置,其原因是(　　　)

A. 接种时再拿起来方便　　　　B. 在皿底上标记日期等方便

C. 正着放置容易破碎　　　　D. 防止皿盖上的冷凝水落入培养基造成污染

3. 如图是微生物平板划线示意图,划线的顺序为1→2→3→4→5。下列操作方法正确的是(　　　)

A. 操作前不用进行任何处理

B. 划线操作必须在火焰上进行

C. 在5区域中才可以得到所需菌落

D. 在1、2、3、4、5区域中划线前后都要对接种环进行灭菌

4.分离纯化大肠杆菌最常用的方法是平板划线法和稀释涂布平板法。下列有关这两种方法的叙述错误的是( )

　　A.均将大肠杆菌接种在固体培养基的表面

　　B.获得的每个菌落均是由一个细菌繁殖而来的子细胞群

　　C.都应在火焰附近进行操作,以防止杂菌污染

　　D.稀释分散菌种的原理不同,均能达到分离纯化大肠杆菌的目的

5.请回答与大肠杆菌纯化培养有关的问题:

（1）制备培养基

配制培养基时各种成分在溶化后分装前必须进行_____,培养基在接种前要进行_____灭菌。

（2）纯化大肠杆菌

①通过接种环在琼脂固体培养基的表面进行连续划线的操作,将聚集的菌种逐步分散到培养基的表面,在数次划线后培养,可以分离到由一个细胞繁殖而来的肉眼可见的子细胞群体,这种方法称为_____。

②用该方法统计样本菌落数时_____(填"需要"或"不需要")设置对照组。为什么?

_____。

（3）讨论分析

①纯化大肠杆菌时,_____(填"可"或"不可")用加入抗生素的方法防止杂菌感染。

②用该方法分离大肠杆菌时,从第二次划线操作起,每次总是要从上一次划线的末端开始划线,并划线数次,其原因是_____。

③大肠杆菌与酵母菌最本质的区别是_____

_____。

·课时对点练

【基础过关】

1.下列关于倒平板的叙述,错误的是( )

A.右手拿装有培养基的锥形瓶,左手拔出棉塞,为避免污染需放在酒精灯火焰附近

B.倒平板整个过程应在火焰旁进行

C.完全打开培养皿皿盖,右手将锥形瓶中的培养基倒入培养皿,左手立即盖上培养皿的皿盖

D.为避免水滴滴入培养基,平板应倒过来放置

2.下列有关平板划线操作的叙述,不正确的是( )

A.第一步灼烧接种环是为了避免接种环上可能存在的微生物污染培养物

B.每次划线前,灼烧接种环是为了杀死上次划线结束后接种环上的菌种

C.在第二区域内划线时,接种环上的菌种直接来源于菌液

D.划线结束后,灼烧接种环,能及时杀死接种环上的菌种,避免细菌污染环境和感染操作者

3.下列依次表示倒平板、接种的位置以及平板划线法接种的路径的示意图,其中错误的是( )

　　　　A　　　　　　　　B　　　　　　　　C　　　　　　　　D

4.涂布平板操作需要用到( )

　A.接种环、滴管、酒精灯　　　　　　　　B.接种环、移液管、酒精灯

　C.涂布器、移液管、酒精灯　　　　　　　D.涂布器、接种环、酒精灯

5.将接种后的培养基和一个未接种的培养基都放入37 ℃恒温箱的目的是( )

　A.对比观察培养基有没有被微生物利用　　B.对比分析培养基上是否生有杂菌

　C.没必要放入未接种的培养基　　　　　　D.为了下次接种时再使用

6. 获得纯净培养物的关键是(　　)
A. 将用于微生物培养的器皿、接种用具和培养基等器具进行灭菌
B. 接种纯种细菌
C. 适宜环境条件下培养
D. 防止外来杂菌的入侵

【能力提升】

7. 利用稀释涂布平板法纯化的大肠杆菌,经培养后发现培养基上出现了多种菌落,不可能的原因是(　　)
A. 培养基制备过程中被杂菌污染
B. 接种过程中,无菌操作不符合要求
C. 系列稀释时,无菌操作不符合要求
D. 大肠杆菌的种类不同

8. 做"微生物的分离与培养"实验时,下列叙述正确的是(　　)
A. 高压灭菌加热结束时,打开放气阀使压力表指针回到零后,开启锅盖
B. 倒平板时,应将打开的皿盖放到一边,以免培养基溅到皿盖上
C. 为了防止污染,接种环经火焰灭菌后应趁热快速挑取菌落
D. 用记号笔标记培养皿中的菌落时,应标记在皿底上

9. 为了保持菌种的纯净,需要进行菌种的保藏,下列有关叙述不正确的是(　　)
A. 对于频繁使用的菌种,可以采用临时保藏的方法
B. 临时保藏的菌种一般接种到试管的固体斜面培养基上
C. 临时保藏的菌种容易被污染或产生变异
D. 对于需要长期保存的菌种,可以采用低温 – 4 ℃保藏的方法

10. 平板划线法和稀释涂布平板法是常用的两种接种方法。下列相关叙述中错误的是(　　)
A. 平板划线法要求要连续多次划线,且除了第一次划线外,每一次划线的起点都是上一次划线的终点
B. 除了第一次划线需要将接种环灼烧灭菌外,以后的划线可以不用灭菌
C. 如果菌液本来浓度不高,则可以适当降低稀释倍数
D. 充分稀释和连续划线都是为了使形成的菌落是由单一的细菌细胞繁殖而成的

11. 回答以下关于微生物的培养和发酵的问题:
(1)某中学生物兴趣小组在进行 A 细菌的培养过程中,发现了另一种 B 细菌,在 B 细菌周围 A 细菌的生长繁殖受到抑制,这有可能是 B 细菌产生了不利于(抑制)A 细菌生存的物质。现在请你在以下实验的基础上,继续完成验证 A 细菌生长繁殖受到抑制的原因的实验过程:＿＿＿＿＿＿＿＿＿＿＿＿＿＿＿＿＿＿＿＿＿＿＿＿
(用序号、文字和箭头作答)。

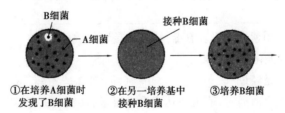

(2)上图所示培养基中加入了凝固剂(或琼脂),致使该培养基属于＿＿＿＿＿＿＿＿＿＿＿＿＿。培养微生物前,所用培养基一般需采用＿＿＿＿＿＿＿＿＿＿＿法进行灭菌,接种微生物常用的方法有＿＿＿＿＿＿＿＿＿＿和＿＿＿＿＿＿＿＿＿＿＿＿＿,其中后者也可用于微生物的计数。

12. 在生物技术上常利用大肠杆菌制成"工程菌"。某生物小组的同学,利用实验室提供的大肠杆菌品系及其他必要材料,对该品系大肠杆菌进行了培养。请分析回答下列问题:
(1)微生物在生长过程中对各种成分的需求量不同,故制备培养基时各成分要有合适的＿＿＿＿＿＿＿。培养基中含有的蛋白胨、淀粉可分别为微生物提供＿＿＿＿＿＿＿＿＿＿。
(2)配制培养基时,各种成分在溶化后分装前必须调节＿＿＿＿＿＿＿＿,接种前要进行＿＿＿＿＿＿＿处理。
(3)对培养基进行灭菌,应该采用的方法是＿＿＿＿＿＿＿＿＿＿＿＿＿＿＿＿＿＿。

(4)在制备牛肉膏蛋白胨固体培养基的倒平板操作时,平板冷凝后,应将平板_____放置,这样做的目的是防止皿盖上的水珠落入_____而造成污染。

(5)甲同学采用平板划线法接种,获得单个菌落后继续筛选,在每次划线之前都要灼烧_____,他这样做的目的是_____。在划线操作结束时,仍然需要灼烧接种环吗?_____。为什么?_____

(6)实验结束时,使用过的培养基应进行灭菌处理后才能倒掉,这样做的目的是_____。

13.大肠杆菌是与我们日常生活联系非常密切的细菌,请回答有关检测饮用水中大肠杆菌的问题:

(1)检测饮用水中大肠杆菌的含量时,通常对样品进行一系列的梯度稀释,将不同稀释度的水样用涂布器分别涂布到琼脂固体培养基的表面进行培养,然后记录菌落数量,这种方法称为_____。判断下面所示的4个菌落分布图中,不可能是用该方法得到的是_____。

A   B   C   D

(2)用上述方法统计样本中的菌数落时是否需要设置对照组?_____(填"需要"或"不需要"),其原因是需要判断培养基_____,对于固体培养基应采用的检测方法是将_____的培养基在适宜的温度下放置一段时间,观察培养基上是否有菌落产生。

(3)在培养微生物的操作过程中,为防止杂菌污染,需对培养基和培养器皿进行_____(填"消毒"或"灭菌")处理;操作者的双手需进行清洗和_____;静止空气中的细菌可用紫外线杀灭,其原因是紫外线能使其内蛋白质变性,还能损伤它的_____的结构。

(4)检测大肠杆菌实验结束后,使用过的培养基及其培养物必须经过_____处理才能丢弃,以防止培养物的扩散。

【高考体验】

14.(2018·新课标全国卷Ⅱ,37)在生产、生活和科研实践中,经常通过消毒和灭菌来避免杂菌的污染。回答下列问题:

(1)在实验室中,玻璃和金属材质的实验器具_____(填"可以"或"不可以")放入干热灭菌箱中进行干热灭菌。

(2)牛奶的消毒常采用巴氏消毒法或高温瞬时消毒法,与煮沸消毒法相比,这两种方法的优点是_____。

(3)密闭空间内的空气可采用紫外线照射消毒,其原因是紫外线能_____,在照射前,适量喷洒_____,可强化消毒效果。

(4)水厂供应的自来水通常是经过_____(填"氯气""乙醇"或"高锰酸钾")消毒的。

(5)某同学在使用高压蒸汽灭菌锅时,若压力达到设定要求,而锅内并没有达到相应温度,最可能的原因是_____。

15.(2019·新课标全国卷Ⅲ,37)回答下列与细菌培养相关的问题。

(1)在细菌培养时,培养基中能同时提供碳源、氮源的成分是_____(填"蛋白胨""葡萄糖"或"$NaNO_3$")。通常,制备培养基时要根据所培养细菌的不同来调节培养基的pH,其原因是_____。硝化细菌在没有碳源的培养基上_____(填"能够"或"不能")生长,原因是_____。

(2)用平板培养细菌时一般需要将平板_____(填"倒置"或"正置")。

(3)单个细菌在平板上会形成菌落,研究人员通常可根据菌落的形状、大小、颜色等特征来初步区分不同种的微生物,原因是_____。

(4)有些使用后的培养基在丢弃前需要经过_____处理,这种处理可以杀死丢弃物中所有的微生物。

课题二 土壤中分解尿素的细菌的分离与计数

[素养目标]

研究培养基对微生物的选择作用,进行微生物数量的测定。

[重难点击]

1.研究培养基对微生物的选择作用,进行微生物数量的测定。

2.能利用选择培养基分离细菌,运用相关技术解决生产生活中有关微生物的计数问题。

[学海导航]

1.通过分析具体培养基的配方,归纳选择培养基的选择作用,理解培养基筛选微生物的原理。

2.结合实验设计,分析微生物数量测定实验中产生偏差的原因及解决措施,学会微生物的计数方法,并对培养结果进行分析和评价。

【导引】尿素是一种重要的农业氮肥,分子式为 H_2NCONH_2,不能直接被农作物吸收,被土壤中的细菌分解成氨之后才能被植物利用。土壤中的细菌分解尿素是因为它们能合成脲酶。怎样才能从土壤中将分解尿素的微生物分离出来呢?

尿素

土壤

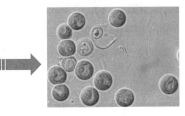
微生物

一、培养基对微生物的选择作用

·基础知识

夯实基础 突破要点

1.筛选菌株

(1)自然界中目的菌株的筛选

①原理:根据目的菌株对生存环境的要求,到相应的环境中去寻找。

②实例:能产生耐高温的 *Taq* DNA 聚合酶的 *Taq* 细菌就是从热泉中筛选出来的。

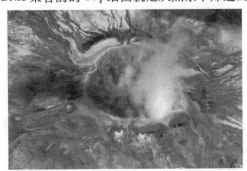

耐高温环境(热泉、火山口)→寻找耐高温生物体(*Taq* 细菌)→寻找耐高温的酶(*Taq* DNA 聚合酶)。

(2)实验室中目的菌株的筛选

①原理:人为提供有利于目的菌株生长的条件(包括营养、温度、pH 等),同时抑制或阻止其他微生物生长。

②实例:从土壤中筛选能分解尿素的细菌。

③方法:利用选择培养基进行微生物的筛选。

2.选择培养基

  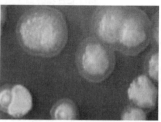

选择培养基　　　　　　　　　　　特定条件下生长的微生物

（1）概念

允许特定种类的微生物生长,同时抑制或阻止其他种类微生物生长的培养基。

（2）举例

筛选土壤中分解尿素的细菌的选择培养基以尿素为唯一氮源,按物理性质归类为固体培养基。

·疑难探讨

理解升华　重难透析

1.筛选分解尿素的细菌的选择培养基

下面是本课题使用的培养基的配方,请分析并回答下列问题:

KH_2PO_4	1.4 g
Na_2HPO_4	2.1 g
$MgSO_4 \cdot 7H_2O$	0.2 g
葡萄糖	10.0 g
尿素	1.0 g
琼脂	15.0 g
将上述物质溶解后,用蒸馏水定容到 1 000 mL	

（1）该培养基的配方中,为微生物的生长提供碳源和氮源的分别是什么物质?

（2）分离分解尿素的细菌的选择培养基是如何进行选择的?

（3）为什么只有能分解尿素的微生物才能在该培养基上生长?

2.设计对照实验

（1）如何设计对照实验验证该选择培养基的确筛选到了能分解尿素的细菌?

（2）如何设计对照实验验证所用的选择培养基没有受到污染?

【归纳总结】选择培养基的分类

（1）利用营养缺陷型选择培养基进行的选择培养:控制培养基的营养成分,使营养缺陷型微生物不能正常生长。

（2）利用化学物质进行的选择培养:在完全培养基中加入某些化学物质,利用加入的化学物质抑制某些微生物的生长,同时选择所需的微生物。

（3）利用培养条件进行的选择培养:改变微生物的培养条件(如高温、特殊 pH 等),筛选特定微生物。

·案例剖析

【例1】下列有关微生物筛选的叙述,不正确的是(　　　)

A. 用全营养牛肉膏蛋白胨培养基筛选大肠杆菌

B. 用高盐的培养基筛选抗盐突变菌株

C. 用含酚红的尿素培养基筛选鉴别出分解尿素的菌株

D. 利用高温条件筛选耐热的 *Taq* 细菌

【例2】下表是微生物培养基的成分。下列有关说法错误的是(　　　)

编　号	①	②	③	④	⑤
成　分	$(NH_4)_2SO_4$	KH_2PO_4	$FeSO_4$	$CaCl_2$	H_2O
含量/g	0.4	4.0	0.5	0.5	100

A. 此培养基可用来培养自养型微生物

B. 此表中的营养成分共有三类,即水、无机盐、氮源

C. 若除去①,此培养基可培养圆褐固氮菌

D. 培养基中若加入氨基酸,则它可充当碳源、氮源和生长因子

【方法技巧】选择培养基的常见类型

(1)分离微生物所用的选择培养基一定是固体培养基,因为菌落只能在固体培养基上形成。

(2)常见的选择培养基

①加入青霉素可以分离出酵母菌和霉菌。

②加入高浓度的食盐可得到金黄色葡萄球菌。

③无氮源培养基可以分离固氮微生物。

④以石油为唯一碳源的培养基,可以分离能消除石油污染的微生物。

⑤将培养基放在高温环境中培养,可以分离耐高温的微生物。

【误区警示】选择培养基与鉴别培养基的比较

项　目	选择培养基	鉴别培养基
特殊成分	加入不影响甚至促进目标微生物生长,而抑制或阻止其他微生物生长的化学物质	加入某种指示剂或化学药品(不影响微生物正常生长)
目的	抑制其他微生物的生长,促进目标微生物的生长	微生物的某种代谢产物与培养基中的特定指示剂或化学药品发生反应
用途	培养、分离出目标微生物	鉴别目标微生物
举例	培养酵母和霉菌时,可在培养基中加入青霉素,抑制细菌的生长;利用以尿素为唯一氮源的培养基培养可分解尿素的细菌	用伊红美蓝培养基鉴定饮用水或乳制品中是否含有大肠杆菌(若有,则菌落呈黑色)

二、微生物数量的测定

·基础知识

1.统计菌落数目

(1)方法

统计样品中微生物数量的方法有稀释涂布平板法和显微镜直接计数法。常用来统计活菌数目的方法是稀释

涂布平板法。

显微镜直接计数法：

每一个大方格边长为 1 mm,则每一大方格的面积为 1 mm^2,盖上盖玻片后,载玻片与盖玻片之间的高度为 0.1 mm,所以计数室的容积为 0.1 mm^3。以一个大方格有 25 个中方格的计数板为例进行计算:设 5 个中方格中总菌数为 A,菌液稀释倍数为 B,那么,一个大方格中的总菌数是 5 A,1 mL(1 mL = 1 cm^3 = 1 000 mm^3)菌液中的总菌数是 $5AB \times 10^4$。显微镜直接计数法的缺点:不能区分死菌与活菌。

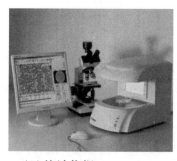 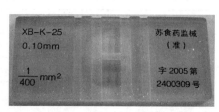 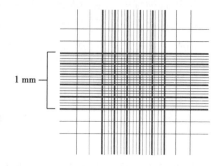

（2）统计依据

当样品的稀释度足够高时,培养基表面生长的一个菌落来源于样品稀释液中的一个活菌。通过统计平板上的菌落数,就能推测出样品中大约含有多少活菌。

（3）操作

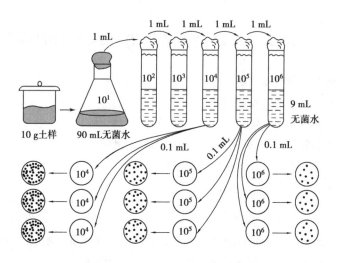

样品稀释培养示意图

①设置重复组,增强实验的说服力与准确性。

②为保证结果准确,一般选择菌落数为 30 ~ 300 的平板进行计数。

③统计的菌落数往往比活菌实际数目低。

（4）计算公式

每克样品中的菌株数 = ($C \div V$) $\times M$,其中 C 代表某一稀释度下平板上生长的平均菌落数,V 代表涂布平板时所用的稀释液的体积(mL),M 代表稀释倍数。

2.设置对照实验

（1）概念

对照实验是指除了被测试条件以外,其他条件都相同的实验。

（2）主要目的

排除实验组中非测试因素对实验结果的影响,提高实验结果的可信度。例如,为了确认培养基是否被杂菌污染,需以不进行接种的培养基培养作为空白对照。

3.实验操作流程

| 土壤取样 | 样品的稀释 | 接种(稀释度低) | 接种(稀释度高) |

 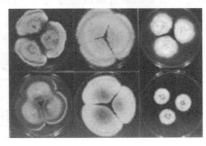

| 按浓度捆成一摞 | 恒温 37 ℃培养 | 不同形态的菌落 |

（1）土壤取样

①取样原因:土壤有"微生物的天然培养基"之称,同其他生物环境相比,土壤中的微生物数量最大,种类最多。

②土壤要求:富含有机质,pH 接近中性且潮湿。

③取样部位:距地表 3～8 cm 的土壤层。

（2）样品稀释

①稀释原因:样品的稀释程度直接影响平板上生长的菌落数目。

②稀释标准:选用一定稀释范围的样品液进行培养,以保证获得菌落数在 30 和 300 之间,便于计数。

（3）微生物的培养与观察

①培养:根据不同微生物的需要,控制适宜的培养温度和培养时间。

②观察:

a.观察方法:每隔 24 h 统计一次菌落数目,最后选取菌落数目稳定时的记录作为结果。

b.菌落的特征:菌落的形状、大小、隆起程度和颜色等。

（4）菌种鉴定

①原理:细菌合成的脲酶将尿素分解成氨,使培养基的碱性增强。

②方法:以尿素为唯一氮源的培养基中加入酚红指示剂,培养某种细菌后,若指示剂变红,可初步鉴定该种细菌能够分解尿素。

4.操作提示

注意:无菌操作,做好标记,规划时间

（1）无菌操作

①取土样的用具在使用前都需要灭菌。

②实验操作均应在火焰旁进行。

（2）做好标记

本实验使用的平板和试管比较多,为避免混淆,使用前应标明培养基的种类、培养日期以及平板上培养样品的稀释度等。

（3）制订计划

对于耗时较长的生物实验,要事先制订计划,以便提高工作效率。

·疑难探讨

理解升华　重难透析

下面是土壤中尿素分解菌的分离与计数的实验流程示意图,请结合教材提供的资料分析回答下列问题:

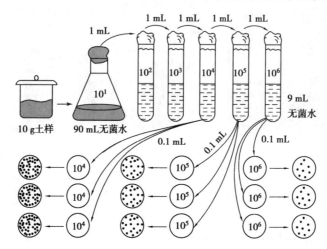

1. 实验流程

试写出分离土壤中分解尿素的细菌的实验流程(用文字和箭头表示)。

2. 统计菌落数目

甲、乙两位同学用稀释涂布平板法测定同一土壤样品中的细菌数。在对应稀释倍数为 10^6 的培养基中,得到以下两种统计结果。

（1）甲同学在该浓度下涂布了一个平板,统计的菌落数为230。该同学的统计结果是否真实可靠? 为什么?

（2）乙同学在该浓度下涂布了3个平板,统计的菌落数分别为21、212、256,该同学将21舍去,然后取平均值。该同学对实验结果的处理是否合理? 为什么?

（3）某同学在3种稀释度下吸取0.1 mL的菌液涂布平板,统计菌落数,得到以下数据,试计算1 g样品的活菌数。

稀释度	平板		
	1	2	3
10^4	320	360	356
10^5	212	234	287
10^6	21	23	18

(4)为什么统计的菌落数比实际的数目低?

3. 对照实验设计的分析

分析教材"设置对照"中的实例,探讨下列问题:

(1)在 A 同学确定自己操作无误的情况下,A 同学得出的菌落数多于其他同学的原因可能有哪两种?

(2)如何设计对照实验帮助 A 同学排除上述两个可能影响实验结果的因素?

4. 微生物数量测定的实验设计

(1)为什么分离不同的微生物要采用不同的稀释度?

(2)本实验中应如何统计培养基上生长的菌落数?

(3)实验中的无菌操作主要有哪些?

【归纳总结】 分离分解尿素的细菌的操作注意事项

(1)在实验操作中,每个步骤都要无菌操作,以免培养基被污染,影响实验效果。

(2)样品稀释液的最佳浓度为培养后每个平板上有 30～300 个菌落的浓度。细菌一般选 10^4、10^5、10^6 倍稀释液进行培养,放线菌一般选 10^3、10^4、10^5 倍稀释液进行培养,真菌一般选 10^2、10^3、10^4 倍稀释液进行培养。

(3)为排除非测试因素(培养基)的干扰,实验需设置牛肉膏蛋白胨培养基进行空白对照。

(4)每一稀释倍数的菌液至少要涂布 3 个平板,作为重复实验,求其平均值,若其中有平板菌落数与其他平板菌落数相差过大的,需要重新制作该平板。

·案例剖析

活学活用　巩固提升

【例3】 如图为"土壤中分解尿素的细菌的分离和计数"实验中样品稀释示意图。据图分析下列叙述正确的是(　　)

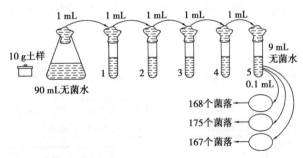

A. 4 号试管中稀释液进行平板培养得到的菌落平均数一定恰为 5 号的 10 倍

B. 5 号试管的结果表明每克该土壤中的菌株数目为 $1.7×10^8$ 个

C. 在用移液管吸取菌液进行梯度稀释时,可用手指轻压移液管上的橡皮头,吹吸 3 次,使菌液与无菌水充分混匀

D. 某一稀释度下至少涂 3 个平板,该实验方法统计得到的结果常会比实际活菌数目高

【例4】 自然界中的微生物往往是混杂生长的。人们在研究微生物时一般要将它们分离提纯,然后进行数量的测定。下面是对大肠杆菌进行数量测定的实验,请回答有关问题:

（1）实验步骤

①制备稀释倍数为 10^2、10^3、10^4、10^5、10^6 的系列稀释液。

②为了得到更加准确的结果,应选用_____法接种样品。

③适宜温度下培养。

（2）结果分析

①测定大肠杆菌数目时,在对应稀释倍数为 10^6 的培养基中,得到以下几种统计结果,与事实更加接近的是_____。

    A. 一个平板,统计的菌落数是 230

    B. 两个平板,统计的菌落数是 220 和 260,取平均值 240

    C. 三个平板,统计的菌落数分别是 400、212 和 256,取平均值 289

    D. 四个平板,统计的菌落数分别是 210、260、240 和 250,取平均值 240

②一同学在稀释倍数为 10^6 的培养基上测得平板上菌落数的平均值为 212,那么每毫升样品中的菌落数约是（涂布平板时所用的稀释液体积为 0.2 mL）_____。

③用这种方法测定菌体密度时,实际活菌数量要比测得的数量_____（填"多"或"少"）,因为___
_____。

【问题导析】

（1）因为题中操作的目的是对大肠杆菌进行数量的测定,所以接种的方法是稀释涂布平板法。

（2）测定活菌数量时,选择的平板越多误差越小,且选择的平板要能形成 30~300 个菌落。

（3）所做的多个平板中,如果其中一个平板上菌落的数目明显多于或少于其他几个平板,则说明该平板不符合要求,应重做或舍弃。

【拓展延伸】

（1）如果某同学的稀释倍数仅为 10^4,那么他测定的数值要比题中测定的数值高还是低？为什么？

（2）第（2）问第①小题 C 项中菌落数为 400 的平板不符合要求,试分析该平板中菌落数目多于其他平板的可能的原因。

【方法技巧】用稀释涂布平板法计数微生物的方法

（1）稀释涂布平板操作要求：按照平行重复的原则,每一稀释度的菌液涂布 3 个或 3 个以上的平板。

（2）计数的时机：当各平板上菌落数目稳定时进行计数。

（3）选择可用于计数的平板：选择菌落数在 30 和 300 之间的平板（相同稀释度的平板均符合该特点）进行计数,然后取平均值。

·学习小结

归纳总结　构建网络

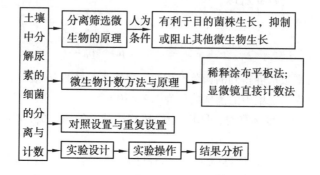

·达标检测

1. 选择培养基是根据某一种或某一类微生物的特殊营养要求或其对某物理、化学因素的抗性而设计的培养基。利用这种培养基可以将所需要的微生物从混杂的微生物中分离出来。为选择酵母菌和硝化细菌,应选用的培养基分别为(　　)

　　A. 伊红美蓝培养基、含青霉素的培养基　　　　B. 含青霉素的培养基、含氨的无机培养基

　　C. 含氨的无机培养基、含青霉素的培养基　　　　D. 含青霉素的培养基、伊红美蓝培养基

2. 下列操作步骤顺序正确的是(　　)

①土壤取样;②称取 10 g 土样,加入盛有 90 mL 无菌水的锥形瓶中;③吸取 0.1 mL 土壤溶液进行平板涂布;④依次稀释至 10^1、10^2、10^3、10^4、10^5、10^6、10^7 稀释度

　　A. ①→②→③→④　　　B. ①→③→②→④　　　C. ①→②→④→③　　　D. ①→④→②→③

3. 对尿素分解菌进行初步鉴定时,可在培养基中加入(　　)

　　A. 重铬酸钾　　　　B. 酚红指示剂　　　　C. 刚果红　　　　D. 结晶紫

4. 从土壤中分离以尿素为氮源的细菌,下列实验操作不正确的是(　　)

　　A. 将土壤用无菌水稀释,制备 10^3 ~ 10^6 倍的土壤稀释液

　　B. 将不同浓度的土壤稀释液涂布于不同平板上

　　C. 用加入刚果红指示剂的选择培养基筛选分解尿素的细菌

　　D. 从周围出现红色环带的菌落中挑取能够分泌脲酶的菌株

5. 尿素是一种重要的农业肥料,但若不经细菌的分解,就不能更好地被植物利用。生活在土壤中的微生物种类和数量繁多,同学们试图探究土壤中微生物对尿素是否有分解作用,设计了以下实验,并成功筛选到能高效降解尿素的细菌(目的菌)。培养基成分如下表所示,实验步骤如图所示。

KH₂PO₄	Na₂HPO₄	MgSO₄·7H₂O	葡萄糖	尿　素	琼　脂
1.4 g	2.1 g	0.2 g	10.0 g	1.0 g	15.0 g

将上述物质溶解后,用蒸馏水定容到 1 000 mL。

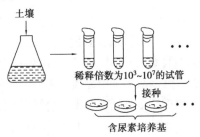

请分析回答下列问题:

(1)此培养基＿＿＿＿＿＿＿＿＿＿＿＿(填“能”或“不能”)用于植物组织培养,理由是＿＿＿＿＿＿＿＿＿＿＿＿。

(2)培养基中加入尿素的目的是＿＿＿＿＿＿＿＿＿＿＿＿＿＿＿,这种培养基属于＿＿＿＿＿＿＿＿培养基。

(3)“目的菌”生长所需的氮源和碳源分别来自培养基中的＿＿＿＿＿＿＿＿和＿＿＿＿＿＿＿＿,实验需要振荡培养,原因是＿＿＿＿＿＿＿＿＿＿＿＿＿＿＿＿＿＿。

(4)图中将细菌转到固体培养基上时,可采用＿＿＿＿＿＿＿＿或＿＿＿＿＿＿＿＿在含尿素的培养基上接种,获得单菌落后继续筛选。初步筛选出来的菌种还需要用生化的方法作进一步的鉴定:在以尿素为唯一氮源的培养基中加入＿＿＿＿＿＿＿＿指示剂,接种并培养初步筛选的菌种,若指示剂变成＿＿＿＿＿＿＿＿色,则可准确说明该菌种能够分解尿素。

(5)在实验中,下列材料或用具需要灭菌的是＿＿＿＿＿＿＿＿,需要消毒的是＿＿＿＿＿＿＿＿(填序号)。

①培养细菌用的培养基与培养皿;②玻棒、试管、锥形瓶和吸管;③实验操作者的双手。

(6)实验结束后,使用过的培养基必须进行＿＿＿＿＿＿＿＿处理后,才能倒掉。

· 课时对点练

【基础过关】

1. 在微生物学中,将允许特定种类的微生物生长,同时抑制或者阻止其他种类微生物生长的培养基称为( )

A. 鉴别培养基　　　　　B. 加富培养基　　　　　C. 选择培养基　　　　　D. 基础培养基

2. 可以分离并鉴定出分解尿素的细菌的方法是( )

A. 在以尿素为唯一氮源的培养基中加入酚红指示剂

B. 在以尿素为唯一氮源的培养基中加入二苯胺试剂

C. 在以尿素为唯一氮源的培养基中加入刚果红试剂

D. 在以尿素为唯一氮源的培养基中加入双缩脲试剂

3. 尿素是尿素分解菌的氮源,因此在配制选择培养基时( )

A. 葡萄糖在培养基中越多越好

B. 尿素分解菌有固氮能力,故培养基中只需无机氮

C. 尿素在培养基中越少越好

D. 尿素分解菌无固氮能力,故培养基中的尿素为化合态氮

4. 产生标准形态菌落的细菌的最初数目和培养基分别是( )

A. 一个细菌、液体培养基　　　　　　　　B. 许多细菌、液体培养基

C. 一个细菌、固体培养基　　　　　　　　D. 许多细菌、固体培养基

5. 下列关于土壤取样的叙述,错误的是( )

A. 土壤取样,应选取肥沃、湿润的土壤

B. 先铲去表层土,选取距地表 3~8 cm 的土壤层

C. 取样用的小铁铲和信封在使用前不用灭菌

D. 应在火焰旁称取土壤

6. 某同学对 10^1、10^2、10^3 倍稀释液中的细菌进行计数,平均菌落数分别为 2 760、295 和 16,则样品中菌落总数为(所用稀释液体积为 0.1 mL)( )

A. 2.76×10^4 个/mL　　B. 2.95×10^5 个/mL　　C. 4.6×10^4 个/mL　　D. 3.775×10^4 个/mL

【能力提升】

7. 在"土壤中分解尿素的细菌的分离与计数"课题中,以土壤中的细菌为研究对象,要达到的目的是( )

①从土壤中分离出能够分解尿素的细菌;②从土壤中分离出能够分解氨的细菌;③统计每克土壤样品中究竟含有多少分解尿素的细菌;④统计所取土壤样品中究竟含有多少分解尿素的细菌

A. ①③　　　　　B. ②④　　　　　C. ①②　　　　　D. ③④

8. 给无氮培养基接种土壤稀泥浆的正确方法是( )

A. 打开培养皿盖,取一根接种环蘸取少许稀泥浆,轻轻地点接在培养基的表面

B. 取一根接种环在酒精灯的火焰上灭菌后蘸取少许稀泥浆,略微打开培养皿盖,在培养基的表面轻点

C. 打开培养皿盖,取一根接种环在酒精灯的火焰上灭菌后蘸取少许稀泥浆,在培养基的表面轻点

D. 略微打开培养皿盖,取一根接种环在酒精灯的火焰上灭菌后,冷却后蘸取少许稀泥浆,在培养基的表面轻点

9. 实验测定链霉素对 3 种细菌的抗生素效应,用 3 种细菌在事先准备好的琼脂平板上画 3 条等长的平行线 (3 条线均与图中的链霉素带接触),将平板置于 37 ℃条件下恒温培养 3 d,结果如图所示。从实验结果分析,以下叙述不正确的是( )

A. 链霉素能阻止结核杆菌的生长

B. 链霉素对结核杆菌比对霍乱菌更有效

C. 链霉素对结核杆菌比对伤寒菌更有效

D. 链霉素可以用于治疗伤寒病人

10.下列是关于"检测土壤中细菌总数"实验操作的叙述,错误的是(　　)

A.用蒸馏水配制牛肉膏蛋白胨固体培养基,经高温、高压灭菌后倒平板

B.取 10^4、10^5、10^6 倍的土壤稀释液和无菌水各 0.1 mL,分别涂布于各组平板上

C.将实验组和对照组平板倒置,37 ℃恒温培养

D.确定对照组无菌后,选择菌落数在 300 以上的实验组平板进行计数

11.广东省是我国甘蔗生产区之一。甘蔗是一种高光效的 C_4 植物,单位面积产量很高,种植面积日益扩大,目前已成为南方地区燃料酒精生产的重要原料。利用甘蔗生产燃料酒精的一般工艺流程为:甘蔗→榨汁(蔗糖)→酵母发酵→蒸馏→成品(燃料酒精)。

(1)具有耐高糖和耐酸特性的酵母菌是理想的酒精发酵菌种,对野生酵母菌进行诱变后通过筛选可以得到具有这些特性的突变菌,诱变及筛选过程如下:

步骤1:野生菌液体培养一段时间后接受紫外线照射诱变处理。

步骤2:制备选择培养基。在基本培养基的基础上,注意_____和_____,加琼脂后灭菌,制成固体平板。

步骤3:将紫外线照射后的菌液稀释涂布平板。

步骤4:根据_____,筛选出突变菌。

(2)上述步骤2、3和4的依据分别是_____。

12.请回答下列有关微生物的问题:

(1)微生物的分布:微生物主要分布在富含_____的土壤表层;不同微生物对 pH 的要求不同,细菌常生活在酸碱度_____的潮湿土壤中。

(2)微生物的消毒和灭菌:在微生物培养中,对培养基常用_____法进行灭菌。如果要检测灭菌是否彻底,可以采用的方法是_____。

(3)微生物的应用:在葡萄酒的自然发酵过程中,运用吸附在葡萄皮上的野生型酵母菌发酵产生酒精,请写出该过程的化学反应式:_____。在果醋制作时,运用醋酸菌在_____和糖源充足的条件下,将糖分解成醋酸。

(4)微生物的接种:微生物接种的方法很多,最常用的是_____和_____。

(5)微生物的鉴定:为检测尿素分解菌存在与否,在以尿素为唯一氮源的_____(填"选择"或"鉴别")培养基中加入_____指示剂,如果存在尿素分解菌,则指示剂将变_____色。

【高考体验】

13.(2017·全国Ⅰ,37)某些土壤细菌可将尿素分解成 CO_2 和 NH_3,供植物吸收和利用。回答下列问题:

(1)有些细菌能分解尿素,有些细菌则不能,原因是前者能产生_____。能分解尿素的细菌不能以尿素的分解产物 CO_2 作为碳源,原因是_____,但可用葡萄糖作为碳源,进入细菌体内的葡萄糖的主要作用是_____(答出两点即可)。

(2)为了筛选可分解尿素的细菌,在配制培养基时,应选择_____(填"尿素""NH_4NO_3"或"尿素 + NH_4NO_3")作为氮源,不选择其他两组的原因是_____。

(3)用来筛选分解尿素细菌的培养基含有 KH_2PO_4 和 Na_2HPO_4,其作用有_____
_____(答出两点即可)。

14.(2016·四川,10)图甲是从土壤中筛选产脲酶细菌的过程,图乙是脲酶基因转录的 mRNA 部分序列。请据图回答下列问题:

甲　　　　　　　　　　　　乙

(1)图中选择培养基应以_____为唯一氮源;鉴别培养基还需添加_____作指示剂,

产脲酶细菌在该培养基上生长一段时间后,其菌落周围的指示剂将变成＿＿＿＿＿＿＿＿色。

(2)在 5 个细菌培养基平板上,均接种稀释倍数为 10^5 的土壤样品溶液 0.1 mL,培养一段时间后,平板上长出的细菌菌落数分别为 13、156、462、178 和 191。该过程采取的接种方法是＿＿＿＿＿＿＿＿＿＿＿＿,每克土壤样品中的细菌数量为＿＿＿＿＿＿＿ $\times 10^8$ 个;与血细胞计数板相比,此计数方法测得的细菌数目较＿＿＿＿＿＿＿＿＿＿。

(3)现有一菌株产生的脲酶由于基因突变而失活,突变后基因转录的 mRNA 在图乙箭头所示的位置增加了 70 个核苷酸,使图乙序列出现终止密码(终止密码有 UAG、UGA 和 UAA)。突变基因转录的 mRNA 中,终止密码为＿＿＿＿＿＿＿＿,突变基因表达的蛋白质含＿＿＿＿＿＿＿＿＿＿个氨基酸。

15.(2019·新课标全国卷Ⅰ,37)已知一种有机物 X(仅含有 C、H 两种元素)不易降解,会造成环境污染。某小组用三种培养基筛选土壤中能高效降解 X 的细菌(目标菌)。

Ⅰ号培养基:在牛肉膏蛋白胨培养基中加入 X(5 g/L)。

Ⅱ号培养基:氯化钠(5 g/L),硝酸铵(3 g/L),其他无机盐(适量),X(15 g/L)。

Ⅲ号培养基:氯化钠(5 g/L),硝酸铵(3 g/L),其他无机盐(适量),X(45 g/L)。

回答下列问题。

(1)在Ⅰ号培养基中,为微生物提供氮源的是＿＿＿＿＿＿＿＿＿。Ⅱ、Ⅲ号培养基中为微生物提供碳源的有机物是＿＿＿＿＿＿＿＿。

(2)若将土壤悬浮液接种在Ⅱ号液体培养基中,培养一段时间后,不能降解 X 的细菌比例会＿＿＿＿＿＿＿＿,其原因是＿＿＿＿＿＿＿＿＿＿＿＿＿＿＿。

(3)Ⅱ号培养基加入琼脂后可以制成固体培养基,若要以该固体培养基培养目标菌并对菌落进行计数,接种时,应采用的方法是＿＿＿＿＿＿＿＿＿＿＿＿＿＿＿。

(4)假设从Ⅲ号培养基中得到了能高效降解 X 的细菌,且该菌能将 X 代谢为丙酮酸,则在有氧条件下,丙酮酸可为该菌的生长提供＿＿＿＿＿＿＿＿和＿＿＿＿＿＿＿＿。

课题三　分解纤维素的微生物的分离

[素养目标]

1.简述纤维素酶的种类及作用。

2.从土壤中分离出分解纤维素的微生物,讨论这类微生物的应用价值。

[重难点击]

1.简述纤维素酶的种类及作用。

2.掌握从土壤中分离某种特定微生物的操作技术。

3.分析分离分解纤维素的微生物的实验流程,弄懂实验操作的原理。

[学海导航]

1.结合教材"基础知识",掌握纤维素酶的种类和作用及纤维素分解菌的筛选方法。

2.阅读教材"实验设计",理解并掌握纤维素分解菌的筛选过程及刚果红染色法的原理。

3.阅读教材"课题延伸",掌握纤维素酶的测定方法。

【导引】教材首先说明了纤维素的化学组成以及纤维素在生物圈的广泛分布,由此转入如何对纤维素进行有效利用的问题。接着,教材介绍了产纤维素酶的微生物能够分解纤维素,因此,对纤维素的利用离不开对分解纤维素的微生物的研究。最后,教材点明了本课题的研究主题,即从土壤中分离能够分解纤维素的微生物。

一、纤维素分解菌的筛选

· 基础知识

夯实基础　突破要点

1.纤维素与纤维素酶

富含纤维素的植物:

棉花　　　　　　　芹菜　　　　　　　茅草

（1）纤维素

纤维素的结构式如下所示：

$$\left[\ \text{（纤维素结构式）}\ \right]_n$$

①基本组成单位：葡萄糖。

②分布：主要分布在植物根、茎、叶等器官的细胞壁。

（2）纤维素酶

①组成：纤维素酶是一种复合酶，至少包括3种酶，即 C_1 酶、C_x 酶、葡萄糖苷酶。

②作用：$\boxed{\text{纤维素}}\xrightarrow{C_1\text{酶和}C_x\text{酶}}\boxed{\text{纤维二糖}}\xrightarrow{\text{葡萄糖苷酶}}\boxed{\text{葡萄糖}}$

（3）实验：纤维素酶分解纤维素的实验

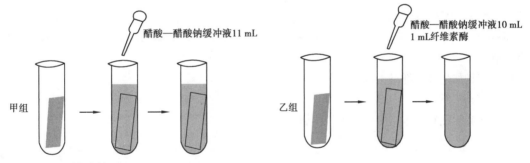

①取两支 20 mL 的试管。

②各加入一张滤纸条。

③各加入 pH 值为 4.8，物质的量浓度为 0.1 mol/L 的醋酸—醋酸钠缓冲液 11 mL 和 10 mL。

④在乙试管中加入 1 mL 纤维素酶。

⑤两支试管固定在锥形瓶中，放在 140 r/min 的摇床上振荡 1 h。

⑥结果：乙试管的滤纸条消失。

⑦结论：纤维素酶分解纤维素。

2．纤维素分解菌的筛选

（1）方法：刚果红染色法

①方法一：先培养微生物，再加入刚果红进行颜色反应。

②方法二：在倒平板时就加入刚果红。

染色法	优点	缺点
先培养微生物，再加入刚果红	颜色反应基本是纤维素分解菌的作用	操作烦琐，刚果红可能会使菌落之间发生混乱

续表

染色法	优点	缺点
倒平板时就加入刚果红	操作简便,不存在菌落混杂问题	产生淀粉酶的微生物也产生模糊透明圈,有些微生物能降解色素,形成明显的透明圈,与纤维素分解菌不易区分

(2)原理

纤维素 + 刚果红——→红色复合物

   ↓纤维素酶

纤维二糖和葡萄糖,不能和刚果红形成红色复合物

   ↓

形成以纤维素分解菌为中心的透明圈

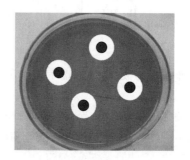

空白的刚果红培养基　　　　　　纤维素分解菌在刚果红培养基上形成的透明圈

·疑难探讨

理解升华　重难透析

1.纤维素酶

(1)纤维素酶是如何分解纤维素的?

(2)如何设计实验证明纤维素酶能分解纤维素?

2.纤维素分解菌的获得

(1)为什么要在富含纤维素的环境中寻找纤维素分解菌?

(2)为什么将滤纸埋在土壤中可以提取到目的菌?

3.分析教材 P29"纤维素分解菌的选择培养基配方",回答下列问题:

(1)此配方是液体培养基还是固体培养基? 为什么选择此类培养基?

(2)这个选择培养基对微生物是否具有选择作用? 怎样设计对照实验证明你的观点?

【归纳总结】　纤维素分解菌的富集培养

(1)培养基特点:纤维素分解菌的选择培养用的是富含纤维素的培养基,而不是以纤维素为唯一碳源的培养基。

(2)培养结果:由于培养基中加入了酵母膏和水解酪素等,因此培养基上除得到大量的纤维素分解菌外,也有其他微生物存在。

(3)进一步筛选:需根据微生物的菌落特点继续进行鉴别培养以筛选到纤维素分解菌。

(4)选择培养的实质:纤维素分解菌的选择培养实质是富集培养,以便得到大量的目的微生物。

· 案例剖析

活学活用　巩固提升

【例1】下列关于纤维素酶的叙述,错误的是(　　)

A. 纤维素酶只有一种,只能将纤维素分解为葡萄糖

B. 纤维素酶是一种复合酶,至少包括 C_1 酶、C_x 酶和葡萄糖苷酶 3 种组分

C. 纤维素可被纤维素酶水解成葡萄糖,为微生物提供营养物质

D. 分解纤维素的细菌、真菌和放线菌,都是通过产生纤维素酶来分解纤维素的

【拓展延伸】

(1)上题中分解纤维素的细菌能否在不含纤维素但富含其他有机物的环境中生存? 为什么?

(2)题中纤维素酶也在微生物细胞内分解纤维素吗? 为什么?

【例2】分析下表培养基的配方,请回答下面的问题:

纤维素分解菌的选择培养基

组　分	含　量
纤维素粉	5 g
$NaNO_3$	1 g
$Na_2HPO_4 \cdot 7H_2O$	1.2 g
KH_2PO_4	0.9 g
$MgSO_4 \cdot 7H_2O$	0.5 g
KCl	0.5 g
酵母膏	0.5 g
水解酪素	0.5 g

将上述物质溶解后,用蒸馏水定容到 1 000 mL。

(1)此培养基配方中为微生物提供碳源的主要是_____,提供氮源的是_____。

(2)此配方为_____培养基(根据物理状态)配方。

(3)此培养基选择出的微生物主要是_____。

【问题导析】

(1)该培养基中纤维素是主要的碳源,所以可用于筛选纤维素分解菌。

(2)由于该培养基中没有加入琼脂,所以为液体培养基。液体培养基中微生物与营养成分的接触更充分,可以提高微生物的代谢效率。

【拓展延伸】

(1)从土壤中分离纤维素分解菌时,哪种情况下可以省略选择培养?

(2)本题中的培养基配方中的酵母膏可以为微生物提供什么?

(3)该培养基中纤维素是否为唯一的碳源?

二、尝试从土壤中分离出分解纤维素的微生物

·基础知识

夯实基础　突破要点

1.实验流程

土壤取样:选择富含纤维素的环境

↓

选择培养:用富含纤维素的选择培养基扩大培养

↓

梯度稀释:依次稀释 $10^1 \sim 10^6$ 倍

↓

涂布平板:将样品涂布到鉴别纤维素分解菌的培养基上

↓

挑选产生透明圈的菌落

空白的刚果红培养基

纤维素分解菌在刚果红培养基上形成的透明圈

2.实验操作注意事项

(1)土壤取样时要选择富含纤维素的环境。

(2)选择培养的方法:用富含纤维素的选择培养基。

目的:增加纤维素分解菌的浓度。

(3)梯度稀释的目的:能获得单个菌落。

(4)涂布平板时要选择鉴别纤维素分解菌的培养基。

(5)挑选产生透明圈的菌落。

3.菌种的进一步鉴定

(1)鉴定原理:为确定透明圈内的菌落是纤维素分解菌,需要进行发酵产纤维素酶的实验。

(2)发酵方法:有液体发酵和固体发酵两种。

(3)纤维素酶的测定方法:一般是对纤维素酶分解滤纸等纤维素后所产生的葡萄糖进行定量的测定。

·疑难探讨

理解升华　重难透析

1.鉴别纤维素分解菌的培养基

(1)鉴别纤维素分解菌时需在培养基中添加什么物质?

(2)鉴别培养基和选择培养基在目的和物理性质方面的区别是什么?

2. 鉴别方法——刚果红染色法

从显色结果上看,教材 P29 资料中两种刚果红染色法中哪种染色法更容易区分纤维素分解菌和其他杂菌?

3. 透明圈的形成

(1)对分离的纤维素分解菌作进一步鉴定的原因是什么?

(2)简要概述筛选纤维素分解菌时透明圈是如何形成的。

(3)向含有分解尿素的细菌的培养基中加入酚红指示剂,会出现类似的圈吗?

【归纳总结】两种刚果红染色法的比较

比较项目	方法一	方法二
	先培养微生物,再加入刚果红	在倒平板时加入刚果红
优　点	显示出的颜色反应基本上是纤维素分解菌的作用	操作简单,不存在菌落混杂
缺　点	操作烦琐,刚果红会使菌落之间发生混杂	有些微生物会降解刚果红,形成透明圈,与纤维素分解菌相混

·案例剖析

活学活用　巩固提升

【例3】下列有关刚果红染色法的叙述,不正确的是(　　　)

A.刚果红可以在细菌菌落形成前倒平板时加入

B.刚果红可以在菌落形成后加入

C.刚果红在菌落形成前倒平板时加入,加入的刚果红不需要灭菌

D.在菌落形成后加入刚果红时,刚果红不需要灭菌

【例4】研究人员成功地从土壤中筛选到能产生纤维素酶的微生物,请就如何从土壤中获得纤维素分解菌回答以下问题:

(1)纤维素酶是一种复合酶,一般认为它至少包括 3 种组分,即 C_1 酶、C_x 酶和_____酶。

(2)为获得纯净的菌株,常采用平板划线法进行接种,此过程所用的接种工具是_____,操作时采用_____灭菌的方法。

(3)刚果红可以与纤维素等多糖形成红色复合物,但并不与_____和_____发生这种反应。常用的刚果红染色法有两种:第一种是先培养微生物,再加入刚果红进行颜色反应;第二种是在_____时就加入刚果红。

（4）如果观察到产生_____的菌落,说明可能获得了纤维素分解菌。为了确定是纤维素分解菌,还需要进行_____的实验。纤维素酶的测定方法一般是对纤维素酶分解滤纸等纤维素后所产生的_____进行定量的测定。

【易错易混】关于纤维素分解菌筛选的 3 个易错警示

（1）纤维素分解菌的选择培养基中的碳源并不只有纤维素,其中酵母膏和水解酪素也可起碳源的作用。

（2）在纤维素分解菌的选择培养基中生长的不只有纤维素分解菌。因此,选择培养后要进行鉴别培养,才能获得纤维素分解菌。

（3）出现透明圈的菌落也不一定是纤维素分解菌。

·学习小结

归纳总结　构建网络

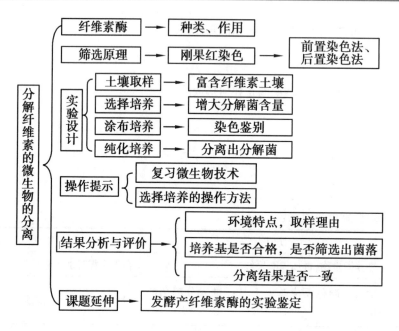

·达标检测

监测评价　达标过关

1.在分离分解纤维素的微生物实验中,下列关于土壤取样的叙述,不正确的是( )

A.可选取深层的土壤作为样品

B.可选取树林中多年落叶的腐殖土作为样品

C.可选取树林中多年积累的枯枝败叶作为样品

D.可把滤纸埋在土壤中经过 30 d 左右,再选取已腐烂的滤纸作为样品

2.当纤维素被纤维素酶分解后,会在培养基中出现一些透明圈,这些透明圈是( )

A.刚果红与纤维素形成的复合物　　　　　B.纤维素分解后的葡萄糖

C.由纤维素酶聚集在一起形成的　　　　　D.以纤维素分解菌为中心形成的

3.在分解纤维素的微生物的分离实验中,为了判断选择培养基是否起到了对纤维素分解菌的选择作用,需要设置的对照是( )

A.未接种的只以纤维素为唯一碳源的培养基　　B.未接种的牛肉膏蛋白胨培养基

C.接种了的牛肉膏蛋白胨培养基　　　　　　　D.接种了的只以纤维素为唯一碳源的培养基

4.通过分离分解纤维素的微生物的实验,对分解纤维素的微生物进行了初步筛选,这只是分离提纯的第一步,还需要进行( )

A.发酵产纤维素酶的实验　　　　　　　　B.提取纤维二糖的实验

C.浓缩纤维素分解菌的实验　　　　　　　D.提取葡萄糖的实验

5.下图为分离并统计分解纤维素的微生物的实验流程,据此回答下面有关问题:

土壤取样 → 梯度稀释 → 将样品接种在鉴别纤维素分解菌的培养基上 →

挑选产生透明圈的菌落,统计并计算每克样品中的细菌数

(1)要从富含纤维素的环境中分离纤维素分解菌,要从高温热泉中寻找耐热菌,这说明_____

_____。

(2)某同学根据需要,配制了纤维素分解菌的选择培养基,成分如下,整个实验过程严格执行无菌操作。

组　分	含量/g
纤维素粉	5
$NaNO_3$	1
$Na_2HPO_4 \cdot 7H_2O$	1.2
KH_2PO_4	0.9
$MgSO_4 \cdot 7H_2O$	0.5
KCl	0.5
酵母膏、水解酪素	适量

如果将其中的纤维素粉换成_____,菌落数_____,即可说明选择培养基的作用。

(3)本实验宜采用_____法而不宜使用平板划线法,原因是该法可以根据稀释体积计算每克样品中的细菌数。

·课时对点练

【基础过关】

1.下列有关分解纤维素的微生物的分离的叙述,不正确的是(　　)

A.纤维素酶的发酵方法有液体发酵和固体发酵

B.对分解纤维素的微生物进行了初步筛选后,无须再进行其他实验

C.纤维素酶的测定方法,一般是对所产生的葡萄糖进行定量的测定

D.纤维素酶是一种复合酶

2.漆酶属于木质素降解酶类,在环境修复、农业生产等领域有着广泛用途。下图是分离、纯化和保存漆酶菌株的过程,相关叙述正确的是(　　)

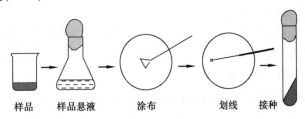

样品　样品悬液　涂布　划线　接种

A.生活污水中含有大量微生物,是分离产漆酶菌株的首选样品

B.筛选培养基中需要加入漆酶的底物,通过菌落特征挑出产漆酶的菌落

C.在涂布平板上长出的菌落,不需要进一步纯化

D.斜面培养基中含有大量营养物,可在常温下长期保存菌株

3.从土壤中筛选纤维素分解菌的实验设计,下列流程正确的是( )

A.土壤取样→梯度稀释→稀释涂布平板→挑选菌落

B.土壤取样→选择培养→稀释涂布平板→挑选菌落

C.土壤取样→梯度稀释→选择培养→挑选菌落

D.土壤取样→梯度稀释→稀释涂布平板→选择培养→挑选菌落

4.在对纤维素分解菌进行选择培养时,用液体培养基的目的是( )

A.用液体培养基可获得大量菌体

B.纤维素分解菌适宜在液体培养基上生长

C.用液体培养基可以使菌体充分利用培养基中的营养物质

D.用液体培养基可获得高纯度的纤维素分解菌

5.微生物(除病毒外)需要从外界吸收营养物质,并通过代谢来维持正常的生长和繁殖。下列有关微生物营养的说法,正确的是( )

A.纤维素分解菌与硝化细菌所利用的碳源物质是相同的

B.在纤维素分解菌生长的培养基中只需碳源、氮源、水、无机盐即可正常生长

C.培养基中的营养物质浓度越高对微生物的生长越有利

D.生长因子是微生物生长必需的,而微生物本身合成这些物质的能力往往不足

6.分离纤维素分解菌的实验过程中操作有误的是( )

A.经选择培养后将样品涂布到鉴别纤维素分解菌的培养基上

B.选择培养这一步可省略,但获得的纤维素分解菌较少

C.样品经稀释培养后,用刚果红染色

D.对照组可将同样量的培养液涂布到不含纤维素的培养基上

【能力提升】

7.下列有关培养基和菌种鉴定的叙述,不正确的是( )

A.根据培养基的物理状态可将其分为液体培养基、半固体培养基和固体培养基

B.可利用固体培养基上菌落的特征来判断和鉴别细菌的类型

C.利用刚果红培养基上是否形成透明圈来筛选纤维素分解菌

D.在无氮培养基中加入酚红指示剂鉴定尿素分解菌

8.在纤维素分解菌的鉴定实验中,纤维素酶的测定方法一般是( )

A.对纤维素进行定量测定

B.对纤维素酶分解纤维素后所产生的葡萄糖进行定量测定

C.对纤维素酶分解纤维素后所产生的纤维二糖进行定量测定

D.对纤维素分解菌进行定量测定

9.下列不属于纤维素酶用途的是( )

A.可作为消化剂,用于治疗消化不良、食欲不振   B.可制成加酶洗涤剂,去除污渍

C.可减轻环境污染,水解森林废物   D.可作为能源供其他生物使用

10.分离土壤中纤维素分解菌用到的方法是( )

①稀释倒平板法;②稀释涂布平板法;③单菌落挑取法;④选择培养

A.①②   B.②③④   C.②③   D.①③④

11.某微生物培养基的配方如下:$NaNO_3$ 3 g,K_2HPO_4 1 g,KCl 0.5 g,$MgSO_4 \cdot 7H_2O$ 0.5 g,$FeSO_4$ 0.01 g,(CH_2O) 30 g,H_2O 1 000 mL,青霉素0.1万单位。请回答下列问题:

(1)依物理性质,该培养基属于_____培养基。

(2)该培养基中的碳源是_____。不论何种培养基,在各成分溶化后分装前,都要进行的是调节pH和_____,倒平板时,一般需冷却至_____左右,在_____附近操作。

(3)若用该培养液培养纤维素分解菌,应除去的物质是_____,应加入的碳源是_____,为检测纤维素分解菌存在与否还应加入_____染料,该染料与纤维素可形成_____色复合物,若产生_____,则证明有纤维素分解菌存在。

12.下表中,甲、乙分别是分离两种土壤中微生物的培养基的配方,图丙所示为相关分离过程。回答下列问题(注:水解酪素,即水解酪蛋白,由酪蛋白水解得到):

KH_2PO_4	1.4 g	纤维素粉	5.0 g
Na_2HPO_4	2.1 g	$NaNO_3$	1.0 g
$MgSO_4 \cdot 7H_2O$	0.2 g	$Na_2HPO_4 \cdot 7H_2O$	1.2 g
葡萄糖	10.0 g	KH_2PO_4	0.9 g
尿素	1.0 g	$MgSO_4 \cdot 7H_2O$	0.5 g
琼脂	15.0 g	KCl	0.5 g
—	—	酵母膏	0.5 g
—	—	水解酪素	0.5 g
将上述物质溶解后,用蒸馏水定容到 1 000 mL		将上述物质溶解后,用蒸馏水定容到 1 000 mL	
甲		乙	

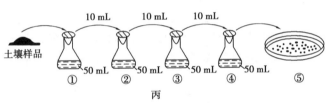

丙

(1)从功能上看,甲培养基属于_____;从物理性质上看,甲培养基属于_____;其中提供氮源的物质是_____。

(2)如果将乙培养基配制成固体培养基,则在该培养基上长出的菌落是否都能分解纤维素?_____(填"是"或"否")。如果培养基中加入_____可以筛选出具有分解纤维素能力的菌株,同时透明圈越_____(填"大"或"小"),表示该菌分解纤维素的能力越强。

(3)为了计数微生物的数量,图丙采用_____法进行接种培养计数,除此之外,还可以采用_____法进行计数。其中前一种计数方法所得结果要比后一种计数方法所得结果_____(填"大"或"小")。

(4)一位同学利用图丙的方法步骤在4个平板培养基上分别接种0.1 mL土壤稀释液④,培养后菌落数分别为180,155,176,129 个,则1 mL原土壤样液①中微生物数量约为_____。

13.现在国家大力提倡无纸化办公,但是每年仍然不可避免地产生大量废纸,其主要成分是木质纤维,人类正努力将其转化为一种新的资源——乙醇。下图是工业上利用微生物分解纤维素生产乙醇的基本工艺流程,请回答相关问题:

废纸——预处理——③纤维素糖化获得糖液——④接种——⑤发酵产生乙醇

①培养产酶微生物——②获得酶液

(1)将从土壤中获得的微生物培养在以_____为唯一碳源的培养基上。纯化菌种时,为了得到单一菌落,常采用的接种方法有两种,即_____和_____。

(2)若①环节选择霉烂的木头,则②环节获得的酶中至少包括 C_1 酶、_____和_____ 3 种组分,其中能够将纤维二糖分解为葡萄糖的是_____。

(3)在含纤维素的培养基中通常加入_____染料,此染料可与纤维素形成_____色复合物。用含有此染料的该种培养基培养纤维素分解菌时,培养基上会出现以该菌的菌落为中心的_____。我们可以通过此方法来筛选纤维素分解菌。

【高考体验】

14.(2014·新课标Ⅰ,39)植物秸秆中的纤维素可被某些微生物分解。回答下列问题:

(1)分解秸秆中纤维素的微生物能分泌纤维素酶,该酶是由3种组分组成的复合酶,其中的葡萄糖苷酶可将_____分解成_____。

(2)在含纤维素的培养基中加入刚果红(CR)时,CR可与纤维素形成_____色复合物。用含有CR的该种培养基培养纤维素分解菌时,培养基上会出现以该菌的菌落为中心的_____。

(3)为从富含纤维素的土壤中分离获得纤维素分解菌的单菌落,某同学设计了甲、乙两种培养基(成分见下表):

培养基	酵母膏	无机盐	淀粉	纤维素粉	琼脂	CR溶液	水
甲	+	+	+	+	-	+	+
乙	+	+	+	-	+	+	+

注:"+"表示有,"-"表示无。

据表判断,培养基甲_____(填"能"或"不能")用于分离和鉴别纤维素分解菌,原因是_____;培养基乙_____(填"能"或"不能")用于分离和鉴别纤维素分解菌,原因是_____。

15.(2019·新课标全国卷Ⅱ,37)物质W是一种含氮有机物,会污染土壤。W在培养基中达到一定量时表现为不透明。某研究小组欲从土壤中筛选出降解W的细菌(目标菌)。回答下列问题:

(1)要从土壤中分离目标菌,所用选择培养基中的氮源应该是_____。

(2)在从土壤中分离目标菌的过程中,发现培养基上甲、乙两种细菌都能生长并形成菌落(如图所示)。如果要得到目标菌,应选择_____菌落进一步纯化,选择的依据是_____。

(3)土壤中的某些微生物可以利用空气中的氮气作为氮源。若要设计实验进一步确定甲、乙菌能否利用空气中的氮气作为氮源,请简要写出实验思路、预期结果和结论,即_____。

(4)该小组将人工合成的一段DNA转入大肠杆菌,使大肠杆菌产生能降解W的酶(酶E)。为了比较酶E与天然酶降解W能力的差异,该小组拟进行如下实验,请完善相关内容。

①在含有一定浓度W的固体培养基上,A处滴加含有酶E的缓冲液,B处滴加含有相同浓度天然酶的缓冲液,C处滴加_____,3处滴加量相同。

②一段时间后,测量透明圈的直径。若C处没有出现透明圈,说明_____;若A、B处形成的透明圈直径大小相近,说明_____。

知识体系构建　核心素养提升

·系统构建

把握整体　突破要点

【知识建网】

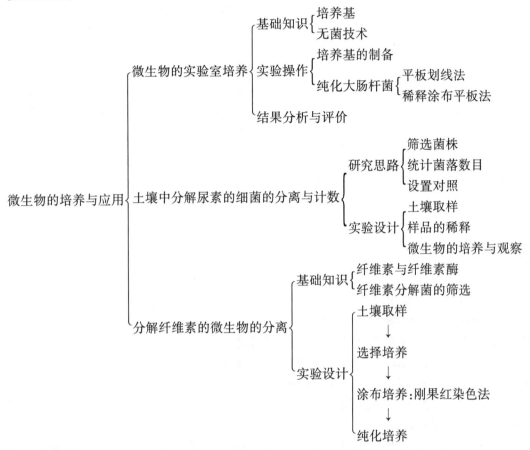

【要语必背】

1.实验室常用的消毒方法有煮沸消毒法、巴氏消毒法、紫外线消毒法和化学药剂消毒法,常用的灭菌方法有灼烧灭菌法、干热灭菌法和高压蒸汽灭菌法等。

2.微生物接种最常用的方法是平板划线法和稀释涂布平板法。长期保存菌种可以采用甘油管藏法。

3.稀释涂布平板法常用来统计活菌的数目,但统计结果往往比实际活菌数目低。

4.只有能合成脲酶的微生物才能分解尿素,因此可用以尿素为唯一氮源的选择培养基分离该细菌。

5.鉴定分解尿素的细菌的方法:在以尿素为唯一氮源的培养基中加入酚红指示剂,据是否变红进行判断。

6.纤维素酶的作用:纤维素 $\xrightarrow[C_X\text{酶}]{C_1\text{酶和}}$ 纤维二糖 $\xrightarrow[\text{苷酶}]{\text{葡萄糖}}$ 葡萄糖。

7.刚果红与纤维素可形成红色复合物。当纤维素被分解后,培养基中会出现以纤维素分解菌为中心的透明圈。

·规律整合

系统总结　灵活应用

一、常见的消毒、灭菌方法比较

方　法	操作过程	应用范围
煮沸消毒法	100 ℃煮沸 5～6 min	日常生活中广泛使用

续表

方　法	操作过程	应用范围
巴氏消毒法	在 70 ~ 75 ℃煮 30 min 或在 80 ℃煮 15 min	牛奶、啤酒、果酒和酱油等液体不宜进行高温消毒
化学药剂消毒法	用体积分数为 70% ~ 75% 的乙醇、碘酒涂抹,用来苏水喷洒等	皮肤、伤口、动植物组织表面,以及空气、手术器械、塑料或玻璃器皿等
紫外线消毒法	30 W 紫外灯照射 30 min	接种室空间消毒
灼烧灭菌法	酒精灯火焰灼烧	微生物接种工具如接种环、接种针或其他金属用具等,以及接种过程中试管口或锥形瓶口等
干热灭菌法	干热灭菌箱 160 ~ 170 ℃加热 1 ~ 2 h	玻璃器皿(如吸管、培养皿等)、金属用具等凡不适宜用其他方法灭菌而又能耐高温的物品
高压蒸汽灭菌法	100 kPa、121 ℃维持 15 ~ 30 min	培养基及多种器材、物品

【例1】下列有关微生物培养与应用的说法,正确的是(　　　)

A.天然培养基是指直接取自自然界不需加工的培养基

B.接种前需对培养基、培养皿、接种环、实验操作者的双手等进行严格的灭菌处理

C.大肠杆菌的纯化培养过程包括培养基的配制和纯化大肠杆菌两个阶段

D.分离分解尿素的细菌时,尿素是培养基中唯一的氮源和碳源

【例2】微生物培养过程中,要十分重视无菌操作,现代生物学实验中的许多方面也要进行无菌操作,以防止杂菌污染,请分析下列操作错误的是(　　　)

①煮沸消毒可以杀死微生物的营养细胞和部分芽孢;②接种操作要在酒精灯火焰附近进行;③家庭制作葡萄酒时要将容器和葡萄进行灭菌;④培养基要进行高压蒸汽灭菌;⑤加入培养基中的指示剂和染料不需要灭菌

A.①　　　　　　　　B.②③　　　　　　　　C.③④　　　　　　　　D.③⑤

二、微生物的纯化培养技术

1.技术流程

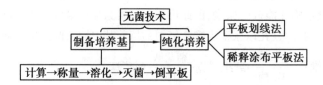

2.流程解读

(1)无菌技术:主要指消毒和灭菌,实验中对操作者和操作空间进行消毒,对实验用具和培养基进行灭菌。实验过程中严格遵循无菌技术。

(2)倒平板:待培养基冷却到 50 ℃左右时,在酒精灯火焰附近倒平板。

(3)平板划线法:通过接种环在琼脂固体培养基表面连续划线,将聚集的菌种逐步稀释分散到培养基表面,培养后获得由单个菌体繁殖形成的菌落,从而实现菌种的纯化培养。

(4)稀释涂布平板法:先将菌液进行系列梯度稀释后涂布平板,在稀释度足够高的菌液里,聚集在一起的微生物将被分散成单个细胞,从而在培养基表面形成单个菌落,实现菌种的纯化培养。

【易错辨析】

(1)自然界中多种微生物混杂在一起,研究菌种时需要将它们分离开来,微生物的纯化培养技术实现了菌种的分离。

(2)平板划线法操作简单,常用于微生物的分离;稀释涂布平板法操作复杂,稀释度足够高时,培养基上生长的菌落大都是由单个细菌形成的,除用于微生物的分离外,还可进行细菌的计数。

【例3】1943年,曾获诺贝尔生理学或医学奖的美国科学家鲁里亚和德尔布吕克设计实验,研究大肠杆菌的抗噬菌体突变是发生在接触噬菌体之前还是之后。请阅读以下资料回答下列问题:

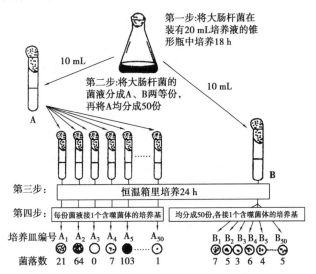

培养皿中培养基的基本配方:

配　方	蛋白胨	乳糖	KH$_2$PO$_4$	水	琼脂	20%伊红水溶液	0.325%美蓝水溶液	pH值
含　量	10 g	10 g	2 g	1 000 mL	25 g	20 mL	20 mL	7.2~7.4

(1)在培养基中加噬菌体的作用是_____;加伊红与美蓝的目的是_____

_____。

(2)由于大肠杆菌的同化作用类型是_____,因此,在培养基中还加入了一些相应的物质,其中

_____是大肠杆菌生长的主要碳源,_____是氮源。

(3)从生态学的角度看,噬菌体与大肠杆菌这两种生物之间的关系是_____。

(4)该实验有两个假设:

假设一:大肠杆菌的抗噬菌体突变发生在大肠杆菌与噬菌体接触之前。

假设二:大肠杆菌的抗噬菌体突变发生在大肠杆菌与噬菌体接触之后。

你认为图中的实验结果支持上述哪个假设:_____,如果另一个假设成立的话,实验结果应该是:

_____

_____。

(5)在这个实验设计中,研究者根据培养皿中菌落数的差异推断,从而证明假设的成立。请你分析出现A$_4$和A$_5$实验结果的原因:_____

_____。

三、有关分解尿素的细菌和纤维素分解菌的比较

1.对比分析尿素分解菌和纤维素分解菌的分离和鉴定

微生物	尿素分解菌	纤维素分解菌
分离原理	提供有利于目的菌株生长的条件(如营养、温度、pH等),同时抑制其他微生物的生长,常用选择培养基筛选	纤维素 $\xrightarrow{C_1酶、C_x酶}$ 纤维二糖 $\xrightarrow[苷酶]{葡萄糖}$ 葡糖糖 刚果红纤维素 $\longrightarrow$ 红色复合物 $\xrightarrow{纤维素酶}$ 红色消失,出现透明圈
过 程	土壤取样→样品稀释→培养与观察	土壤取样→选择培养→梯度稀释→将样品涂布于含刚果红(CR)染料的培养基上→挑选产生透明圈的菌落→进一步鉴定
鉴 定	酚红指示剂(变红)	刚果红(产生透明圈)
培养基	选择培养基:固体培养基,尿素为唯一氮源	选择培养基:液体,富含纤维素 鉴别培养基:固体,加入刚果红

2.分解尿素的细菌和纤维素分解菌的分离流程比较

分离流程	分解尿素的细菌	纤维素分解菌
土壤取样	选择富含有机质的土壤	选择富含纤维素的土壤
选择培养	不进行选择培养	液体选择培养基,增加纤维素分解菌的浓度
梯度稀释	梯度稀释到 10^4、10^5、10^6 倍	梯度稀释 $10^1 \sim 10^6$ 倍
涂布平板	涂布到选择培养基	涂布到鉴别培养基
菌种鉴定	培养基中加入酚红指示剂	培养基中加入刚果红染色剂

【例4】下列关于尿素分解菌和纤维素分解菌的分离的叙述,错误的是(　　　　)

A.前者需要以尿素为唯一的氮源,后者需要以纤维素为主要的碳源

B.尿素分解菌能产生脲酶,纤维素分解菌能产生纤维素酶

C.两个过程中都需要梯度稀释

D.刚果红染色法也可以用于鉴定尿素分解菌

·核心素养提升

理念渗透　贯穿始终

科学思维是指尊重事实和证据,崇尚严谨和务实的求知态度,运用科学的思维方法认识事物、解决实际问题的思维习惯和能力。归纳与概括、演绎与推理、模型与建模、批判性思维是学生在学习生物学过程中经常会运用到的发展理性思维的方法。

其中,模型与建模是本阶段学习中应提高的素养。模型方法是以研究模型来揭示原型的形态、特征和本质的方法,是逻辑方法的一种特有形式,通过学习,学生能够建构并使用物理模型(如真核细胞的亚显微结构模型)、概念模型(如光合作用过程示意图)、数学模型(如酶活性的变化曲线)阐释生命现象和规律。

(1)物理模型:以实物或图画形式直观反映认识对象的形态结构或三维结构,这类实物或图画即为物理模型。

(2)概念模型:以图示、文字、符号等组成的流程图形式对事物的生命活动规律、机理进行描述、阐明,这就是概念模型。

(3)数学模型:用来表达生命活动规律的计算公式、函数式、曲线图以及由实验数据绘制成的柱形图、饼状图等称为数学模型。

理性思维强调能够从不同的生命现象中,运用归纳的方法概括出生物学规律,并在某一给定情境中,运用生物学规律和原理,对可能的结果和发展趋势做出预测或解释,能够选择文字、图示或模型等方式进行表达并阐明其内涵。在备考过程中,要注重生物科学史的发现过程中科学家们采用的科学思维方法,并熟练应用,例如,生物学中的放射性同位素标记法、物理模型及数学模型的建构,等等。

【例5】(2016·全国卷Ⅰ)空气中的微生物在重力等作用下,可以一定程度地沉降。某研究小组欲用平板收集教室空气中的微生物,以了解教室内不同高度空气中微生物的分布情况。

实验步骤如下:①配制培养基(成分:牛肉膏、蛋白胨、NaCl、X、H_2O);②制作无菌平板;③设置空白对照组和若干实验组,进行相关操作;④将各组平板置于37 ℃恒温箱中培养一段时间,统计各组平板上菌落的平均数。回答下列问题:

(1)该培养基中微生物所需的氮来源于_____。若要完成步骤②,该培养基中的成分 X 通常是_____。

(2)步骤③中,实验组的操作是_____。

(3)若在某次调查中,某一实验组平板上菌落平均数为 36 个/平板,而空白对照组的一个平板上出现了 6 个菌落,这种结果说明在此次调查中出现了_____现象。若将 30(即 36−6)个/平板作为本组落数的平均值,该做法_____(填"正确"或"不正确")。

【素养解读】本题主要考查的核心素养是科学思维、科学探究和社会责任,具体表现在 4 个角度:

核心素养	素养角度	具体表现
科学思维	分析与综合	(1)中分析微生物所需氮的来源、培养基中 X 的成分,(3)中分析空白对照组出现菌落的原因
	批判性思维	(3)中对菌落数平均值的计算方法的正误做出判断
科学探究	设计实验	(2)中实验步骤的完善
社会责任		针对现代生物技术在社会生活中的应用,结合本地资源开展科学实践,尝试解决现实生活问题

【例6】(2017·全国卷Ⅰ)某些土壤细菌可将尿素分解成 CO_2 和 NH_3,供植物吸收和利用。回答下列问题:

(1)有些细菌能分解尿素,有些细菌则不能,原因是前者能产生_____。能分解尿素的细菌不能以尿素的分解产物 CO_2 作为碳源,原因是_____,但可用葡萄糖作为碳源,进入细菌体内的葡萄糖的主要作用是_____

_____(答出两点即可)。

(2)为了筛选可分解尿素的细菌,在配制培养基时,应选择_____(填"尿素""NH_4NO_3"或"尿素 + NH_4NO_3")作为氮源,不选择其他两组的原因是_____

_____。

(3)用来筛选分解尿素细菌的培养基含有 KH_2PO_4 和 Na_2HPO_4,其作用有_____

_____(答出两点即可)。

【素养解读】本题主要考查的核心素养是生命观念、科学思维和社会责任,具体表现在 4 个角度:

核心素养	素养角度	具体表现
生命观念	物质与能量观	(1)中葡萄糖的主要作用
科学思维	分析与综合	(1)中分解尿素的细菌能够分解尿素的原因分析;(3)中分解尿素细菌的培养基中 KH_2PO_4 和 Na_2HPO_4 的作用分析
	批判性思维	(2)中分解尿素的细菌的培养基中氮源的选择
社会责任		针对现代生物技术在社会生活中的应用,结合本地资源开展科学实践,尝试解决现实生活问题

【例7】(2016·全国卷Ⅲ)某同学用新鲜的泡菜滤液为实验材料分离纯化乳酸菌。分离纯化所用固体培养基中因含有碳酸钙而不透明,乳酸菌产生的乳酸能溶解培养基中的碳酸钙。回答下列问题:

(1)分离纯化乳酸菌时,首先需要用＿＿＿＿＿＿＿＿对泡菜滤液进行梯度稀释,进行梯度稀释的理由是＿＿＿＿

＿＿＿。

(2)推测在分离纯化所用的培养基中加入碳酸钙的作用有＿＿＿＿＿＿＿＿＿＿＿＿＿＿＿＿＿＿＿＿＿＿

和＿＿＿＿＿＿＿＿＿＿＿＿＿＿＿＿＿＿＿＿。分离纯化时应挑选出＿＿＿＿＿＿＿＿＿＿＿的菌落作为候选菌。

(3)乳酸菌在－20 ℃长期保存时,菌液中常需要加入一定量的＿＿＿＿＿＿＿＿＿＿＿(填"蒸馏水""甘油"或"碳酸钙")。

【素养解读】本题主要考查的核心素养是科学思维,具体表现在两个角度:

素养角度	具体表现
分析与综合	(1)中分离纯化乳酸菌时要进行梯度稀释的原因分析; (2)中加入碳酸钙的作用分析
批判性思维	(3)中菌种保藏方法的相关判断

·跟踪训练

精练深思　触类旁通

1.在培养基中加入青霉素可以抑制细菌和放线菌;在缺乏氮源的培养基上大部分微生物无法生长;在培养基中加入10% NaCl溶液。利用上述选择培养基依次能从混杂的微生物群体中分离出(　　　)

A.金黄色葡萄球菌、硝化细菌、放线菌　　　　B.固氮细菌、大肠杆菌、放线菌

C.霉菌、固氮细菌、金黄色葡萄球菌　　　　D.固氮细菌、金黄色葡萄球菌、放线菌

2.3个培养皿中分别加入10 mL不同成分的培养基,然后接种相同的大肠杆菌样液。培养36 h后,计数菌落数,结果如下表。下列选项不正确的是(　　　)

培养皿	培养基成分	菌落数
Ⅰ	琼脂、葡萄糖	35
Ⅱ	琼脂、葡萄糖、生长因子	250
Ⅲ	琼脂、生长因子	0

A.该实验采用的是固体平板培养基

B.该实验采用稀释涂布平板法接种

C.Ⅰ和Ⅱ对照,说明大肠杆菌的生长不需要生长因子

D.Ⅱ和Ⅲ对照,说明大肠杆菌的生长需要糖类

3.平板划线法和稀释涂布平板法是纯化微生物的两种常用方法,下列描述正确的是(　　　)

A.都要将菌液进行一系列的梯度稀释

B.平板划线法是将不同稀释度的菌液通过接种环在固体培养基表面连续划线的操作

C.稀释涂布平板法是将不同稀释度的菌液倒入液体培养基进行培养

D.都会在培养基表面形成单个菌落

4.下列能选择出分解尿素的细菌的培养基是(　　　)

A.KH_2PO_4、Na_2HPO_4、$MgSO_4\cdot7H_2O$、葡萄糖、尿素、琼脂、蒸馏水

B.KH_2PO_4、Na_2HPO_4、$MgSO_4\cdot7H_2O$、葡萄糖、琼脂、蒸馏水

C.KH_2PO_4、Na_2HPO_4、$MgSO_4\cdot7H_2O$、尿素、琼脂、蒸馏水

D.KH_2PO_4、Na_2HPO_4、$MgSO_4\cdot7H_2O$、牛肉膏、蛋白胨、琼脂、蒸馏水

5.淀粉酶可通过微生物发酵生产获得,生产菌株在含有淀粉的固体培养基上可释放淀粉酶分解淀粉,在菌落

周围形成透明圈。为了提高酶的产量,研究人员欲利用诱变育种的方法获得能产生较多淀粉酶的菌株。下列实验步骤中不正确的是(　　)

　　A.将生产菌株分为两组,实验组用一定剂量的诱变剂处理,对照组不处理

　　B.制备含水、淀粉、氮源和无机盐等成分的固体培养基,并进行灭菌处理

　　C.把实验组的菌株接种于多个配制好的培养基上,同时接种对照组,相同条件下培养

　　D.观察两组菌株的菌落周围是否出现透明圈,选出有透明圈的菌株进行培养

6.现有两种固体培养基,已知其配制时所加的成分和含量如下表所示,用这两种培养基分别去分离土壤中的两种微生物,你认为(　　)

成　分	KH_2PO_4	$MgSO_4 \cdot 7H_2O$	$NaCl$	$CaSO_4 \cdot 2H_2O$	$CaCO_3$	葡萄糖	纯淀粉
甲培养基	0.02%	0.02%	0.02%	0.01%	0.5%	0.5%	2%
乙培养基	0.02%	0.02%	0.02%	0.01%	0.5%	—	—

　　A.甲培养基适于分离自养型自生固氮菌;乙培养基适于分离异养型自生固氮菌

　　B.甲培养基适于分离异养型自生固氮菌;乙培养基适于分离自养型自生固氮菌

　　C.甲培养基适于分离酵母菌;乙培养基适于分离真菌

　　D.甲培养基适于分离自养型共生固氮菌;乙培养基适于分离异养型共生固氮菌

7.下图表示从土壤中分离能降解酚类化合物对羟基苯甲酸的微生物的实验过程。下列与该实验相关的叙述中不正确的是(　　)

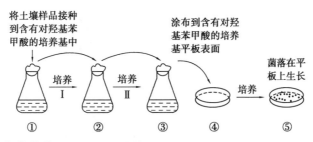

　　A.实验中所用的培养基①②③④均属于选择培养基

　　B.图中Ⅰ、Ⅱ过程实现了对目标微生物的稀释

　　C.在⑤处培养基中统计到的菌落数并不一定代表接种到④上的活菌数

　　D.在⑤处培养基上形成菌落的微生物的同化作用类型为异养型

8.焦化厂活性污泥中富含难降解的有机物苯甲酰肼,是当前焦化行业环保治理的难题。某同学通过查阅资料发现可通过细菌生物降解方法处理焦化厂污染物。下列有关分析错误的是(　　)

　　A.配制以苯甲酰肼为唯一碳源的选择培养基进行筛选

　　B.利用平板划线法可以对初步筛选出的目的菌进行纯化

　　C.逐步提高培养基中苯甲酰肼的浓度可以得到高效降解污染物的优质菌株

　　D.应该从农田土壤中筛选目的菌

9.在实验室培养微生物,一方面需要为培养的微生物提供合适的营养和环境条件,另一方面需要确保无处不在的其他微生物无法混入。请回答下列相关问题:

　　(1)培养基能为培养的微生物提供营养。各种培养基的具体配方不同,但一般都含有_____、_____、_____、_____;另外,培养基还需要满足微生物生长对_____、_____、_____的要求。

　　(2)对分离的微生物作进一步的鉴定,常需借助生物化学的方法。如在以_____为唯一氮源的培养基中加入_____,可用来鉴定分解尿素的细菌;在以_____为唯一碳源的培养基中加入_____,可用来鉴定纤维素分解菌。

10.有机农药苯磺隆是一种除草剂,长期使用会污染环境。研究发现,苯磺隆能被土壤中某些微生物降解。分离降解苯磺隆的菌株和探索其降解机制的实验过程如图甲、乙所示。请回答下列问题:

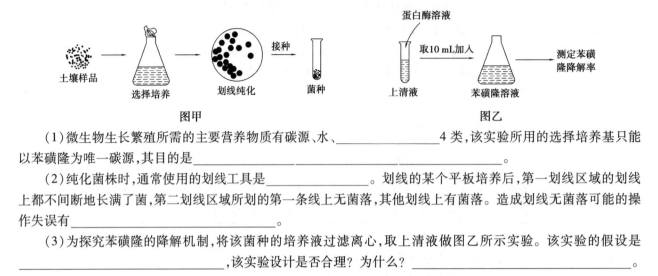

图甲　　　　　　　　　　　　　　　图乙

(1)微生物生长繁殖所需的主要营养物质有碳源、水、_____4类,该实验所用的选择培养基只能以苯磺隆为唯一碳源,其目的是_____。

(2)纯化菌株时,通常使用的划线工具是_____。划线的某个平板培养后,第一划线区域的划线上都不间断地长满了菌,第二划线区域所划的第一条线上无菌落,其他划线上有菌落。造成划线无菌落可能的操作失误有_____。

(3)为探究苯磺隆的降解机制,将该菌种的培养液过滤离心,取上清液做图乙所示实验。该实验的假设是_____,该实验设计是否合理?为什么?_____。

【导引】植物组织培养技术应用广泛。利用植物组织培养技术,可以实现优良品种的快速繁殖,培养出大量不含病毒的幼苗,实现花卉的连续生产,缩短育种周期等。本专题在必修课基础上,引导学生尝试进行植物的组织培养,使学生初步掌握植物组织培养的基本技术。

课题一 菊花的组织培养

[素养目标]

说明植物组织培养的基本原理,学习植物组织培养的基本技术,进行菊花或其他植物的组织培养。

[重难点击]

1.熟悉植物组织培养的基本过程。

2.理解细胞分化的概念及离体植物细胞的脱分化和再分化。

3.归纳 MS 培养基的配制方法,并设计表格比较微生物培养基与 MS 培养基在配方上的异同。

[学海导航]

1.阅读教材"基础知识",掌握植物组织培养的基本过程及影响因素。

2.阅读教材"实验操作",掌握植物组织培养的过程及注意事项。

3.结合教材"课题延伸"及左侧培养基配方,理解植物激素对实验结果的影响。

【导引】大自然中存在着许多有趣的植物无性生殖现象。例如,马铃薯的块茎能够发芽生根,秋海棠的叶片能够长成新植株。这些现象促使科学家去思考、解释。1902 年,有一位德国的植物学家大胆地预言:"植物的体细胞在一定条件下,可以如同受精卵一样,具有潜在的发育成完整植株的能力。"

1958 年,美国科学家斯图尔德将胡萝卜韧皮部的一些细胞进行培养,由于细胞分化,这些细胞最终发育成完整的新植株。这个实验结果在生物学界引起了很大的震动,它表明已经高度分化的植物细胞仍然具有发育成完整植株的能力。已经分化的细胞所具有的这种潜在发育能力称作细胞全能性。既然胡萝卜的单个细胞能发育为完整植株,小块的植物组织就更不应该有什么问题。此后很多年,科学家和技术人员将许多植物进行了组织培养,并获得了成功。如今,植物组织培养已不再神秘莫测,而成为一种常规技术。

我国的传统名花和世界四大切花之一——菊花

一、植物组织培养的基本过程和影响因素

·基础知识

1.原理

理论基础:细胞的全能性。

(1)概念:已经分化的细胞,仍然具有发育成完整个体的潜能。

(2)原因:细胞具有该种生物全套遗传信息。

2.植物组织培养的过程

(1)过程

植物组织　　　愈伤组织　　　长出丛芽　　　生根　　　移栽成活

外植体 $\xrightarrow{\text{脱分化}}$ 愈伤组织 $\xrightarrow{\text{再分化}}$ 根或芽——→完整植株。

(2)相关概念

①外植体:用于离体培养的植物器官或组织片段。

②脱分化:又叫去分化,是由高度分化的植物组织或细胞产生愈伤组织的过程。

③再分化:愈伤组织继续培养,重新分化成根或芽等器官的过程。

④愈伤组织的特点:细胞排列疏松而无规则,是一种高度液泡化的呈无定形状态的薄壁细胞。

3.影响植物组织培养的因素

(1)内因

①不同的植物组织:培养的难易程度差别很大。

②同一种植物材料:材料的年龄、保存时间的长短等也会影响实验结果。

③菊花的组织培养:一般选择未开花植株的茎上部新萌生的侧枝。

(2)外因

菊花的组织培养
{
　培养基
{
　　类型:MS 培养基
　　营养物质
{
　　　大量元素:N、P、K、Ca、Mg、S
　　　微量元素:B、Mn、Cu、Zn、Fe、Mo、I、Co
　　　有机物:甘氨酸、烟酸、肌醇、维生素,以及蔗糖等
}
}

　植物激素
{
　　种类:生长素和细胞分裂素
　　使用:二者的浓度、使用顺序、用量比例等都影响实验结果
}

　植物激素
{
　　pH:5.8 左右
　　温度:18 ~ 22 ℃
　　光照:12 h/d
}
}

·疑难探讨

1.植物组织培养的理论基础

(1)为什么高度分化的植物细胞还具有全能性?

(2)高度分化的植物细胞发育成完整的植株需要哪些条件?

2.植物组织培养的一般过程分析
(1)你认为植物组织培养的核心环节是什么?

(2)你认为菊花愈伤组织再分化过程应先诱导生芽还是先诱导生根?

(3)植物组织培养的实验操作主要有哪几个步骤?

(4)在配制培养基的过程中,pH的调节是在分瓶前还是在分瓶后?

3.外植体的选择
(1)植物组织培养中应尽量选择什么样的材料作为外植体?为什么?

(2)为什么选择茎尖分生组织可培育出脱毒苗?

【归纳总结】植物组织培养的过程分析

过　程	主　要　变　化	特　　点
脱分化	由外植体形成愈伤组织	由高度分化的细胞恢复为具有分裂能力的细胞
再分化	由愈伤组织形成根、芽等器官	重新分化出不同的组织、器官
生长	发育成完整植物体	包括营养生长和生殖生长

·案例剖析

活学活用　巩固提升

【例1】关于植物组织培养技术的叙述正确的是(　　)
A.用于培养的材料不一定需要离体
B.植物可通过光合作用合成有机物,培养基中不需要加入含碳有机物
C.愈伤组织可制作成人工种子
D.脱分化和再分化都需要培养基中生长素和细胞分裂素的刺激、诱导

【例2】如图是基因型为AaBb的菊花茎尖离体培养示意图,据图回答下列问题:

菊花茎尖 →(取下并放入)→ 培养基中培养 →A→ 愈伤组织 →B→ 根和芽 → 植物体(幼苗)

(1)图中A和B分别表示＿＿＿＿＿＿和＿＿＿＿＿＿。菊花茎尖可培养成植物体的根本原因是＿＿＿＿＿＿＿＿＿＿＿＿＿＿＿＿。

(2)菊花组织培养形成试管苗的过程中,应大量供给的元素是＿＿＿＿＿＿＿。试管苗形成过程中要给予一定光照,其原因是＿＿＿＿＿＿＿＿＿＿＿＿＿＿＿＿。

(3)脱分化是指＿＿＿＿＿＿＿＿＿＿＿＿。脱分化和再分化这两个过程的进行,除必要的温度、光照和氧气等外界条件外,还要保证＿＿＿＿＿＿＿＿,否则植物组织培养就不能成功。

(4)这样培养成的试管苗的基因型为＿＿＿＿＿＿＿＿＿＿＿＿＿＿。

【特别提醒】植物组织培养的两点误区警示
(1)细胞全能性表达的理解
①细胞全能性的表达是由单个细胞发育成完整个体,发育的终点是完整个体,若发育为某个器官或组织,则

不属于细胞全能性的表达。

②细胞全能性的大小是自然条件下的,在适宜外界条件下,植物的体细胞培养比生殖细胞的培养更容易。

(2)对愈伤组织特点的理解

愈伤组织的细胞是一种高度液泡化的呈无定形状态的薄壁细胞,具有旺盛的分裂能力,无中央大液泡。

二、进行菊花的组织培养

·基础知识

1. 制备 MS 固体培养基

(1)配制各种母液

$$浓缩倍数\begin{cases}大量元素:浓缩10倍\\微量元素:浓缩100倍\\各种有机物:按1\ mg/mL的质量浓度单独配制成母液\\母液用量:根据各种母液的浓缩倍数,计算用量\end{cases}$$

(2)配制培养基

向称好的琼脂中加入蒸馏水——加热使琼脂熔化——加入蔗糖和配制好的各种母液——加蒸馏水定容——调节 pH ——分装。

(3)灭菌

高压蒸汽灭菌法。

2. 外植体消毒

(1)方法

用流水冲净——吸干表面水分——体积分数为70%的酒精消毒——无菌水清洗——吸干表面水分——质量分数为0.1%的氯化汞溶液消毒——无菌水清洗。

(2)原则

既要考虑药剂的消毒效果,又要考虑植物的耐受能力。

3. 接种

①前期准备:用体积分数为70%的酒精对工作台消毒,点燃酒精灯。

②接种操作:外植体形态学上端朝上插入培养基中,每瓶接种6~8块外植体。

③注意事项:接种操作必须在酒精灯火焰旁进行,器械使用后用火焰灼烧灭菌。

4. 培养

培养过程应该放在无菌箱中进行,并定期进行消毒,保持适宜的温度和光照。

5. 移栽

移栽前应先打开培养瓶的封口膜,让试管苗在培养间生长几日,然后用流水清洗根部的培养基。最后将幼苗移植到消过毒的蛭石或珍珠岩等环境下生活一段时间,等幼苗长壮后再移栽到土壤中。

6. 栽培

将幼苗移栽后,每天观察并记录幼苗生长情况,适时浇水、施肥,直到开花。

·疑难探讨

1. 营养物质对组织培养的作用

(1)探讨 MS 培养基中各种营养物质的作用

①大量元素和微量元素:_____。

②蔗糖:_____。

③甘氨酸、维生素等有机物:_____。

（2）植物是自养型生物,为什么用于植物组织培养的 MS 培养基中需要加入有机物作为碳源?

（3）同微生物培养基的配方相比,MS 培养基的配方有哪些明显的不同?

2.植物激素在植物组织培养中的作用

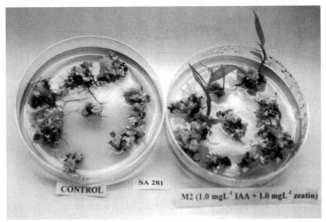

（1）试说出植物激素在植物组织培养中的作用

调节剂	主要作用
生长素	_____
细胞分裂素	_____

（2）生长素和细胞分裂素使用顺序及比例对植物组织培养的影响
①按照不同的顺序使用这两类激素,实验结果不同。

使用顺序	实验结果
先使用生长素,后使用细胞分裂素	有利于细胞分裂,但细胞不分化
先使用细胞分裂素,后使用生长素	_____
同时使用	_____

②当同时使用这两类激素时,两者用量的比值不同,植物细胞的发育方向不同。

用量比值	结　　果
比值高时	促进根的分化,抑制芽的形成
比值低时	_____
比值适中	_____

3.植物组织培养中的无菌技术

在植物组织培养过程中是如何实现无菌操作的?

(1)对于培养基:_____。

(2)对于外植体:_____。

·案例剖析

【例3】生物工程的研究成果已经广泛应用于各个领域,目前科学家利用植物的茎尖和叶片、茎段等,在无菌条件下,培养在玻璃器皿中人工配制的培养基上,使之发育成完整的植株。下图是运用该技术培养兰花植株的示意图。下列关于这种生物工程技术的叙述,错误的是( )

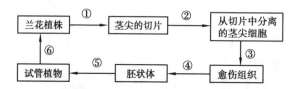

A. 这种技术叫作植物组织培养,可以克隆生物体

B. ④过程的单细胞细胞质丰富,液泡小而细胞核大

C. 用此方法克隆植物要尽量选择优良、细胞全能性表达不充分的材料

D. 这种技术可与基因工程、航天工程结合培育高产、优质的作物品种

【问题导析】

(1)植物组织培养过程中,细胞中的遗传物质一般不会发生改变,所以该项技术属于克隆技术。

(2)通过基因工程将目的基因导入植物细胞后,必须采用植物组织培养技术将植物细胞培养成植株。

【例4】植物组织培养的培养基中加有植物激素。下表是培养基中两种植物激素在不同比例时的实验结果(其中6-BA是细胞分裂素,IAA是生长素)。请分析完成下列问题:

实验组别	1	2	3	4
激素种类及激素浓度关系	6-BA	6-BA > IAA	6-BA = IAA	6-BA < IAA
结 果	组织块产生愈伤组织	组织块分化出芽	愈伤组织不断生长	愈伤组织有生根趋势

(1)促进愈伤组织产生的条件是_____,愈伤组织生长的条件是

_____。

(2)芽的分化条件是_____,根的分化条件是_____

_____。

(3)在植物组织培养中,脱分化可用的激素组合是实验_____和实验_____中的激素浓度关系,再分化时可用的激素组合是实验_____和实验_____中的激素浓度关系。整个实验表明,植物的生根、发芽等生命活动是_____的结果。

(4)植物组织培养的培养基中,除激素外,还必须含有_____,它的成分至少应该含有_____、_____等。

(5)判断愈伤组织是否产生的依据是看是否产生了_____的细胞。

·学习小结

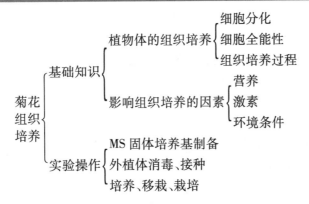

·达标检测

1.影响植物组织培养的因素包括(　　　)

①培养基的配制;②外植体的选取;③激素的使用;④消毒;⑤温度、pH、光照

A.①②③④⑤　　　　B.①②③　　　　C.①②③④　　　　D.①②③⑤

2.在植物组织培养过程中,生长素用量与细胞分裂素用量的比值高时,下列描述正确的是(　　　)

A.有利于根的分化和芽的形成　　　　　　B.不利于根的分化和芽的形成

C.有利于芽的形成,抑制根的分化　　　　D.有利于根的分化,抑制芽的形成

3.菊花组织培养的基本步骤是(　　　)

A.制备MS固体培养基→外植体消毒→接种→培养→移栽→栽培

B.制备MS固体培养基→外植体消毒→接种→培养→栽培→移栽

C.制备MS固体培养基→外植体消毒→接种→栽培→培养→移栽

D.制备MS固体培养基→外植体消毒→接种→移栽→培养→栽培

4.1958年,美国科学家斯图尔德应用植物组织培养技术,将二倍体胡萝卜韧皮部的一些细胞进行离体培养,最终培育成完整的新植株。下列关于这一科学事实的叙述,错误的是(　　　)

①该实验证明了植物细胞具有全能性;②此种生殖产生的后代有广泛的变异;③韧皮部细胞通过减数分裂增加细胞数目;④此种生殖产生的后代能保持亲本的性状

A.①②　　　　　　B.②③　　　　　　C.②④　　　　　　D.③④

5.下图表示菊花的茎尖细胞通过无菌操作接种到试管培养基上后,在一定的条件下,形成试管苗的培育过程。请据图回答下列问题:

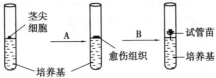

(1)要促进细胞分裂生长,培养基中应有营养物质和激素。营养物质包括_____和小分子有机物,激素包括细胞分裂素和_____两类植物激素。

(2)此过程依据的原理是_____。A和B阶段主要进行的分裂方式是_____,B阶段除了细胞分裂外,还进行细胞_____等。

(3)此过程要无菌操作,主要是指对_____进行灭菌消毒。B阶段需要光照,原因是_____。

(4)试管苗的根细胞没有叶绿素,而叶的叶肉细胞具有叶绿素,这是基因_____的结果。

·课时对点练

【基础过关】

1. 下列关于植物组织培养过程中脱分化的叙述,正确的是(　　)

A. 是植物体的分生组织通过细胞分裂产生新细胞的过程

B. 是体内分化的细胞形态、结构和生理功能发生改变的过程

C. 是高度分化的植物器官、组织或细胞产生愈伤组织的过程

D. 是愈伤组织分裂产生大量相同细胞的过程

2. 植物组织培养依据的原理、培养过程的顺序及诱导使用的植物激素分别是(　　)

①细胞的全能性;②离体植物器官、组织或细胞;③根、芽;④生长素和细胞分裂素;⑤生长素和乙烯;⑥愈伤组织;⑦再分化;⑧脱分化;⑨植物体

A. ①、②⑦⑥⑧③⑨、④　　　　　　　　　　B. ①、②⑧⑥⑦③⑨、④

C. ①、⑥②⑨⑧③⑦、⑤　　　　　　　　　　D. ①、②⑨⑧⑥⑦③、⑤

3. 植物材料的选择直接关系到实验的成败,菊花选材一般选择的是(　　)

A. 未开花植株的茎上部新萌生的侧枝　　　　B. 开花植株的茎上部枝条

C. 开花植株上的花药　　　　　　　　　　　D. 未开花植株的茎下部的枝条

4. 植物细胞表现出全能性的必要条件是(　　)

A. 给予适宜的营养和外界条件

B. 导入其他植物的基因

C. 脱离母体并给予适宜的营养和外界条件

D. 将成熟的筛管的细胞移到去核的卵细胞中

5. 植物组织培养的基本过程是:外植体脱分化,愈伤组织再分化,形成根和芽。下列相关叙述中,错误的是(　　)

A. 该过程的理论基础是植物细胞的全能性

B. 脱分化依赖有丝分裂完成

C. 愈伤组织中的细胞形态、结构相似

D. 再分化的实质是某些基因缺失,某些基因表达

6. 在离体的植物器官、组织或细胞脱分化形成愈伤组织的过程中,需要下列哪些条件(　　)

①消毒灭菌;②一定浓度的植物激素;③适宜的温度;④充足的光照;⑤充足的养料;⑥适宜的pH

A. ①③④⑤　　　　B. ②③⑤⑥　　　　C. ①②③④⑤⑥　　　　D. ①②③⑤⑥

【能力提升】

7. 在植物组织培养再分化阶段中,逐渐改变培养基中植物激素X和植物激素Y的浓度比,细胞群的变化情况如图所示。若培养基中植物激素X的浓度为a、植物激素Y的浓度为$a+0.2$,则细胞群分化的结果最可能是试管(　　)

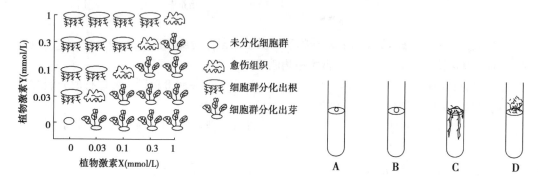

8.下列关于植物组织培养中植物激素使用的说法,不正确的是(　　)

A.植物组织培养中的关键性激素是生长素和细胞分裂素

B.先使用生长素,后使用细胞分裂素,有利于细胞分裂和分化

C.先使用细胞分裂素,后使用生长素,细胞既分裂也分化

D.同时使用生长素和细胞分裂素时,两者用量的比例影响植物细胞的发育方向

9.菊花种植多年后易积累病毒而导致品种退化。目前生产上采用茎尖分生组织离体培养的方法快速繁殖脱毒的种苗,以保证该品种的品质。这种通过分生组织离体培养获得种苗的过程不涉及细胞的(　　)

A.有丝分裂　　　　　B.分化　　　　　C.减数分裂　　　　　D.全能性

10.某兴趣小组拟用组织培养繁殖一种名贵花卉,其技术路线为"取材→消毒→愈伤组织培养→出芽→生根→移栽"。下列有关叙述,错误的是(　　)

A.消毒的原则是既杀死材料表面的微生物,又减少消毒剂对细胞的伤害

B.愈伤组织形成过程中,既有细胞分裂,也有细胞分化

C.出芽是细胞再分化的结果,受基因选择性表达的调控

D.生根时,培养基通常应含 α-萘乙酸等生长素类调节剂

11.下图所示为胡萝卜的韧皮部细胞通过无菌操作接入试管后,在一定的条件下形成试管苗的培育过程。请据图回答下列问题。

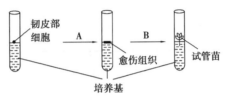

(1)要促进细胞分裂生长,培养基中应有营养物质和激素。营养物质包括＿＿＿＿＿＿＿、＿＿＿＿＿＿＿
＿＿＿＿＿＿＿和小分子有机物。植物激素中细胞分裂素和＿＿＿＿＿＿＿＿＿＿是启动细胞分裂、脱分化和再分化的关键性激素。

(2)此过程要用＿＿＿＿＿＿＿＿＿＿和质量分数为0.1%的＿＿＿＿＿＿＿＿＿＿对＿＿＿＿＿＿＿＿＿＿进行消毒。

(3)A过程称为＿＿＿＿＿＿＿＿＿＿,B过程称为＿＿＿＿＿＿＿＿＿＿。

12.斯图尔德将胡萝卜韧皮部细胞进行培养,最终获得发育完整的新个体,实验过程如下:

从根的切片分离出单个细胞$\xrightarrow{A}$细胞团$\xrightarrow{B}$胚状体→植株

(1)A过程称为＿＿＿＿＿＿＿＿＿＿,诱导这一过程的物质是＿＿＿＿＿＿＿＿＿＿。这一实验的原理是＿＿＿＿＿＿
＿＿＿＿＿＿＿＿＿＿＿＿。

(2)植物组织培养过程中多次强调一系列的消毒、灭菌及无菌操作,原因是＿＿＿＿＿＿＿＿＿＿＿＿
＿＿。

(3)愈伤组织的培养是很重要的一步,一般从接种到出现愈伤组织需要14 d,到时可以看到外植体长出＿＿＿＿
＿＿＿＿＿＿＿色或＿＿＿＿＿＿＿＿＿色的＿＿＿＿＿＿＿状愈伤组织。

(4)培养时注意恒温箱要关闭光源,因为在＿＿＿＿＿＿＿＿＿＿＿条件下愈伤组织长得更快。两周以后,由于培养基中的营养几乎耗尽,必须＿＿＿＿＿＿＿＿＿进行继续培养。

(5)试管苗的培养可分为＿＿＿＿＿＿＿＿培养和＿＿＿＿＿＿＿＿培养,必须先进行＿＿＿＿＿＿＿＿培养,二者的区别在于＿＿＿＿＿＿＿＿＿＿＿＿＿＿。

【高考体验】

13.(2014·江苏,29)为了获得植物次生代谢产物,先用植物外植体获得愈伤组织,然后在液体培养基中悬浮培养。请回答下列问题:

(1)外植体经诱导后形成愈伤组织的过程称为＿＿＿＿＿＿＿＿＿＿。

(2)在愈伤组织悬浮培养时,细胞干重、蔗糖浓度和pH的变化如图所示。细胞干重在12 d后下降的原因有

_____;培养液中蔗糖的作用是_____、_____。

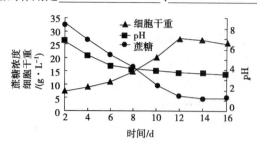

14.(2012·新课标全国,39)为了探究6-BA和IAA对某菊花品种茎尖外植体再生丛芽的影响,某研究小组在MS培养基中加入6-BA和IAA,配制成四种培养基(见下表),灭菌后分别接种数量相同、生长状态一致、消毒后的茎尖外植体,在适宜条件下培养一段时间后,统计再生丛芽外植体的比率(m),以及再生丛芽外植体上的丛芽平均数(n),结果如表所示。

培养基编号	浓度/(mg·L^{-1})		m/%	n/个
	6-BA	IAA		
1	0.5	0	76.7	3.1
2		0.1	77.4	6.1
3		0.2	66.7	5.3
4		0.5	60.0	5.0

回答下列问题:

(1)按照植物的需求量,培养基中无机盐的元素可分为_____和_____两类。上述培养基中,6-BA属于_____类生长调节剂。

(2)在该实验中,自变量是_____,因变量是_____,自变量的取值范围是_____。

(3)从实验结果可知,诱导丛芽总数最少的培养基是_____号培养基。

(4)为了诱导该菊花试管苗生根,培养基中一般不加入_____(填"6-BA"或"IAA")。

15.(2019·新课标全国卷Ⅲ,38)培养胡萝卜根组织可获得试管苗,获得试管苗的过程如图所示。回答下列问题。

切取洁净的胡萝卜根段① → 对根段进行消毒② → 切取1 cm³左右带有形成层的组织块③ → 接种组织块④ → 诱导组织块形成愈伤组织⑤ → 诱导愈伤组织形成试管苗⑥

(1)利用胡萝卜根段进行组织培养可以形成试管苗。用分化的植物细胞可以培养成完整的植株,这是因为植物细胞具有_____。

(2)步骤③切取的组织块中要带有形成层,原因是_____。

(3)从步骤⑤到步骤⑥需要更换新的培养基,其原因是_____。在新的培养基上愈伤组织通过细胞的_____过程,最终可形成试管苗。

(4)步骤⑥要进行照光培养,其作用是_____。

(5)经组织培养得到的植株,一般可保持原品种的_____,这种繁殖方式属于_____繁殖。

16.(2019·新课标全国卷Ⅱ,38)植物组织培养技术在科学研究和生产实践中得到了广泛的应用。回答下列问题。

(1)植物微型繁殖是植物繁殖的一种途径。与常规的种子繁殖方法相比,这种微型繁殖技术的特点有_____(答出2点即可)。

(2)通过组织培养技术,可把植物组织细胞培养成胚状体,再通过人工种皮(人工薄膜)包装得到人工种子(如图所示),这种人工种子在适宜条件下可萌发生长。人工种皮具备透气性的作用是_____。人工胚乳能够为胚状体生长提供所需的物质,因此应含有植物激素、_____和_____等几类物质。

(3)用脱毒苗进行繁殖,可以减少作物感染病毒。为了获得脱毒苗,可以选取植物的_____进行组织培养。

(4)植物组织培养技术可与基因工程技术相结合获得转基因植株。将含有目的基因的细胞培养成一个完整植株的基本程序是_____(用流程图表示)。

17.(2017·海南卷,31)甲、乙两名同学分别以某种植物的绿色叶片和白色花瓣为材料,利用植物组织培养技术繁殖该植物。回答下列问题:

(1)以该植物的绿色叶片和白色花瓣作为外植体,在一定条件下进行组织培养,均能获得试管苗,其原理是_____。

(2)甲、乙同学在诱导愈伤组织所用的培养基中,均加入一定量的蔗糖,蔗糖水解后可得到_____。若要用细胞作为材料进行培养获得幼苗,该细胞应具备的条件是_____(填"具有完整的细胞核""具有叶绿体"或"已转入抗性基因")。

(3)图中 A、B、C 所示的是不同的培养结果,该不同结果的出现主要是由于培养基中两种激素用量的不同造成的,这两种激素是_____。A 中的愈伤组织是叶肉细胞经_____形成的。

(4)若该种植物是一种杂合体的名贵花卉,要快速获得与原植株基因型和表现型都相同的该种花卉,可用组织培养方法繁殖,在培养时,_____(填"能"或"不能")采用经减数分裂得到的花粉粒作为外植体,原因是_____。

课题二　月季的花药培养

[素养目标]

说出被子植物花粉发育的过程及花药培养产生花粉植株的两种途径,说出影响花药培养的因素,学习花药培养的基本技术,尝试用月季或其他植物的花药进行培养。

[重难点击]

1.说出被子植物花粉发育的过程及花药培养产生花粉植株的两种途径。

2.说出影响花药培养的因素,学习花药培养的基本技术。

3.尝试用月季或其他植物的花药进行培养。

[学海导航]

1.阅读教材"(一)被子植物的花粉发育",理解被子植物花粉发育的过程。

2.阅读教材"(二)产生花粉植株的两种途径"和"(三)影响花药培养的因素",掌握产生花粉植株的两种途径及影响因素。

3.通过阅读教材"实验操作",掌握花药培养的选材方法、材料的消毒及接种和培养。

【导引】1964 年,印度科学家在培养毛叶曼陀罗的花药时,首次获得了由花药中的花粉粒发育而来的单倍体植株。这个实验说明生殖细胞和体细胞一样,在离体条件下也具有发育成完整植株的潜能。自 20 世纪 60 年代以来,花药培养的研究发展迅速。据记载,世界上已有 250 多种高等植物的花药培养获得成功,其中小麦、玉米、大豆、甘蔗和橡胶等近 50 种植物的花粉再生植株已由我国科技人员首先培育成功。

一、影响花药培养的因素

·基础知识

夯实基础　突破要点

1. 被子植物的花粉发育

（1）花粉的概念

由花粉母细胞经过减数分裂形成的单倍体生殖细胞。

（2）花粉发育的基本过程

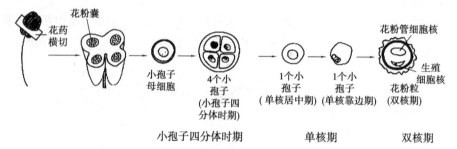

花粉母细胞(小孢子母细胞)

　↓减数分裂

小孢子四分体时期:4 个单倍体细胞连在一起

　↓

单核期 { 单核居中期:细胞含浓厚的原生质,核位于细胞的中央

　　　　　　↓

　　　　 单核靠边期:细胞核由中央移项细胞一侧

　↓有丝分裂

双核期 { 1 个生殖细胞核→1 个生殖细胞 ——有丝分裂→ 两个精子

　　　　 1 个花粉管细胞核→1 个营养细胞

2. 产生花粉植株的两种途径及影响因素

（1）产生花粉植株的两种途径

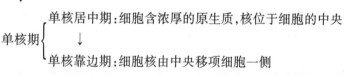

（2）影响两种途径的因素

①培养基中激素的种类。

②培养基中激素的浓度配比。

3.影响花药培养的因素

（1）内因

材料的选择：

①从花期来看,应当选择初花期的植株。

②从花药来看,应当选择单核期的花药。

③从花蕾来看,应当选择完全未开放的花蕾。

（2）外因

①培养基的组成。

②亲本植株的生长条件、材料的低温预处理以及接种密度等。

·疑难探讨

理解升华　重难透析

1.被子植物的花粉发育

观察被子植物的花粉发育过程图,并阅读教材 P37"（一）相关内容",归纳并回答下列问题:

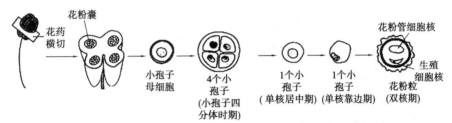

（1）运用文字和箭头表示出被子植物花粉发育的过程。

（2）花粉发育过程中的四分体时期与减数分裂过程中的四分体是同一个概念吗? 有什么不同?

（3）每个小孢子细胞内的染色体数与小孢子母细胞内的染色体数有何差异?

（4）花粉发育时期的单核期细胞具有什么特征?

（5）结合上图,分析一个小孢子母细胞产生的花粉粒、花粉管细胞核、生殖细胞核和精子的数目分别是 _____、_____、_____、_____。

（6）营养细胞在花粉萌发过程中的作用是_____。

2.花粉植株形成的过程

阅读教材 P38"（二）产生花粉植株的两种途径"的相关内容,回答下列问题:

（1）产生花粉植株的两种途径都需要经过的过程是_____。

（2）产生花粉植株的两种途径是否完全不同? 其原因是什么?

(3)进行花粉植株培养时要配制3种培养基,说出每种培养基中激素的比例和目的。

①诱导愈伤组织培养基:＿＿＿＿＿＿＿＿＿＿＿＿＿＿＿＿＿＿＿＿＿＿＿＿＿。

②生芽培养基:＿＿＿＿＿＿＿＿＿＿＿＿＿＿＿＿＿＿＿＿＿＿＿＿＿。

③生根培养基:＿＿＿＿＿＿＿＿＿＿＿＿＿＿＿＿＿＿＿＿＿＿＿＿＿。

(4)愈伤组织与胚状体有何差异?

3.培养材料的选择

(1)影响花粉植株诱导成功率的主要因素有哪些?

(2)为提高花粉植株的诱导成功率,选择哪个时期的花粉最适宜?

案例剖析

活学活用　巩固提升

【例1】如图是花药培养产生花粉植株的两种途径。下列相关判断错误的是(　　　)

花药中的花粉 —脱分化→ A —→ C —→ 丛芽
花药中的花粉 —脱分化→ B —→ D —→ 丛芽
} 诱导 —→ 生根 —→ 移栽

A.图中的 A 和 B 分别是胚状体和愈伤组织

B.C 和 D 过程的实质相同

C.选择的花药在花粉发育过程中越早越好

D.整个培养过程中的细胞增殖方式只有有丝分裂

【问题导析】

(1)两种途径中,脱分化的结果不同,一个是形成愈伤组织,一个是形成胚状体。

(2)细胞分化的实质是基因的选择性表达。

(3)选择的培养材料处于单核期最好,尤其是处于单核靠边期的花药最好。

【拓展延伸】

(1)图中用于培养的"花药中的花粉"无论是选择单核期以前的还是选择单核期以后的,均不利于培养,为什么?

(2)两种形成花粉植株的途径基本相同,主要区别在于脱分化的结果不同,决定两种途径的决定性因素是什么?

【例2】下列有关月季花药培养的叙述,正确的是(　　　)

①月季花粉是由花粉母细胞经过减数分裂而形成的单倍体生殖细胞;②被子植物花粉形成过程中的四分体与高等动物精子形成过程中的四分体概念相同;③被子植物的一个小孢子母细胞经过减数分裂共形成了8个精子;④任何时期的花粉都可以经过培养产生愈伤组织或胚状体;⑤花药培养初期不需要光照,幼小植株形成后才需要光照

A.①③⑤　　　　　　B.②④⑤　　　　　　C.②③④　　　　　　D.①②③④⑤

二、尝试用月季的花药进行培养

·基础知识

 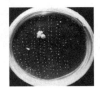

花粉　　　　愈伤组织　　　扩大接种　　　胚状体　　　再分化成幼苗　　　月季植株

1. 材料的选取

（1）花粉发育时期的确定

一般通过镜检来确定花粉是否处于适宜的发育期。

（2）花粉染色法

①醋酸洋红法：最常用的方法，能将花粉细胞核染成红色。

②焙花青—铬矾法：当花粉细胞核不易着色时采用此法，能将花粉细胞核染成蓝黑色。

2. 材料的消毒

选取花蕾

↓

初步消毒：通常先将花蕾用体积分数为70%的酒精浸泡约30 s

↓

冲洗：在无菌水中清洗，并用无菌吸水纸吸干花蕾表面的水分

↓

彻底消毒：放入质量分数为0.1%的氯化汞溶液中2~4 min（也可用质量分数为1%的次氯酸钙溶液或饱和
　　　　　漂白粉溶液）

↓

再冲洗：再用无菌水冲洗3~5次

3. 接种

（1）剥离花药

　{　①尽量不要损伤花药，否则接种后容易从受伤部位产生愈伤组织。
　　　②彻底去除花丝，因为与花丝相连的花药不利于愈伤组织或胚状体的形成。

（2）接种花药

立即将花药接种到培养基上。

4. 培养

（1）培养条件

温度为25 ℃，前期不需要光照，幼小植株形成后需要光照。

（2）培养过程

先进行脱分化培养，当花药开裂长出愈伤组织后及时转移到分化培养基上；若花药开裂释放出胚状体则要尽快将幼小植株分开。

5. 鉴定和筛选

在花药培养中，特别是通过愈伤组织形成的花粉植株，染色体组的数目常常会发生变化。因此需要对培养出来的植株作进一步的鉴定和筛选。

·疑难探讨

1.培养材料的选择方法

(1)醋酸洋红法和焙花青—铬矾法染色的目的是＿＿＿＿＿＿＿＿＿＿＿＿＿＿＿＿＿＿＿＿＿

＿＿＿＿＿＿＿＿＿＿＿。

(2)月季花蕾的消毒与菊花外植体的消毒相比,二者有何不同?

(3)用于培养的花药,只要将整个花蕾或幼穗消毒即可,原因是＿＿＿＿＿＿＿＿＿＿＿＿＿＿

＿＿＿＿＿＿＿＿＿＿＿＿＿＿＿＿＿＿＿。

(4)在菊花的组织培养和月季的花药培养过程中,对光照的要求是否相同?

2.花药离体培养在育种上的应用

(1)在花药离体培养中,特别是通过愈伤组织形成的花粉植株,为什么常常会出现染色体加倍的变化?

(2)植物花药离体培养得到的单倍体植株是不可育的,如何使其具有正常的繁殖能力呢? 此育种方法有哪些优点?

·案例剖析

【例1】育种工作者常采用花药培养的方法,使花粉粒发育为单倍体植株。下面过程是采用水稻的花药进行培养的步骤。

选取水稻花药──→对花药消毒──→接种和培养──→植物体

请据此回答下面的问题:

(1)诱导花粉植株能否成功及诱导成功率的高低,受多种因素的影响,其中＿＿＿＿＿＿＿＿、＿＿＿＿＿＿是主要的影响因素;选择合适的＿＿＿＿＿＿＿＿＿也是提高诱导成功率的重要因素。

(2)花粉在发育过程中要经历＿＿＿＿＿＿＿＿、＿＿＿＿＿＿＿＿＿、＿＿＿＿＿＿＿＿＿＿等阶段,选取的水稻花药应为＿＿＿＿＿＿＿＿＿期的花药,此时细胞核由中央移向细胞一侧,花药培养成功率最高。

(3)在剥离花药时,要尽量不损伤花药,原因是＿＿＿＿＿＿＿＿＿＿＿＿＿＿＿＿;同时还要彻底去除花丝,原因是＿＿＿＿＿＿＿＿＿＿＿＿＿＿＿＿＿＿＿。

(4)通过花药培养产生单倍体植株一般有两种途径:一种是花粉通过＿＿＿＿＿＿＿＿＿阶段发育为植株;另一种是在诱导培养基上先形成＿＿＿＿＿＿＿＿＿,再将其诱导分化成植株。

(5)试管苗形成过程中,必须从培养基中获得无机盐或矿质元素和小分子有机物等营养物质。要促进花粉细胞分裂和生长,培养基中应有＿＿＿＿＿＿＿＿＿和＿＿＿＿＿＿＿＿＿两类激素。

【拓展延伸】

(1)选择材料时,需要使用显微镜对花药进行观察,对花药进行染色的方法有哪些?

(2)是否整个培养过程都需要光照?

(3)使用细胞分裂素和生长素时,哪些方面会影响培养的结果?

·学习小结

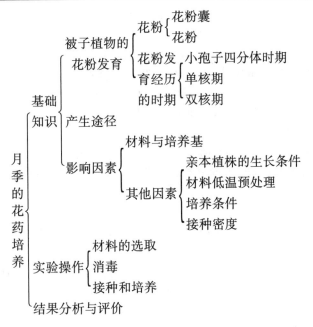

·达标检测

1. 下列有关花药培养基配制的说法,不正确的是(　　)

A. 花药培养可在同一培养基上培养至长出幼小植株后再更换培养基继续培养

B. 花药培养的各个阶段,培养基配方不完全一样

C. 诱导生根的培养基配方比诱导丛芽或胚状体的培养基配方中的 IAA 浓度高

D. 诱导愈伤组织分化是先分化出芽再分化出根

2. 月季的花药培养过程中的难点之一是材料的选择,下列有关材料选择的叙述,正确的是(　　)

A. 从花药来看,应当选择盛花期的花药

B. 从花粉来看,应当选择小孢子四分体时期的花粉

C. 从花蕾来看,应当选择略微开放的花蕾

D. 从检测花粉的实验方法看,应该用显微镜观察已染色的花粉样品临时装片

3. 接种和培养花药时应注意的事项全对的一组是(　　)

①不损伤花药;②彻底去除花丝;③幼小植株形成后需要光照;④花药开裂释放出的幼小植株会分别发育成单倍体,无须分开。
　　A.①②③　　　　　　B.①②④　　　　　　C.②③④　　　　　　D.①③④

4. 植物的花药培养在育种上有特殊的意义。植物组织培养可用于无病毒植株及细胞产物的工厂化生产等方面。请回答相关问题:

(1)利用月季的花药离体培养产生单倍体时,选材非常重要。一般来说,选择＿＿＿＿＿＿＿＿＿期的花药进行培养的成功率最高。为了选择该期的花药,通常选择＿＿＿＿＿＿＿＿＿的花蕾。确定花粉发育时期最常用的方法有＿＿＿＿＿＿＿＿＿,但是对于花粉细胞核不易着色的植物,需采用＿＿＿＿＿＿＿＿＿法,该法能将花粉细胞核染成＿＿＿＿＿＿＿＿＿色。

(2)进行组织培养需配制 MS 培养基,在该培养基中常需要添加＿＿＿＿＿＿＿、＿＿＿＿＿＿＿等激素。欲利于根的分化,植物激素的用量比例应为＿＿＿＿＿＿＿＿＿＿＿＿＿＿＿。

(3)无菌技术也是成功诱导出花粉植株的重要因素,下列各项中属于使用化学药剂进行消毒的是＿＿＿＿＿＿＿＿＿,属于采用灼烧方法进行灭菌的是＿＿＿＿＿＿＿＿＿(填序号)。

①培养皿;②培养基;③实验操作者的双手;④三角锥形瓶;⑤接种环;⑥花蕾。

·课时对点练

【基础过关】

1.被子植物花粉发育经历的阶段顺序正确的是( )

A.小孢子四分体时期→双核期→单核居中期→单核靠边期→花粉粒

B.小孢子母细胞→单核靠边期→单核居中期→双核期→花粉粒

C.小孢子母细胞→小孢子四分体时期→单核居中期→单核靠边期→花粉粒

D.小孢子四分体时期→小孢子母细胞→双核期→单核期→花粉粒

2.下列说法错误的是( )

A.被子植物的花粉发育过程依次经历了小孢子四分体时期、单核期、双核期

B.被子植物的花粉是由花粉母细胞经有丝分裂而形成的,因而含有与体细胞中数目相同的染色体

C.花粉是单倍体的生殖细胞

D.花粉粒内有两个精子

3.一个小孢子母细胞经减数分裂产生4个小孢子,由一个小孢子到形成两个精子,其间经过的分裂次数及分裂方式为( )

A.一、有丝分裂　　　　B.二、减数分裂　　　　C.二、有丝分裂　　　　D.三、有丝分裂

4.在产生花粉植株的两种途径中,得到胚状体和愈伤组织都要经历的过程是( )

A.分化　　　　　　B.脱分化　　　　　　C.再分化　　　　　　D.诱导

5.下列关于月季花药培养的叙述中,错误的是( )

A.材料的选择与培养基的组成影响花药培养的成功率

B.通常选择完全未开放的花蕾

C.选取材料时一定要进行消毒

D.培养形成的胚状体可继续在原培养基中分化形成植株

6.单倍体育种的常用方法是花药离体培养,为了促进花粉迅速生长发育为单倍体植株,培养基中除必需的营养物质外,还需加入( )

A.秋水仙素　　　　B.三磷酸腺苷　　　　C.植物激素　　　　D.纤维素酶

【能力提升】

7.四倍体水稻的花药通过无菌操作接入试管,经培养形成试管苗,下列叙述中不正确的是( )

A.用花药离体培养法获得的植株是二倍体

B.诱导产生愈伤组织的分裂方式为有丝分裂

C.培养基中应有无机养料、有机养料以及生长素和细胞分裂素

D.试管苗的生长发育需要光照

8.下图表示应用植物组织培养技术培育优质玉米的过程。对此过程的描述错误的是( )

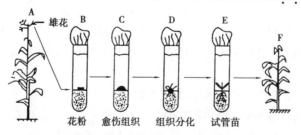

A.试管苗培养过程必须在无菌条件下进行

B.D试管中组织分化的调控与激素配比有关

C.培养成的试管苗即可用于推广种植

D.在培养基中加入病原体的致病毒素,可筛选出抗病突变体

9.下图是水稻的花药通过无菌操作,培养产生花粉植株的两种途径的示意图。下列相关叙述中错误的是( )

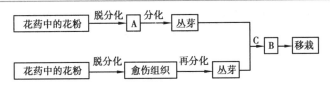

A.无论哪条途径都要经过脱分化过程

B.A 是胚状体,C 是诱导,B 是生根

C.两种培养途径的理论基础都是植物细胞的全能性

D.A 和种子的结构相同,都具有种皮、胚芽、胚根、胚轴等结构

10.下列有关月季花药培养的叙述,正确的是(　　)

A.月季花粉是由花粉母细胞经过减数分裂而形成的单倍体生殖细胞

B.被子植物花粉形成过程中的四分体与高等动物精子形成过程中的四分体概念相同

C.被子植物一个小孢子母细胞经过减数分裂共形成了 4 个精子

D.花药培养成幼苗后,不需分瓶培养

11.下图表示菊花的嫩枝和月季的花药离体培养的过程,请据图回答下面的问题:

菊花的组织培养　　　　月季的花药培养

(1)对菊花来说,要选择生长旺盛的嫩枝来进行组织培养,其原因是_____
_____;对月季来说,适宜花药培养的时期是_____期,为确定花粉是否处于该时期,最常用的镜检方法是_____。

(2)在培养嫩枝组织和花药的培养基中都要加入一定的植物激素,常用的植物激素有_____。

(3)两种植物材料的培养在进行接种时应注意:
①接种室要消毒;②材料可用_____进行浸泡,取出用无菌水冲洗后,再用质量分数为 0.1% 的氯化汞溶液消毒;③接种操作要在_____进行;④接种完毕后立即盖好瓶盖。

(4)月季的花药培养过程中,花粉植株的形成除图中所示途径外,还可以通过_____阶段发育而来,这两种途径的差别主要取决于_____。

(5)图中花粉植株属于_____倍体,要使其能繁殖后代可采取的措施是_____。

12.如图表示花药离体培养及单倍体育种的大致过程,请据图回答下列问题:

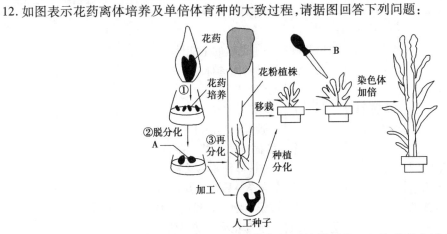

(1)过程①是把幼小的花药分离出来,并在无菌条件下将其放在 MS 培养基上进行培养,配制该培养基时,需要的物质应该有_____(至少答三种)。

(2)过程②是花药在 MS 培养基所提供的特定条件下经脱分化形成_____,此过程细胞分裂的方式是_____。

(3)经过过程③产生的植株(不考虑核与核之间融合)是_____植株,其特点是植株弱小,高度不育,在生产上无推广应用的价值,若要使其正常结果,可移栽后在幼苗_____滴加适宜浓度的_____。

(4)过程②与过程③所用培养基有差异,主要是_____方面的差异。

13.将月季花粉细胞通过无菌操作接入含有全部营养成分的培养基的试管中,在一定条件下诱导形成试管幼苗,其过程如下:

月季的花粉细胞→愈伤组织→丛芽 $\overset{诱导}{\longrightarrow}$ 生根→植株

(1)月季形成花粉细胞的分裂方式是_____,花粉发育成植物体的过程中细胞分裂方式是_____;发育成的植株称为_____;还需要用_____对幼苗进行处理得到二倍体植株,从中选育出需要的品种。

(2)影响诱导花粉植株能否成功及诱导成功率高低的主要因素是_____和_____。

(3)花粉细胞经_____形成愈伤组织;愈伤组织经过_____形成芽和根。幼小植株形成后还需要_____。

(4)与诱导丛芽培养基相比,诱导生根培养基中应增加_____(激素)含量。

【高考体验】

14.(2013·江苏,11)某种极具观赏价值的兰科珍稀花卉很难获得成熟种子。为尽快推广种植,可应用多种技术获得大量优质苗,下列技术中不能选用的是(　　)

A.利用茎段扦插诱导生根技术快速育苗

B.采用花粉粒组织培养获得单倍体苗

C.采集幼芽嫁接到合适的其他种类植物体上

D.采用幼叶、茎尖等部位的组织进行组织培养

15.(2011·上海,22)下列关于植物组织培养的表述,错误的是(　　)

A.外植体可以来自植物的任何细胞

B.培养应在无菌条件下进行

C.以花粉作为外植体可得到单倍体植株

D.不同阶段的培养基中细胞分裂素和生长素的比例不同

知识体系构建　核心素养提升

·系统构建

把握整体　突破要点

【知识建网】

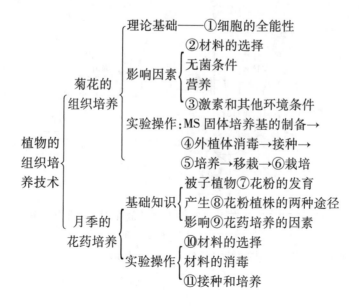

【要语必背】

1. 植物组织培养的一般过程为:

$$外植体 \xrightarrow{脱分化} 愈伤组织 \xrightarrow{再分化} 根、芽 \xrightarrow{生长发育} 完整植株。$$

2. 生长素和细胞分裂素是启动细胞分裂、脱分化和再分化的关键性激素。

3. 影响植物组织培养的因素有:植物材料、营养物质、植物激素及 pH、温度、光照等。

4. 花药培养产生花粉植株有两种途径:一是胚状体途径,二是愈伤组织途径,这两种途径主要取决于培养基中激素的种类及其浓度配比。

5. 影响花药培养的主要因素是材料的选择与培养基的组成。

6. 选择单核靠边期的花药培养成功率最高。

7. 确定花粉发育时期的方法有醋酸洋红法(最常用)和焙花青—铬矾法(花粉细胞核不易着色时)。

8. 对培养出来的植株作进一步鉴定和筛选的原因是在花药培养中,特别是通过愈伤组织形成的花粉植株,常常会出现染色体倍性的变化。

·规律整合

系统总结　灵活应用

一、细胞的全能性

1. 概念

细胞的全能性是指已经分化的细胞仍然具有发育成完整个体的潜能。

2. 原因

构成生物体的所有体细胞都是由受精卵通过有丝分裂发育而来的,都含有相同的遗传物质,都含有本物种的所有遗传信息,因此每个体细胞都有发育成完整个体的潜能。生物的生殖细胞在一定条件下也具有全能性,是因为生殖细胞中含有本物种生长发育的全部遗传信息,尽管其遗传物质是体细胞的一半。

3. 表达的条件

由于基因的选择性表达,细胞的全能性在植株上受到限制不能表达,只有在离体条件下,在营养、激素和其他条件适宜的情况下,细胞才能表达其全能性。动物细胞难以表达其全能性,但是通过核移植后,细胞核仍可表达其全能性。

4. 表达的难易程度

植物细胞全能性易表达,而动物细胞的全能性不易表达,但动物细胞核的全能性可以表达。在所有细胞中,受精卵可直接发育为个体,有的生殖细胞也可在一定条件下表达其全能性。

5. 意义

细胞全能性是植物组织培养和体细胞杂交的理论基础,也是现代动物体细胞克隆技术的理论基础。

【例 1】下列实例中能体现细胞全能性的是(　　　　)

①用悬浮培养的胡萝卜单个细胞培养成可育的植株;②植物用种子繁殖后代;③用烟草组织培养的单个细胞形成了可育的完整植株。

A. ①②　　　　　　　　B. ①③　　　　　　　　C. ②③　　　　　　　　D. ①②③

二、菊花的组织培养和月季的花药离体培养的比较

项　目	菊花的组织培养	月季的花药离体培养
理论依据	植物细胞的全能性	
材料选取	未开花植株茎上部新萌生的侧枝	完全未开放的花蕾
光照状况	每日用日光灯照射 12 h	开始不需要光照,幼小植株形成后需要光照
操作流程	制备 MS 固体培养基→外植体消毒→接种→培养→移栽→栽培	选材→材料消毒→接种和培养→筛选和诱导→移栽→栽培、选育

续表

项　目	菊花的组织培养	月季的花药离体培养
影响因素	选材、营养、激素、pH、温度、光照等	
基本过程	脱分化、再分化	

【例2】植物组织培养和花药离体培养是实验室条件下快速得到大量幼苗的两种方法。下列关于两者的比较，错误的是(　　)

A. 植物组织培养和花药离体培养的理论基础是细胞具有全能性

B. 花药能诱导为单倍体植株的原因是花药细胞中含有本物种生长发育的全部遗传信息，尽管遗传物质是体细胞的一半，但仍具有全能性

C. 植物组织培养获得的试管苗必须经过移栽、炼苗后才能在大田栽培，而花药培养不需要

D. 植物组织培养中若发生突变，则其后代不一定表现其突变性状，但是花药培养中的突变一定表现相应突变性状

三、微生物的培养技术、植物组织培养技术、无土栽培技术在设计思路和具体操作上的异同

(1)无土栽培是利用溶液培养法的原理，把植物生长发育过程中所需的各种矿质元素，按照一定比例配成营养液，并利用这种营养液栽培植物的技术。在培养过程中，需用基质垫底并固定幼苗，先放在阴凉处，再根据植物习性，放置在光照和温度适宜的地方发育成完整的植株。培养液只含植物生长发育所需要的必需矿质元素，无有机质。

(2)植物组织培养，是在无菌条件下，把植物体的器官或组织切下来，接种在适当的培养基上进行离体培养，这些器官或组织的细胞就会经脱分化和再分化过程，逐步产生出植物的各种组织和器官进而发育成完整的植株，其过程包括培养基的配制、灭菌、接种(外植体)、培养。培养基中包括矿质元素、蔗糖、维生素、植物激素和有机添加物，需灭菌。消毒包括接种室、接种箱、操作箱、外植体等的消毒。培养过程中更换培养基，调节细胞分裂素和生长素的比例，先诱导生芽，再诱导生根，最后移栽发育成植株。

(3)微生物培养也需要配制培养基，培养基含碳源、氮源、生长因子、无机盐和水，不含植物激素，培养基需灭菌、搁置斜面、接种、培养。在整个培养过程中无须更换培养基，接种过程中需分离纯化。

【例3】用于植物组织培养的培养基和无土栽培时所用的培养液相比，最大的差别是(　　)

A. 必须含植物必需的矿质元素　　　　　B. 必须含有机物

C. 浓度必须小于细胞液浓度　　　　　D. 不一定含有植物激素

·核心素养提升

理念渗透　贯穿始终

【例1】(2017·海南，31)甲、乙两名同学分别以某种植物的绿色叶片和白色花瓣为材料，利用植物组织培养技术繁殖该植物。回答下列问题：

(1)以该植物的绿色叶片和白色花瓣作为外植体，在一定条件下进行组织培养，均能获得试管苗，其原理是_____。

(2)甲、乙同学在诱导愈伤组织所用的培养基中，均加入一定量的蔗糖，蔗糖水解后可得到_____。若要用细胞作为材料进行培养获得幼苗，该细胞应具备的条件是_____(填"具有完整的细胞核""具有叶绿体"或"已转入抗性基因")。

(3)图中A、B、C所示的是不同的培养结果，该不同结果的出现主要是由于培养基中两种激素用量的不同造成的，这两种激素是_____。A中的愈伤组织是叶肉细胞经_____形成的。

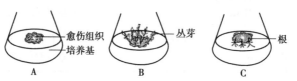

A　　　　　　　B　　　　　　　C

(4)若该种植物是一种杂合体的名贵花卉,要快速获得与原植株基因型和表现型都相同的该种花卉,可用组织培养方法繁殖,在培养时,_____(填"能"或"不能")采用经减数分裂得到的花粉粒作为外植体,原因是_____。

【素养解读】本题主要考查的核心素养是科学思维、科学探究和社会责任,具体表现在四个角度:

核心素养	素养角度	具体表现
科学思维	分析与综合	(3)图中 A、B、C 所示的是不同的培养结果,该不同结果主要是培养基中两种激素用量的不同造成的
	批判性思维	(4)由于花粉粒的基因型与体细胞的基因型不同,所以组织培养得到的花卉基因型不同于原植株,不能保留亲本性状
科学探究	设计实验	甲、乙两名同学分别以某种植物的绿色叶片和白色花瓣为材料,利用植物组织培养技术繁殖该植物
社会责任		(2)针对现代生物技术在社会生活中的应用,结合本地资源开展科学实践,尝试解决现实生活问题,注意转入抗性基因的安全

·跟踪训练

精练深思　触类旁通

1. 以下不能说明植物细胞全能性的实验是(　　)

A. 胡萝卜韧皮部细胞培养出植株

B. 紫色糯性玉米种子培育出植株

C. 转入抗虫基因的棉花细胞培育出植株

D. 小麦花药离体培育出植株

2. 下列关于植物组织培养的叙述,错误的是(　　)

A. 培养基中添加蔗糖的目的是提供营养和调节渗透压

B. 培养基中的生长素和细胞分裂素影响愈伤组织的生长和分化

C. 离体的组织或细胞都必须通过脱分化才能形成愈伤组织

D. 同一株绿色开花植物不同部位的细胞经培养获得的愈伤组织核基因数目相同

3. 植物组织培养是依据细胞的全能性,在体外将植物组织细胞培养成一个完整植株的过程,如下图所示。下列相关叙述错误的是(　　)

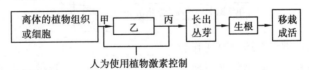

A. 甲和丙分别是脱分化和再分化

B. 乙是愈伤组织,是通过离体的植物组织或细胞经过细胞增殖与分化形成的

C. 离体的植物细胞之所以能培养成完整植株,是因为植物细胞具有全能性

D. 丙过程的实质是基因的选择性表达

4. 在菊花的组织培养操作完成了 3~4 天后,观察同一温室中的外植体,发现有的瓶中外植体正常生长,有的瓶中外植体死亡,你认为外植体死亡的原因不可能是(　　)

A. 接种时培养基灭菌不彻底

B. 接种工具灼烧后未待冷却就接种外植体

C. 培养时每日用日光灯照 12 h

D. 培养过程中保持温度、pH 适宜,但没有及时调整各种营养物质、激素的比例

5.菊花的组织培养需要严格的无菌操作,下列说法不正确的是(   )

A.对培养基连同其他器械一起进行高压蒸汽灭菌

B.幼苗要先移植到消过毒的蛭石或者珍珠岩等环境下生活一段时间

C.用于植物组织培养的培养基同样适合某些微生物的生长,一旦感染杂菌则前功尽弃

D.将菊花茎段插入时应注意方向,不应倒插,是为了防止杂菌污染

6.选择花药时,一般要通过镜检来确定花粉的发育时期,以下说法正确的是(   )

A.确定花粉发育时期最常用的方法是焙花青—铬矾法

B.某些植物的花粉细胞核不易着色时采用醋酸洋红法

C.焙花青—铬矾法能将细胞核染成蓝黑色

D.醋酸洋红法和焙花青—铬矾法染色过程完全一样

7.下列关于花药培养过程中的注意事项的叙述,正确的是(   )

A.花药培养成功与否与材料选择无关

B.花药培养成幼苗后,一定不能分瓶培养

C.花药培养成幼苗的过程中,除了维持适宜的温度、pH等,还要注意给予光照

D.一般来说,选用单核期的花药培养成功率较高

8.菊花的组织培养和月季的花药培养都是利用组织培养技术,下列关于两者的叙述,正确的是(   )

序号	比较项目	菊花的组织培养	月季的花药培养
①	植物激素	不必添加	需要添加
②	染色体倍性的鉴定	不需要	需要
③	光照	每日日光灯照射12 h	最初不需要,幼小植株形成后需要
④	形成愈伤组织或胚状体后	不需更换培养基	需要更换培养基

A.①②③   B.②③④   C.①②④   D.①②③④

9.辣椒素作为一种生物碱广泛应用于食品保健、医药工业等领域。辣椒素的获得途径如图,据图回答下列问题:

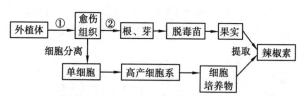

(1)图中①和②分别表示辣椒组织培养中细胞的_____和_____过程。

(2)图中培养外植体的培养基中常用的凝固剂是_____。培养基中的生长素用量和细胞分裂素用量的比值_____(填"高"或"低")时,有利于芽的分化。对培养基彻底灭菌时,应采取的灭菌方法是_____。

(3)图中外植体的消毒所需酒精的体积分数是_____。

10.将基因型为AaBb的月季(14条染色体)的花粉细胞通过无菌操作接入对应的培养基中,在一定条件下诱导形成幼苗。其过程如下:

月季的花粉细胞①——→愈伤组织②——→丛芽③——→植株④

(1)①——→②过程需要的条件有_____(多选)。

A.营养   B.激素   C.光照   D.pH

(2)愈伤组织是花粉细胞不断分裂后形成的不规则的细胞团,愈伤组织形成过程中,必须从培养基中获得_____、_____和小分子有机物等营养物质。

(3)形成花粉细胞的分裂方式是_____,花粉发育成植物体细胞的分裂方式是_____。

(4)植株④叫作_____幼苗。若要得到可育植株,需要用_____对_____(填序号)进行处理,所得的植株基因型为_____,细胞核中含_____条脱氧核苷酸链。

(5)AaBb 的月季的花药产生的植株的基因型有哪些?

_____。

(6)①——→②过程为什么不需要光照?

_____。

专题四 酶的研究与应用

【导引】酶是生物催化剂,几乎所有生命活动都离不开酶。酶具有高效、专一和所需反应条件温和的优点。目前,酶已经走出实验室,走进人们的生产和生活:成吨的葡萄糖靠酶生产;加酶洗衣粉、加酶牙膏比比皆是;药店有帮助消化的多酶片;医院有诊断检测的酶传感器等。然而,酶的商品化生产和应用并非易事。在本专题中,我们将通过实验重点研究酶在生产生活中的实际应用,包括制作果汁、洗涤衣物以及通过细胞的固定化技术应用酶。

课题一 果胶酶在果汁生产中的作用

[素养目标]

简述果胶酶的作用;检测果胶酶的活性;探究温度和pH对果胶酶活性的影响以及果胶酶的最适用量;收集有关果胶酶应用的资料。

[重难点击]

1.简述果胶酶的作用。

2.检测果胶酶的活性。

3.探究温度和pH对果胶酶活性的影响以及果胶酶的最适用量。

4.收集有关果胶酶应用的资料。

[学海导航]

1.阅读教材"基础知识",掌握影响酶活性的因素和果胶酶的作用及用量。

2.阅读教材"[资料一]探究温度和pH对酶活性的影响",理解并掌握对照实验的设计原则和实验流程。

3.阅读教材"[资料二]探究果胶酶的用量"和"操作提示",掌握影响果汁产量的因素及果汁生产中需注意的问题。

【导引】我国水果生产发展迅速,每年上市的新鲜水果品种多、数量大。但由于收获的季节性强,易造成积压滞销、腐烂变质,所以有时需将水果做成果汁。在本课题中,我们将探究果胶酶在果汁生产中的作用。

一、果胶和果胶酶以及影响酶活性的因素

· 基础知识

1. 果胶

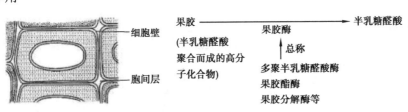

①主要成分:多缩半乳糖醛酸甲酯。

②特点:不溶于水。

③作用:是植物细胞壁以及胞间层的主要组成成分之一。

2. 果胶酶

(1)种类

多聚半乳糖醛酸酶、果胶分解酶、果胶酯酶等。

(2)作用

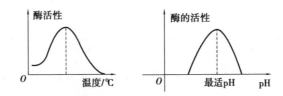

①瓦解植物的细胞壁及胞间层,使榨取果汁变得更容易。

②把果胶分解为可溶性的半乳糖醛酸,使浑浊的果汁变得澄清。

3. 酶的活性与影响酶活性的因素

(1)酶的活性

①概念:酶催化一定化学反应的能力。

②表示方法:用在一定条件下,酶所催化的某一化学反应的反应速度来表示。

③酶反应速度的表示方法:单位时间内或单位体积中反应物的减少量或产物的增加量。

(2)影响酶活性的因素

温度、pH 和酶的抑制剂等。

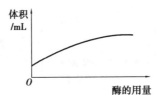

4. 酶的用量

酶用量过多,会导致酶的浪费;酶用量过少,会限制酶促反应的速度。因此要得到适宜的酶用量,需设计实验进行探究。

·疑难探讨

1.果胶和果胶酶

(1)从果胶是植物细胞壁以及胞间层的成分角度思考,果胶对果汁生产有哪些不利影响?

两支装有果汁的试管,右边的试管中加入了果胶酶,而左边的没有加

(2)果胶酶是否特指分解果胶的一种酶?该酶的化学本质是什么?

(3)分析下图,回答果胶酶的作用原理。

2.影响酶活性的因素

(1)影响酶促反应速度的外界因素有哪些?它们是否都影响酶的活性?请举例说明。

(2)甲、乙两图是温度、pH 对酶活性的影响的数学模型。

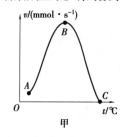

甲

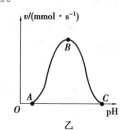

乙

①甲、乙两图中 B 点代表的含义分别是什么?

②甲、乙两图中 A 点对应的值对酶活性的影响相同吗?

③甲、乙两图中 C 点对应的值对酶活性的影响相同吗?

【归纳总结】

(1)果胶与果胶酶的比较

项　目	基本单位	组　成
果胶	半乳糖醛酸	半乳糖醛酸聚合而成的高分子化合物
果胶酶	氨基酸	多聚半乳糖醛酸酶、果胶酯酶、果胶分解酶等

(2)影响酶促反应速度的因素及其作用实质

温度、pH、酶抑制剂或激活剂 ——影响——> 酶活性

酶浓度、底物浓度 ——影响——> 酶与底物的接触面积

——影响——> 酶促反应速度

·案例剖析

活学活用　巩固提升

【例1】下列关于果胶酶的说法,正确的是(　　)

A.果胶酶可以分解细胞壁的主要成分——纤维素

B.果胶酶是由半乳糖醛酸聚合而成的一种高分子化合物

C.果胶酶不特指某种酶,而是分解果胶的一类酶的总称

D.果胶酶的化学本质是RNA

【拓展延伸】

(1)两位同学用足量的果肉制作果汁,甲同学使用了果胶酶而乙同学没有使用,过了相同的时间后,两位同学制作的果汁有何区别?

(2)果胶酶可以催化果胶的水解,而纤维素酶不能催化果胶的水解,这体现了酶的何种特性?

【例2】下列关于酶活性的说法,错误的是(　　)

A.酶的活性是指酶催化一定化学反应的能力　　B.酶促反应速度越快,说明酶的活性越大

C.酶的活性受温度、pH等因素影响　　D.酶活性的高低与反应物的浓度无关

二、探究温度和pH对果胶酶活性的影响以及果胶酶的用量

·基础知识

夯实基础　突破要点

1.探究温度和pH对果胶酶活性的影响

(1)实验原理

①果胶酶的活性受温度(或pH)影响,处于最适温度(或pH)时,酶的活性最高。

②果肉的出汁率、果汁的澄清度与果胶酶的活性大小成正比。

(2)实验流程

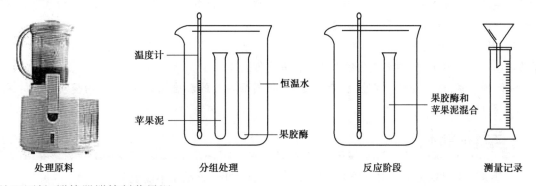

处理原料　　　　分组处理　　　　反应阶段　　　　测量记录

①处理原料:搅拌器搅拌制苹果泥。

↓

②分组处理:将分别装有苹果泥和果胶酶的试管在不同温度的恒温水浴中保温(或调节至不同的pH)。

↓

③反应阶段:加入果胶酶反应一段时间。

↓

④测量记录:过滤果汁,用量筒测量果汁体积并记录。

2. 探究果胶酶的用量

（1）自变量

果胶酶的用量。

（2）无关变量

温度、pH、酶催化反应的时间、苹果泥的用量等。

（3）判断的思路

①如果酶的用量增加，过滤到的果汁体积也增加，说明酶的用量不足。

②如果酶的用量增加到某个值后，再增加酶的用量，过滤到的果汁体积不再改变，说明酶的用量已经足够。

·疑难探讨

理解升华　重难透析

1. 实验方案

（1）当探究温度（或 pH）对果胶酶活性的影响时，自变量是什么？无关变量有哪些？

（2）在探究温度或 pH 对酶活性的影响时，如何设置对照实验？

2. 实验操作

在苹果泥和果胶酶混合之前，为什么要将苹果泥和果胶酶分装在不同的试管中用同一恒温处理？

3. 结果分析

（1）为什么可以根据滤出的苹果汁的体积大小来判断果胶酶活性的高低？

（2）除果汁的体积外，根据哪个因变量也能判断果胶酶活性的高低？该因变量与果胶酶活性有何对应关系？

【归纳总结】酶相关实验的变量控制

（1）探究温度对酶活性的影响：可以选用 10 ℃ 作为梯度差，设置的具体温度为 10 ℃、20 ℃、30 ℃、40 ℃、50 ℃ 和 60 ℃ 等，也可以尝试以 5 ℃ 作为梯度差。

（2）探究 pH 对酶活性的影响：只需将温度梯度改成 pH 梯度，并选定一个适宜的温度进行水浴加热。反应液的 pH 可以用体积分数为 0.1% 的氢氧化钠溶液或盐酸进行调节。

（3）探究酶的用量：该实验基于实验"探究温度和 pH 对酶活性的影响"，此时，研究的变量是酶的用量，其他因素都应保持不变。

·案例剖析

活学活用　巩固提升

【例3】下表是某同学探究温度对果胶酶活性影响的实验结果。该结果不能说明（　　　）

温度/ ℃	10	20	30	40	50	60
果汁量/ mL	2	3	4	5	6	5

A. 温度影响果胶酶的活性

B. 40 ℃ 与 60 ℃ 时酶的活性相同

C. 50 ℃ 是该酶的最适温度

D. 若温度从 10 ℃ 升高到 40 ℃，酶的活性将逐渐增强

【拓展延伸】

（1）请根据本题表格中的实验结果及必修 1 中的相关知识，描述温度对酶活性的影响。

（2）本题中的实验及其结果无法确定果胶酶的最适温度,如何通过实验进一步探究?

【例4】下列操作错误的是（　　）

A.用橙子做本课题的实验,应去掉橙皮

B.用体积分数为0.1%的NaOH溶液或盐酸调节pH

C.为了使果胶酶能够充分地进行催化反应,应用玻璃棒不时地搅拌反应混合物

D.制作苹果泥时,可先将苹果切成小块再放入榨汁机中

·学习小结

归纳总结　构建网络

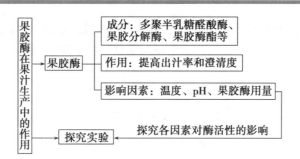

·达标检测

监测评价　达标过关

1.下列不属于果胶酶成分的是（　　）

A.纤维素酶　　　　　B.果胶分解酶　　　　　C.多聚半乳糖醛酸酶　　　　　D.果胶酯酶

2.如图曲线表示的是温度和果胶酶活性之间的关系,此曲线不能说明的是（　　）

A.在B点之前,果胶酶的活性和温度成正相关;之后,成负相关

B.当温度到达B点时,果胶酶的活性最高,酶的催化作用最高

C.A点时,果胶酶的活性很低,但随着温度升高,果胶酶的活性可以上升

D.C点时,果胶酶的活性也很低,当温度降低时,酶的活性可以恢复上升

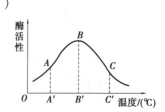

3.果胶酶常在0~4℃下保存,其原因是（　　）

A.此温度条件下,酶的活性最高

B.此温度条件下,酶变性失活

C.低温可降低酶的活性,但酶不变性失活

D.自然条件下,果胶酶常在0~4℃下发生催化作用

4.在"探究pH对酶活性的影响"实验中,不正确的是（　　）

A.自变量是不同的pH

B.无关变量有温度、底物浓度、酶浓度、反应时间等

C.可通过测定滤出的果汁体积判断果胶酶的最适pH

D.pH过低时,果胶酶活性变小,但不失活

5.下列是有关酶的应用问题,请分析回答下面的问题:

工业生产果汁时,常常利用果胶酶破除果肉细胞壁以提高出汁率,为研究温度对果胶酶活性的影响,某学生设计了如下实验。

①将果胶酶与苹果泥分装于不同试管中,在10℃水浴中恒温处理10 min(如图A)。

②将步骤①处理后的果胶酶和苹果泥混合,再次在10℃水浴中恒温处理10 min(如图B)。

③将步骤②处理后的混合物过滤,收集滤液,测量果汁量(如图C)。

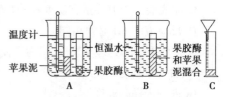

④在不同温度条件下重复以上实验步骤,并记录果汁量,结果如下表:

温度/ ℃	10	20	30	40	50	60	70	80
果汁量/ mL	8	13	15	25	15	12	11	10

根据上述实验,请分析回答下面的问题:

(1)果胶酶能破除细胞壁,是因为果胶酶可以促进细胞壁中果胶的水解,产物是_____。

(2)实验结果表明,当温度在_____附近时,果汁量最多,此时果胶酶的活性_____。

(3)为什么该实验能够通过测定过滤出的苹果汁的体积大小来判断果胶酶活性的高低?

_____。

(4)果胶酶作用于一定量的某种物质(底物),保持温度、pH在最适值,生成物量与反应时间的关系如图。在35 min后曲线变成水平是因为_____。若增加果胶酶浓度,其他条件不变,请在图中画出生成物量变化的示意曲线。

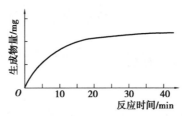

·课时对点练

【基础过关】

1.加工橘子罐头,采用酸碱处理脱去中果皮(橘络),会产生严重污染。目前使用酶解法去除橘络,可减少污染。下列生长在特定环境中的4类微生物,不可以大量产生所用酶的是(　　)

　　A.生长在麦麸上的黑曲霉　　　　　　　　B.生长在酸奶中的乳酸菌

　　C.生长在棉籽壳上的平菇　　　　　　　　D.生长在木屑上的木霉

2.某同学为了验证果胶酶的作用,设计了如下实验:(1)取两个100 mL的洁净烧杯,编号为1号、2号。(2)向两个烧杯中分别加入20 mL的苹果泥,向1号烧杯内加入2 mL的蒸馏水,向2号烧杯内加入2 mL的果胶酶。(3)把这两个烧杯放在水浴中保温,并用玻璃棒搅拌。下面分析中正确的是(　　)

　　A.1号烧杯为实验组,2号烧杯果汁变澄清　　　B.2号烧杯为实验组,1号烧杯果汁变澄清

　　C.1号烧杯为对照组,2号烧杯果汁变澄清　　　D.2号烧杯为对照组,1号烧杯果汁变澄清

3.下列各项能表示酶活性高低的是(　　)

　　A.单位时间、单位体积内反应物的总量

　　B.一段时间后生成物的总量

　　C.一段时间后,一定体积中消耗的反应物的量

　　D.单位时间内、单位体积中反应物的减少量或产物的增加量

4.在"探究果胶酶的用量"实验中,下列说法不正确的是(　　)

　　A.实验时可配制不同浓度的果胶酶溶液

　　B.底物浓度一定时,随酶用量的增大滤出的果汁越多

　　C.本实验应控制在适宜温度和pH条件下

　　D.反应液的pH必须相同

5.在用果胶酶处理苹果泥时,为了使果胶酶能够充分地催化反应,应采取的措施是(　　)

　　A.加大苹果泥用量　　　　　　　　　　　B.加大果胶酶用量

　　C.进一步提高温度　　　　　　　　　　　D.用玻璃棒不时地搅拌反应混合物

6.在探究温度对果胶酶活性的影响、pH对果胶酶活性的影响、果胶酶的用量三个实验中,实验变量依次为

（ ）

  A. 温度、酶活性、酶用量   B. 苹果泥用量、pH、果汁量

  C. 反应时间、酶活性、酶用量   D. 温度、pH、果胶酶用量

【能力提升】

  7. 某同学在探究果胶酶的最适温度时，将得到的实验数据转换成曲线图如下。关于该曲线图，以下说法错误的是（   ）

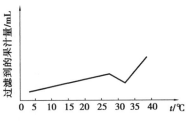

  A. 该同学的实验数据中有错误

  B. 该同学设置的温度梯度不合理

  C. 从该曲线中判断不出果胶酶的最适温度

  D. 从曲线中可判断出果胶酶的最适温度一定为 40 ℃

  8. 如图所示的实验装置用于探究温度对凝乳酶催化乳汁凝固的影响。先将酶和乳汁分别放在两支试管中，然后将这两支试管放入同一温度的水中水浴 15 min，再将酶和乳汁倒入同一试管中混合，保温并记录凝乳所需要的时间。通过多次实验，所得结果如下表所示。据此，请判断下列叙述正确的是（   ）

装 置	A	B	C	D	E	F
水浴温度/ ℃	10	20	30	40	50	60
凝乳时间/ min	不凝乳	7.0	4.0	1.5	4.0	不凝乳

  A. 凝乳时间越长，凝乳酶的活性越高

  B. 如果将 A 组的水温逐渐提高，乳汁可以凝固

  C. 低温破坏了酶的分子结构，所以 10 ℃下乳汁不会凝固

  D. 可以肯定凝乳酶的最适温度为 40 ℃

  9. 下列有关果胶酶及果胶酶实验探究的有关叙述，正确的是（   ）

  A. 探究果胶酶的用量时，pH、温度不影响实验结果

  B. 果胶酶包括多聚半乳糖醛酸酶、果胶分解酶和葡萄糖异构酶等

  C. 探究温度对果胶酶活性的影响时，温度、苹果泥、果胶酶用量及反应时间等都是自变量

  D. 可以用相同时间内过滤得到的果汁体积来确定果胶酶的用量

  10. 右图所示为某研究小组探究果胶酶用量的实验结果。下列有关说法不正确的是（   ）

  A. 在 *AB* 段限制反应速度的主要因素是酶的用量

  B. 在 *BC* 段限制反应速度的因素是温度、pH、反应物浓度

  C. 在 *AC* 段增加反应物浓度，可以明显加快反应速度

  D. 在该实验给定条件下，果胶酶的最佳用量是 *B* 点对应的值

  11. 假设你已经探究出了果胶酶的最适温度（为 45 ℃）和最适 pH 值（为 4.8），若还想进一步探究果胶酶的最适用量，此时，实验的自变量是＿＿＿＿＿＿＿＿＿＿。合理设置果胶酶用量的梯度后，可通过苹果泥出汁的多少来判断果胶酶的用量是否合适。请根据所给的材料和用具完成以下探究实验：

  （1）材料用具：制备好的苹果泥、恒温水浴装置、试管、漏斗、滤纸、量筒、试管夹、体积分数为 2% 的果胶酶溶液、体积分数为 0.1% 的 NaOH 溶液和盐酸。

  （2）实验步骤：

  ①取 6 支试管，编号 1—6，分别加入＿＿＿＿＿＿＿＿＿＿，调节 pH 值至 4.8。

  ②向 1—6 号试管中分别加入＿＿＿＿＿＿＿＿＿＿，然后放入 45 ℃恒温水浴装置中＿＿＿＿＿＿＿＿＿＿。

③_____。

(3)以上实验步骤的设计是否有不妥之处？如果有,试分析原因。

_____。

12.下图所示是研究人员对黑曲霉 A_1 果胶酶性质的研究结果,据图分析温度、pH 和 Ca^{2+} 浓度等与酶活力的关系。

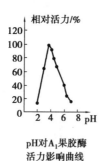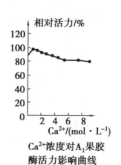

pH对A_1果胶酶   温度对A_1果胶酶 Ca^{2+}浓度对A_1果胶
活力影响曲线   活力影响曲线   酶活力影响曲线

(1)从上图可以看出,对酶活力影响最小的是_____。

(2)这三幅图的共同点说明_____

_____。

(3)若探究温度对黑曲霉 A_1 果胶酶活力的影响,则在该实验中,实验组和对照组的 pH 及 Ca^{2+} 浓度是否需要调节?_____。若需要调节,则 pH 及 Ca^{2+} 浓度分别调节到_____和_____。其原因是___。

13.我国水果生产发展迅速,由于收获的季节性强,易造成水果积压、腐烂变质,为了解决上述问题且满足不同人群的需求,可以将水果加工成果汁、果酒、果醋等。在果汁生产中要用到果胶酶,某生物研究小组为了探究果胶酶的某些特性,进行了如下实验:

(1)实验方法:按如图 1 所示的顺序进行操作。

(2)实验结果:对照组与实验组进行了相同时间的实验,结果如图 2 曲线甲所示:

①图中自变量是温度,除此之外此曲线还可表示_____与苹果汁澄清度的关系。

A. 酶的浓度   B. 苹果泥的量   C. 水的加入量   D. pH

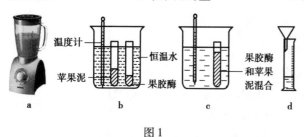

图1   图2

②图中的纵坐标还可用_____来表示。

③实验小组改变了实验条件后重复做实验,得到曲线乙,果汁的澄清度最高点对应的横坐标是同一位置的原因是_____

_____。

④步骤 b 中,在果胶酶和苹果泥混合前,将两者分装在不同试管中进行恒温的目的是_____

_____。

(3)假设下图中的自变量为酶的浓度,请画出果胶酶用量的变化曲线,并用 a 点标出酶的最适用量。

【高考体验】

14.(2015·海南,30)生产果汁时,用果胶酶处理果泥可提高水果的出汁率。回答下列相关问题:

（1）某同学用三种不同的果胶酶进行三组实验，各组实验除酶的来源不同外，其他条件都相同，测定各组的出汁量，据此计算各组果胶酶活性的平均值并进行比较。这一实验的目的是_____

_____。

（2）现有一种新分离出来的果胶酶，为探究其最适温度，某同学设计了如下实验：取试管 16 支，分别加入等量的果泥、果胶酶、缓冲液，混匀，平均分为 4 组，分别置于 0 ℃、5 ℃、10 ℃、40 ℃下保温相同的时间，然后，测定各试管中的出汁量并计算各组出汁量平均值。该实验温度设置的不足之处有_____

和_____。

（3）某同学取 5 组试管（A—E）分别加入等量的同种果泥，在 A、B、C、D 4 个实验组的试管中分别加入等量的缓冲液和不同量的同种果胶酶，然后补充蒸馏水使 4 组试管内液体体积相同；E 组加入蒸馏水使试管中液体体积与实验组相同。将 5 组试管置于适宜温度下保温一定时间后，测定各组的出汁量。通过 A—D 组实验可比较不同实验组出汁量的差异。本实验中，若要检测加入酶的量等于 0 而其他条件均与实验组相同时的出汁量，E 组设计_____（填"能"或"不能"）达到目的，其原因是_____。

课题二　探讨加酶洗衣粉的洗涤效果

［素养目标］

说出加酶洗衣粉的洗涤原理；探讨温度对加酶洗衣粉洗涤的影响；探讨不同种类的加酶洗衣粉对同一污渍和不同污渍洗涤效果的区别。

［重难点击］

1．说出加酶洗衣粉的洗涤原理。

2．探讨温度对加酶洗衣粉洗涤的影响。

3．探讨不同种类的加酶洗衣粉对同一污渍和不同污渍洗涤效果的区别。

［学海导航］

1．通过阅读教材"基础知识"，掌握常用加酶洗衣粉的种类及洗涤原理。

2．结合教材"实验设计"，通过设计有关加酶洗衣粉的实验，掌握不同种类加酶洗衣粉的洗涤效果及影响因素。

3．结合教材"相关链接"，理解加酶洗衣粉的实际应用。

【导引】本课题探究的是加酶洗衣粉与普通洗衣粉洗涤效果的区别，以及不同的加酶洗衣粉对不同污渍洗涤效果的区别。本课题与现实生活比较接近，因此，具有较强的现实意义，同时，因为探究的结果可用于指导日常生活中衣物的洗涤，所以很容易激发学习兴趣。在开展本课题的研究时，不要只注重基本原理，而忽视了在现实生活中的作用。

一、加酶洗衣粉

·基础知识

夯实基础　突破要点

1．普通洗衣粉成分

①表面活性剂：吸附在界面上，降低水的表面张力，改变体系界面的状态，去除衣物污渍。

②水软化剂：防止水中的钙、镁离子造成阴离子表面活性剂失活，提高表面活性剂利用率。

③漂白剂：延缓衣物的泛黄程度。

④碱剂:最大限度地离子化纤维和污垢,易于污垢的水解和分散。

⑤香精和色素。

2.加酶洗衣粉

(1)概念

加酶洗衣粉是指含有酶制剂的洗衣粉。

(2)种类

①酶制剂的种类:常用的酶制剂有四类,即蛋白酶、脂肪酶、淀粉酶、纤维素酶。应用最广泛、效果最明显的是碱性蛋白酶和碱性脂肪酶。

②根据加入洗衣粉中酶制剂的不同,将其分为两种类型:单一型加酶洗衣粉和复合型加酶洗衣粉。前者是只加入一种酶制剂的洗衣粉,又可分为蛋白酶洗衣粉、脂肪酶洗衣粉、淀粉酶洗衣粉等。后者是加入了多种酶制剂的洗衣粉。

(3)去污机理

种　类	洗涤原理	洗涤实例
蛋白酶	①蛋白质 $\xrightarrow{\text{蛋白酶}}$ 可溶性氨基酸或小分子的肽	血渍、奶渍及各种食品类蛋白质污垢
脂肪酶	②脂肪 $\xrightarrow{\text{脂肪酶}}$ 甘油 + 脂肪酸	油渍、人体皮脂、口红
淀粉酶	③淀粉 $\xrightarrow{\text{淀粉酶}}$ 麦芽糖 + 葡萄糖	面条、巧克力等污垢
纤维素酶	使纤维的结构变得蓬松,从而使渗入到纤维深处的尘土和污垢能够与洗衣粉充分接触,达到更好的去污效果	棉麻类衣物的洗涤

(4)影响洗涤效果的因素

温度、酸碱度和表面活性剂。

3.生产方法

利用基因工程的方法生产出能够耐酸、耐碱、忍受表面活性剂和较高温度的酶。

4.优点

加酶洗衣粉降低了表面活性剂和三聚磷酸钠用量,使洗涤剂朝低磷、无磷的方向发展,减少了对环境的污染。

·疑难探讨

理解升华　重难透析

1.洗衣粉的去污原理

人们饮食中的蛋白质等大分子物质需要经消化酶消化为小分子物质才能被吸收。衣物的奶渍、油渍等是如何被加酶洗衣粉去除的呢?

2.加酶洗衣粉的使用

判断下列污渍适宜用含哪种酶制剂的加酶洗衣粉洗涤,并说明原因。

(1)血渍 $\begin{cases} 酶制剂: \\ 原因: \end{cases}$

(2)油渍 $\begin{cases} 酶制剂: \\ 原因: \end{cases}$

(3)粥渍 $\begin{cases} 酶制剂: \\ 原因: \end{cases}$

勇者
教育

3.加酶洗衣粉的优缺点

(1)从酶的特性角度分析,含蛋白酶的洗衣粉能否洗涤羊毛、蚕丝类衣物。

(2)从影响酶活性因素的角度分析,不同条件下的加酶洗衣粉的洗涤效果是否一定优于普通洗衣粉。

4.酶能直接添加到洗衣粉中吗? 为什么? 科学家是如何解决这一难题的?

【归纳总结】使用加酶洗衣粉时的注意事项

(1)碱性蛋白酶能使蛋白质水解,因此,蛋白质类纤维(羊毛、蚕丝等)织物就不能用加蛋白酶的洗衣粉来洗涤,以免受到破坏。

(2)使用加酶洗衣粉时,必须注意洗涤用水的温度。碱性蛋白酶在35~50 ℃时活性最强,在低温下或70 ℃以上就会失效。

(3)加酶洗衣粉不宜长期存放,存放时间过长会导致酶活性降低。

(4)加酶洗衣粉不宜与三聚磷酸盐共存,否则酶的活性就会丧失。

(5)添加了碱性蛋白酶的洗衣粉可以分解人体皮肤表面蛋白质,而使人患过敏性皮炎、湿疹等,因此,应避免与这类洗衣粉长时间接触。

·案例剖析

活学活用　巩固提升

【例1】关于酶和加酶洗衣粉的描述正确的是(　　)

A.蚕丝织物不能用蛋白酶洗衣粉来洗涤

B.加酶洗衣粉中的酶变性失活后,其洗涤效果也比普通洗衣粉好

C.加酶洗衣粉中的酶是从植物、霉菌、酵母菌、细菌等生物体内提取出来的

D.加酶洗衣粉因为额外添加了酶制剂,所以与普通洗衣粉相比更易污染环境

【例2】下列关于加酶洗衣粉的说法,不正确的是(　　)

A.加酶洗衣粉的洗涤效果总比普通洗衣粉的洗涤效果好

B.加酶洗衣粉洗涤效果的好坏受很多因素的影响

C.加酶洗衣粉中目前常用的酶制剂有蛋白酶、脂肪酶、淀粉酶和纤维素酶

D.加酶洗衣粉比普通洗衣粉更有利于环保

【拓展延伸】

(1)如果用加酶洗衣粉和普通洗衣粉分别洗涤被污染的布料,水温都过高,则加酶洗衣粉的洗涤效果会不会优于普通洗衣粉?

(2)被血渍或花生油污染的衣服,最好选择复合型加酶洗衣粉进行洗涤还是单一型加酶洗衣粉进行洗涤?

【方法链接】根据洗衣粉的成分判断洗涤效果

(1)普通洗衣粉的洗涤效果:取决于表面活性剂和水软化剂。

(2)加酶洗衣粉的洗涤效果:取决于酶、表面活性剂和水软化剂等。

(3)加酶洗衣粉中的酶失活后洗涤效果还不如普通洗衣粉,因为加酶洗衣粉中的表面活性剂和水软化剂比普通洗衣粉少。

二、实验设计

• 基础知识

1. 普通洗衣粉和加酶洗衣粉对衣物污渍的洗涤效果的区别

①对照实验：同种污渍＋$\begin{cases} 普通洗衣粉 \\ 加酶洗衣粉 \end{cases}$

②自变量：洗衣粉的种类。

③无关变量：水温、水量、水质、洗衣粉的用量、衣物的材质和大小、洗涤方式和时间等。

④生活经验不能代替科学实验。

2. 探究使用加酶洗衣粉的最适温度

①对照实验：不同温度的实验组之间形成相互对照。

②自变量：温度。

③设置温度梯度时要考虑实际生活中的具体情况。

3. 添加不同种类的酶的洗衣粉的洗涤效果的区别

（1）对照实验

①同种污渍＋不同种类的洗衣粉$\begin{cases} 蛋白酶洗衣粉 \\ 复合酶洗衣粉 \\ 普通洗衣粉 \end{cases}$

②同种洗衣粉＋不同污渍$\begin{cases} 油渍 \\ 汗渍 \\ 血渍 \end{cases}$

（2）自变量

洗衣粉的种类和污渍的种类。

4. 洗涤效果的判断

比较污染物的残留状况，如已消失、颜色变浅、面积缩小等。

• 疑难探讨

1. 实验变量控制

（1）探究普通洗衣粉和□□□□□□的不同时，如何控制变量？

（2）探究温度对加酶洗衣粉洗涤效果的影响时，应如何设置温度梯度？

（3）若测出在40 ℃时洗涤效果比其他条件下好，应如何设置温度梯度探究最适温度？

2. 实验过程分析

（1）布料和衣物哪个更适合作为洗涤材料？为什么？

（2）水的用量和洗衣粉的用量与布料的大小有什么关系？

3. 实验结果的分析

评判实验结果必须有一个客观标准，使用什么方法和标准判断洗涤效果？

【归纳总结】

(1)变量的分析和控制

①影响加酶洗衣粉洗涤效果的因素有水温、水量、水质,洗衣粉的用量和种类,衣物的材料、大小及浸泡时间和洗涤时间等。

②在探究用加酶洗衣粉洗涤的最佳温度的实验中,水温是要研究的对象,实验自变量是水温;在探究加酶洗衣粉与普通洗衣粉洗涤效果的实验中,实验自变量为洗衣粉的种类;在探究不同种类的加酶洗衣粉洗涤效果的实验中,实验自变量为加酶洗衣粉的种类。在设计实验时,应遵循单一变量原则和对照原则等。

(2)洗涤材料的选择

洗涤材料的选择也有一些讲究。选用布料作为实验材料比较可行。在设置对照实验时,可以控制布料的大小、颜色及污物的量,使其相同;同时,也便于比较洗涤效果。

·案例剖析

活学活用 巩固提升

【例3】某同学进行"加酶洗衣粉和普通洗衣粉的洗涤效果比较"课题研究,实验设计如下:

①设置两组实验,分别使用蛋白酶洗衣粉和复合酶洗衣粉

②两组实验的洗衣粉用量、被洗涤的衣物量、衣物质地、污染物性质和量、被污染的时间、洗涤时间、洗涤方式等全部相同,洗涤温度都为35 ℃

③根据污渍去除程度得出结论

这个实验设计中,错误的是(　　　　)

A.① 　　　　 B.①② 　　　　 C.② 　　　　 D.②③

【拓展延伸】

(1)如果将本题的实验目的改为"探究水质对加酶洗衣粉洗涤效果的影响",则实验的自变量和因变量又分别是什么? 步骤①要做怎样的调整?

(2)将本题中的洗涤温度改为90 ℃,则对实验结果会产生怎样的影响? 本实验中的实验结果可以用哪两种描述方法?

【例4】某同学用不同种类的洗衣粉进行了如下实验。请分析回答相关问题:

Ⅰ.实验一:

温度/ ℃	30	35	40	45	50	55
普通洗衣粉去污力/%	15	18	20	21	21.5	22
加酶洗衣粉去污力/%	30	40	48	50	48	37

(1)该实验的目的是探究＿＿。

(2)上述实验结果可以得出的结论是＿＿＿＿＿＿＿＿＿＿＿＿＿＿＿＿＿＿＿＿＿＿＿＿＿＿＿＿＿＿＿＿＿＿＿＿＿。

Ⅱ.实验二:探究复合酶洗衣粉和普通洗衣粉的洗涤效果是否存在差异。实验设计如下:

项 目	设计内容
对照	设置两组实验,分别使用蛋白酶洗衣粉和复合酶洗衣粉
变量控制	两组实验的洗衣粉用量、被洗涤的衣物量、衣物质地、污染物性质和量、被污染的时间、洗涤时间、洗涤方式等全部相同
结果观察	根据污渍去除程度得出结论

(3)该实验设计中有一处明显的错误,请指出:_____。

(4)修改后的实验最可能的实验结果是_____

(5)若要洗涤特别脏的衣服,请根据上述两个实验的研究结果,提出两项提高洗涤效果的措施:

①_____。

②_____。

(6)推广使用加酶洗衣粉代替含磷洗衣粉,有利于保护生态环境,这是因为_____

_____。

【拓展延伸】

(1)"实验一"中探究不同温度下加酶洗衣粉去污力时,可否先加酶后调整温度?并说明理由。

(2)"实验二"中控制"洗衣粉用量、洗涤时间、洗涤方式"等相同,为什么这样做?

·学习小结

归纳总结　构建网络

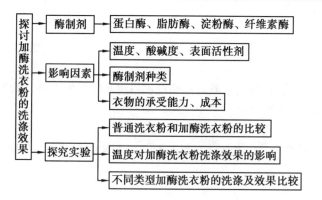

·达标检测

监测评价　达标过关

1. 下列关于加酶洗衣粉的说法,错误的是(　　　)

A. 蚕丝织物不能用蛋白酶洗衣粉来洗涤

B. 洗衣粉中的蛋白酶对皮肤和所有衣物无刺激作用

C. 使用加酶洗衣粉时要特别注意水温

D. 加酶洗衣粉有保质期

2. 用加酶洗衣粉洗涤衣物时,下列说法正确的是(　　　)

A. 可用加酶洗衣粉洗涤毛料衣服

B. 水温太低,洗衣粉中的酶丧失活性后不能再恢复

C. 一般先用热水泡开,然后调至适宜温度

D. 使用添加了碱性蛋白酶的洗衣粉洗衣服后应立即冲洗双手

3. 在探究不同种类加酶洗衣粉洗涤效果的实验中,下列关于控制无关变量的说法正确的是(　　　)

①两种洗衣粉的用量相同;②被洗涤的布料及污渍状态相同;③洗涤所用的水量及水温(一般为常温)相同;④浸泡和洗涤的时间相同;⑤加入适量的复合酶洗衣粉。

A. ①②③④　　　　　B. ①②③⑤　　　　　C. ②③④⑤　　　　　D. ①③④⑤

4. 某生物兴趣小组进行了"加酶洗衣粉最适温度的测量"实验,下表是他们记录的不同温度下除去不同污渍所需时间对照表,请依据表中数据作答:

勇者
教育

不同温度下去除不同污渍所需的时间/min

污渍	温度/℃							
	80	5	20	30	40	50	60	70
植物油	48	39	30	20	17	11	12	20
蓝墨水	93	86	80	72	68	67	81	105
奶渍	48	43	28	12	6	4	12	17

(1)要达到最佳洗涤效果,使用加酶洗衣粉的最适温度范围是_____。

(2)在适宜温度范围内,加酶洗衣粉对衣物上的_____的洗涤效果最佳,对_____的洗涤效果最差,其原因是_____。

(3)羊毛、蚕丝等织物_____(填"能"或"不能")用加酶洗衣粉洗涤,因为_____。

课时对点练

【基础过关】

1.影响加酶洗衣粉洗涤效果的因素不包括(　　)

A.温度　　　　　B.pH　　　　　C.表面活性剂　　　　　D.光照

2.在探究不同温度对加酶洗衣粉洗涤效果的影响时,往往采用同一型号的小容量自动洗衣机洗涤衣物,其原因是(　　)

A.便于更好地控制变量　B.洗涤时间短　　　C.洗涤时更省力　　　　D.可洗涤的衣物多

3.下列关于加酶洗衣粉的说法,错误的是(　　)

A.洗衣粉中的酶是人工合成的无机催化剂

B.洗衣粉中的酶是生物工程的产物

C.加酶洗衣粉有保质期,时间长了,酶活性会降低或丧失

D.加酶洗衣粉中磷的含量比普通洗衣粉低

4.蛋白酶能分解其他蛋白质类的酶,但洗衣粉中,蛋白酶并没有将其他几种酶分解掉,以下解释正确的是(　　)

A.蛋白酶处于抑制状态

B.其他几类酶不是蛋白质类

C.蛋白酶具有识别作用,不分解具有酶作用的蛋白质

D.缺少水环境并且各种酶在添加前已作了保护性修饰

5.加酶洗衣粉中的"酶"有多种,对各种污渍要根据不同的情况选用不同的加酶洗衣粉,主要原因是(　　)

A.酶具有多样性　　　B.酶具有高效性　　　C.酶具有专一性　　　　D.酶易受环境影响

6.市场上有一种加酶洗衣粉,即在洗衣粉中加入少量的碱性蛋白酶,它的催化活性很强,衣物上的汗渍、血渍以及人体排泄的蛋白质等遇到它,皆能被水解而除去。下列衣物中不能用该加酶洗衣粉洗涤的是(　　)

①棉织品;②毛织品;③腈纶织品;④蚕丝织品;⑤涤纶织品;⑥尼龙织品。

A.①②③　　　　B.③④⑤　　　　C.④⑤⑥　　　　D.②④

【能力提升】

7.有人设计实验探究加酶洗衣粉是否能提高去污力并优于普通洗衣粉,实验分为两组,一组衣物用加酶洗衣粉洗涤,另一组衣物用普通洗衣粉洗涤,该实验设计缺少(　　)

A.用加酶洗衣粉洗涤和用适量普通洗衣粉洗涤的对照

B.既不用加酶洗衣粉洗涤也不用普通洗衣粉洗涤(即只用清水)的对照

C.用普通洗衣粉洗涤和用少量加酶洗衣粉洗涤的对照

D.用少量普通洗衣粉洗涤和用大量加酶洗衣粉洗涤的对照

8.某种生物活性洗衣粉包装袋上印有以下资料,下列对资料中的信息理解错误的是(　　)

成　分	用　法
蛋白酶0.2%	①洗涤前先将衣服浸于溶有洗衣粉的水中数小时;
清洁剂15%	②使用温水效果最佳,切勿使用60 ℃以上的水。

①这种洗衣粉较易清除衣服上的蛋清污渍;②在60 ℃以上的水中,蛋白酶会失去活性;③该洗衣粉可洗涤有各种污渍的衣料;④该蛋白酶能够水解各种蛋白质。

A.①②　　　　　　B.③④　　　　　　C.①④　　　　　　D.②③

9.下列关于"探究加酶洗衣粉和普通洗衣粉的洗涤效果"的叙述,合理的是(　　)

A.先用热水溶解洗衣粉,再将水温调节到最适温度

B.实验的观察指标可以是相同洗涤时间内污渍的残留程度

C.相同 pH 时加酶洗衣粉洗涤效果好于普通洗衣粉

D.衣物质地和洗衣粉用量不会影响实验结果

10.下列关于加酶洗衣粉的叙述,正确的是(　　)

①加酶洗衣粉能将衣服上的蛋白质、脂肪等水解成溶于水的小分子物质;②加酶洗衣粉最常用的酶制剂是碱性蛋白酶和碱性脂肪酶;③使用加酶洗衣粉时一般先用沸水浸开,然后调至适宜温度;④使用加酶洗衣粉可减少对环境的污染;⑤加酶洗衣粉的酶通过特殊的化学物质将其层层包裹,遇水后溶解;⑥实际生活中,用加酶洗衣粉时水温在25～35 ℃较适宜;⑦温度过高或过低均不宜用加酶洗衣粉;⑧使用加酶洗衣粉时应注意衣服的承受能力。

A.①②③④⑤⑥⑦⑧　　　　　　　　　B.①②④⑤⑥⑦⑧

C.①②③④⑤⑥⑦　　　　　　　　　　D.①②③④⑤⑦⑧

11.随着生物技术的发展,酶在社会生产、生活中的应用越来越广泛。下列说法不正确的是(　　)

A.利用酶生产某些化工产品,能显著降低能耗、减少污染,节约成本

B."加酶洗衣粉"的洗涤效果与水温、酸碱度有关,与污物或衣物的性质无关

C.用于治疗消化不良症的肠溶多酶片含有多种消化酶,但嚼服后会失去疗效

D.为较长时间保持酶活性,各种酶制剂都应保存在低温的条件下

12.洗衣粉是人们日常生活所必需的,有位同学对加酶洗衣粉的作用很感兴趣,为此做了以下探究实验。

实验过程:①用天平称取加酶洗衣粉若干份,每份5 g。

②制作被牛奶(主要含蛋白质、脂肪)和蓝墨水[主要成分:阿拉伯树胶(植物纤维)、鞣酸与硫酸亚铁]处理过的同一布料若干份(污渍大小以滴管滴数为准)。

③取2只500 mL烧杯,依次编号为A、B,分别加入200 mL水和一份已称好的洗衣粉,放入10 ℃水浴锅中,并且搅拌。

④取被牛奶和蓝墨水处理过的布料各一份,分别同时放入烧杯中,用玻璃棒搅拌并用秒表记录除去污渍所需时间。

然后,分别以水浴锅温度依次为20 ℃、30 ℃、40 ℃、50 ℃、60 ℃、70 ℃、80 ℃,重复步骤③④,记录除去污渍所需要的时间,结果如下表。

不同温度下除去不同污渍所需时间/ min

水温/ ℃	10	20	30	40	50	60	70	80
奶 渍	48	43	28	12	6	4	12	17
蓝墨水	93	86	80	72	68	67	81	105

(1)请以温度为横坐标,酶促反应速度为纵坐标画出除去奶渍实验的大致情况图:

(2)解释在同一水温下除去两种污渍所需时间不同的可能原因是＿＿＿＿＿＿＿＿。

(3)此加酶洗衣粉不适宜洗涤下列哪些衣料?　＿＿＿＿＿＿＿＿＿。

①棉织品;②毛织品;③腈纶织品;④蚕丝织品;⑤涤纶织品;⑥锦纶织品

(4)请你为上述探究实验命题。＿＿＿＿＿＿＿＿＿＿。

(5)上述探究过程(①至④)隐含了科学探究的＿＿＿＿＿＿＿＿＿＿和＿＿＿＿＿＿＿＿＿＿两个步骤。

(6)上述实验涉及两项对照关系,一项是针对＿＿＿＿＿＿＿＿＿的成分对照,另一项是针对＿＿＿＿＿＿＿＿的条件对照。这里的条件对照与一般实验空白对照的区别是＿＿＿＿＿＿＿＿＿＿＿＿＿＿＿＿＿＿。

13.某工厂生产了一种加酶洗衣粉,其包装袋上印有如下说明。

成分:含碱性蛋白酶等。

用法:洗涤前先将衣服浸于洗衣粉水内数小时,使用温水效果最佳。

注意:切勿用于丝质及羊毛衣料,用后彻底清洗双手。

请回答下列问题:

(1)质检局针对该洗衣粉设计了如图所示装置进行实验。

该实验的目的是＿＿＿＿＿＿＿＿＿＿＿＿＿＿＿＿＿＿＿＿＿。

(2)一学生为探索该洗衣粉中酶催化作用的最适温度,参考上述(1)的实验材料及方法进行了如下实验,并把结果用曲线图A、B表示。

①由图可知,使用该加酶洗衣粉的最适温度约为＿＿＿＿＿＿＿＿＿。

②在0 ℃和75 ℃时,酶的催化效率基本都降为零,但温度再度回到45 ℃,后者的催化作用已不能恢复,这是因为＿＿＿＿＿＿＿＿＿＿＿＿＿＿＿＿＿＿＿＿＿＿＿＿＿＿＿＿＿＿。

③该学生在实验过程中可通过观察＿＿＿＿＿＿＿＿＿来判断酶的催化效率。

(3)该加酶洗衣粉的去污原理是＿＿＿＿＿＿＿＿＿＿＿＿＿＿＿＿＿＿＿＿＿＿＿＿。

(4)大力推广使用加酶洗衣粉代替含磷洗衣粉,有利于生态环境保护,这是因为＿＿＿。

【高考体验】

14.(2014·江苏,18)下列关于加酶洗衣粉的叙述,正确的是(　　　)

A.高温易使酶失活,因此冷水洗涤去污效果应该比温水好

B.洗衣粉中表面活性剂对碱性蛋白酶活性有一定的促进作用

C.在 pH 值低于7.0 的自来水中,碱性蛋白酶依然能起作用

D.洗衣粉中酶主要通过快速分解溶在水里的污渍发挥作用

15.(2016·海南,30)回答下列问题:

(1)蛋白酶甲、乙、丙三者的活性随 pH 的变化如图所示。通常,用清水洗涤衣服上的新鲜血迹时,不应该使用开水,原因是＿＿＿＿＿＿＿＿＿。

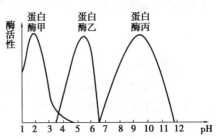

若要去除衣服上的血渍,应选择含有_____(填"蛋白酶甲""蛋白酶乙"或"蛋白酶丙")的碱性洗衣粉,理由是_____。

(2)某同学为了洗去衣服上的油渍,洗衣时在市售的蛋白酶洗衣液中添加脂肪酶,该同学的做法_____(填"合理"或"不合理"),理由是_____。

(3)已知溶液 pH 可以影响酶活性,请推测 pH 影响某种蛋白酶活性的原因可能是其影响了酶和底物分子中_____(填"羧基和氨基""氨基和甲基""羧基和甲基"或"甲基和甲基")等基团的解离。

·课外阅读

自主研修　拓展视野

1. 家用洗衣粉的成分及作用

家用洗衣粉和其他各种家用洗涤剂的成分基本相同,主要含有表面活性剂、水软化剂、碱剂、漂白剂和香精等成分。

表面活性剂:洗衣粉的主要成分。表面活性剂有阴离子、阳离子、非离子和两性离子等四大类,但用于洗涤的表面活性剂则以阴离子和非离子为主。最普通、最传统的阴离子表面活性剂就是人类使用了几百年的肥皂(高级脂肪酸钠)。合成洗涤工业问世之后,使用最普遍的是十二烷基苯磺酸钠,非离子表面活性剂应用最广泛的是聚氧乙烯醚类。

水软化剂:可防止水中的钙、镁离子造成的阴离子表面活性剂失活,提高表面活性剂利用率。三聚磷酸钠是最常用的一种水软化剂,它具有软化水质、分散污垢、缓冲碱剂及抗结块性能等特点,三聚磷酸钠广泛应用于各种洗衣粉中。无磷洗衣粉中不含有三聚磷酸钠。

碱剂:在适当的碱度下,纤维和污垢可被最大限度地离子化,更易于污垢的水解和分散。一般洗衣粉配方中都含有纯碱和硅酸钠,其中硅酸钠还具有使污垢颗粒悬浮、防止再沉积的作用。

漂白剂:某些洗衣粉中含有过硼酸钠一类的漂白剂,可以延缓衣物的泛黄程度,但对衣物有一定的损伤。

酶:洗衣粉中一般添加了蛋白酶、淀粉酶、脂肪酶和纤维素酶等。酶是一种专一性的生物催化剂,蛋白酶可以催化水解肉、蛋和奶渍,淀粉酶可以催化水解酱、粥等污渍,脂肪酶可以催化水解各类动植物油脂和人体皮脂腺分泌物及化妆品污垢,纤维素酶可使织物增艳(新)、去除颗粒性污垢,但过量使用会损伤棉、麻等天然纤维织物。

增白剂:丝、棉、毛类等天然纤维的浅色衣物容易变黄,加入增白剂后,它能够留存在衣物上,吸收阳光中的紫外线,反射出与黄光互补的蓝色光线,从而掩盖了衣物上的黄色。

香精和色素:改善洗衣粉的气味和外观,给人清新愉悦的感受,并掩盖某些化学成分的异味。

2. 加酶洗衣粉

加酶洗衣粉就是在合成洗衣粉中,加入 0.2% ~0.5% 的酶制剂制成的。在洗衣粉中添加的酶的种类很多,如蛋白酶、淀粉酶、脂肪酶和纤维素酶等。我国在洗衣粉中添加的酶最主要的是碱性蛋白酶。这种酶能耐碱性条件,而且耐储存,对皮肤、衣物没有刺激和损伤作用。碱性蛋白酶能使蛋白质水解成可溶于水的多肽和氨基酸。衣物上附着的血渍、汗渍、奶渍、酱油渍等污物,都会在碱性蛋白酶的作用下,结构松弛、膨胀解体,稍加搓洗,污迹就会从衣物上脱落。

使用加酶洗衣粉时必须注意以下几点:①碱性蛋白酶能使蛋白质水解,因此,蛋白质类纤维(羊毛、蚕丝等)织物就不能用加酶洗衣粉洗涤,以免纤维受到破坏;②使用加酶洗衣粉时,必须注意洗涤用水的温度。碱性蛋白酶在 35~50 ℃时活性最强,在低温下或 70 ℃以上就会失效;③加酶洗衣粉也不宜长期存放,存放时间过长会导致酶活力损失;④加酶洗衣粉不宜与三聚磷酸盐共存,否则酶的活性就会丧失;⑤添加了碱性蛋白酶的洗衣粉可以分解人体皮肤表面蛋白质,使人患过敏性皮炎、湿疹等,因此,应避免与这类洗衣粉长时间地接触。

课题三　酵母细胞的固定化

[素养目标]

1. 说出固定化酶和固定化细胞的作用和原理。

2. 尝试制备固定化酵母细胞,并利用固定化酵母细胞进行酒精发酵。

[重难点击]

1.说出固定化酶和固定化细胞的作用和原理。

2.尝试制备固定化酵母细胞,并利用固定化酵母细胞进行酒精发酵。

[学海导航]

1.阅读教材"课题背景",了解在应用酶的过程中存在的实际问题及解决办法。

2.通过阅读教材,了解高果糖浆及生产高果糖浆的固定化酶技术。

3.结合教材,掌握固定化技术的方法并能根据材料的不同选用适合的固定方法。

4.阅读教材"实验操作",掌握实验"酵母细胞的固定化"的操作过程,达到能够进行实际操作的水平。

【导引】如今,酶已经大规模地应用于食品、化工、轻纺、医药等各个领域。在应用酶的过程中,人们发现了一些实际问题:酶通常对强酸、强碱、高温和有机溶剂等条件非常敏感,容易失活;溶液中的酶很难回收,不能被再次利用,提高了生产成本;反应后酶混在产物中,可能影响产品质量。于是,有人设想:将酶固定在不溶于水的载体上,使酶既能与反应物接触,又能与产物分离,同时,固定在载体上的酶还可以被反复利用。现代的固定化酶技术已完全实现了这一设想。高果糖浆的生产就是固定化酶技术成功地应用于工业生产的实例。酶是由细胞合成的,于是,又有人设想:将合成酶的细胞直接固定。自20世纪70年代,在固定化酶技术的基础上,又发展出了固定化细胞技术。与固定化酶技术相比,固定化细胞制备成本更低,操作更容易。本课题中,我们将动手制备固定化酵母细胞,体会固定化酶的作用。

一、固定化酶和固定化细胞技术

·基础知识

夯实基础 突破要点

1.固定化酶的应用实例——高果糖浆的生产

(1)反应原理

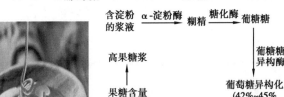

葡萄糖 ——葡萄糖异构酶→ 果糖

含淀粉的浆液 —α-淀粉酶→ 糊精 —糖化酶→ 葡糖糖

葡糖糖 —葡糖糖异构酶→ 葡萄糖异构化(42%~45%转化成果糖)

果葡糖浆 —果糖和葡萄糖分离→ 葡萄糖再次异构化

高果糖浆 果糖含量70%~90% ←反复多次

(2)生产过程

将葡萄糖异构酶固定在颗粒状载体上

↓

放入底端装有分布着许多小孔的筛板的反应柱内(酶颗粒不能通过,反应液能通过)

↓

葡萄糖溶液从反应柱的上端注入

↓

葡萄糖溶液流过反应柱

↓

与固定化葡萄糖异构酶接触,转化成果糖

↓

果糖从反应柱的下端流出

2.固定化酶和固定化细胞技术

（1）概念

利用物理或化学方法将酶或细胞固定在一定空间内的技术。

（2）常用的几种固定方式

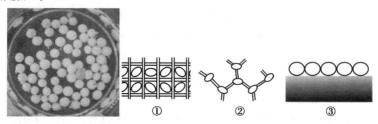

①包埋法：将酶或者细胞包埋在不溶于水的多孔性载体中。

②化学结合法：将酶或者细胞相互连接或者结合到载体上。

③物理吸附法：将酶或者细胞吸附到载体表面。

（3）优点

①固定化酶：酶既能与反应物接触，又能与产物分离，可以反复利用。

②固定化细胞：与固定化酶技术相比，固定化细胞制备成本更低，操作更容易。

（4）固定化酶和固定化细胞的比较

比较项目	固定化酶	固定化细胞
固定对象	酶	细胞
适宜固定法	化学结合法、物理吸附法	包埋法
特 点	体积小，固定一种酶。使用包埋法容易从包埋材料中漏出	体积大，固定一系列酶。难用化学结合法和物理吸附法

·疑难探讨

理解升华　重难透析

1.固定化酶和固定化细胞的原理

(1)根据教材"高果糖浆的生产"分析固定化酶依据的原理及优点。

(2)固定化细胞多采用哪种方法？该方法的原理与优点是什么？

2.固定化酶和固定化细胞的特点分析

（1）一种酶只能催化一种或一类化学反应,而在实际生产中很多产物的形成都需要通过一系列的酶促反应才能进行,怎样解决这一问题？

（2）固定化酶与固定化细胞所固定的酶种类有何区别？

（3）固定化酶和固定化细胞活性的维持需要的条件有何异同？

【归纳总结】固定化酶和固定化细胞的两个区别

（1）固定方法的区别

①在实际应用中,酶更适合用化学结合法和物理吸附法固定,原因是酶分子小,容易被多孔性物质吸附,更适合与化学物质结合,容易从包埋材料中漏出。

②细胞体积大难以吸附或结合,因而细胞多采用包埋法固定。

（2）催化作用的区别

固定化细胞操作更容易,对酶活性的影响更小,可以催化一系列反应,但是,由于大分子物质难以自由通过细胞膜,因此固定化细胞的应用也受到限制。所以,催化的反应物为大分子物质时,最好选用固定化酶技术。

· 案例剖析

活学活用　巩固提升

【例1】下列关于固定化酶和固定化细胞的说法,不正确的是(　　　)

A. 固定化酶和固定化细胞技术的固定方法包括包埋法、化学结合法和物理吸附法

B. 固定化酶更适合采用化学结合法和物理吸附法

C. 由于细胞体积大,而酶分子很小,因此细胞多采用物理吸附

D. 反应物是大分子物质应采用固定化酶

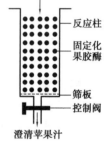

【拓展延伸】

果汁的生产需要果胶酶,用酶固定法可以提高果胶酶的利用率（如右图）。图中果胶酶的固定化适合采用哪种方法?

【例2】如今,固定化酶与固定化细胞技术已经大规模地应用于各个生产领域。

（1）在实际生产中,固定化酶技术能节约成本的原因是＿＿＿＿＿＿＿＿＿＿＿＿＿。

与固定化酶技术相比,固定化细胞固定的是＿＿＿＿＿＿＿＿＿＿＿＿＿＿＿。

（2）填写下列三种固定化酶的方法:①是＿＿＿＿＿＿＿＿＿＿,②是＿＿＿＿＿＿＿＿＿＿,

③是＿＿＿＿＿＿＿＿＿＿。

（3）制备固定化酵母细胞时,常用的包埋材料是＿＿＿＿＿＿＿＿＿＿,该载体的特点是＿＿＿＿＿＿＿＿＿＿＿＿。

【拓展延伸】

（1）题中图①和②所示的方法是否适于固定化酵母细胞? 为什么?

（2）题中图③所示的方法用于固定化酶时有何缺点?

【方法链接】固定化酶与固定化细胞技术的选择方法

（1）根据固定方法选择

①固定化酶技术:由于酶分子较小,可以采用物理吸附法和化学结合法进行固定,它催化的是单一的化学反应。

②固定化细胞技术:细胞一般体积较大,适合用包埋法固定,而且细胞能够产生多种酶,因此固定化细胞可以催化一系列化学反应。

（2）根据反应液中加入物质选择

①在固定化酶技术的应用过程中,反应溶液中只需要加入酶的底物。

②在固定化细胞技术的应用过程中,要保持细胞的正常生命活动,反应溶液中除需加入反应的底物外,还应加入满足细胞生命活动所需要的营养物质等。

（3）根据反应的特点选择

①固定化酶技术可以催化的反应物是小分子或大分子。

②固定化细胞技术则只能催化小分子反应物。

二、实验操作

·基础知识

1.制备固定化酵母细胞

①固定方法：包埋法。

②常用载体：一些不溶于水的多孔性载体，如明胶、琼脂糖、海藻酸钠、醋酸纤维素和聚丙烯酰胺等。

③实验操作：

酵母细胞的活化　　溶化海藻酸钠　　海藻酸钠液与细胞混合　　　固定化酵母细胞

酵母细胞的活化

↓

配制物质的量浓度为 0.05 mol/L 的 $CaCl_2$ 溶液

↓

配制海藻酸钠溶液

↓

海藻酸钠溶液与酵母细胞混合

↓

固定化酵母细胞

2.用固定化酵母细胞发酵

将固定好的酵母细胞（凝胶珠）用蒸馏水冲洗 2~3 次

↓

将 150 mL 质量分数为 10% 的葡萄糖溶液转移到锥形瓶中

↓

加入固定好的酵母细胞（凝胶珠）

↓

置于 25 ℃下发酵 24 h

↓

观察是否有气泡产生，闻闻是否有酒味

固定化酵母细胞发酵普通糖

·疑难探讨

1.实验过程分析

（1）用于固定酵母细胞的载体是什么？载体的浓度越高固定效果就越好吗？

（2）配制海藻酸钠时，小火或间断加热并不断搅拌的目的是什么？

（3）为什么要等海藻酸钠溶液冷却后才加入酵母细胞？

2.实验结果分析

（1）若凝胶珠颜色过浅或呈白色，你知道是什么原因造成的吗？

（2）若凝胶珠不呈圆形或椭圆形，你知道是什么原因造成的吗？

（3）利用固定的酵母细胞发酵产生酒精，当观察到哪些现象时，可以说明实验获得成功？

【归纳总结】固定化酵母细胞的三个注意事项

（1）溶化海藻酸钠，应小火加热或间断加热，直到海藻酸钠完全溶化，以防加热过快导致海藻酸钠焦糊。

（2）制备固定化酵母细胞时，加入酵母细胞的海藻酸钠溶液不能直接"注入"而应缓慢"滴入"$CaCl_2$溶液中，使刚形成的凝胶珠在$CaCl_2$溶液中浸泡一段时间，以便形成稳定的结构。

（3）要控制好海藻酸钠的浓度。如果海藻酸钠浓度过高，将很难形成凝胶珠；如果浓度过低，形成的凝胶珠所包埋的酵母细胞的数目少，影响实验效果。

·案例剖析

活学活用　巩固提升

【例3】关于固定化酵母细胞制备过程的叙述，正确的是（　　）

A.为使酵母菌活化，应让干酵母与自来水混合并搅拌

B.用小火或间断加热可防止海藻酸钠溶液焦糊

C.向刚溶化好的海藻酸钠溶液中加入已活化的酵母细胞，充分搅拌并混合均匀

D.将与酵母细胞混匀的海藻酸钠溶液倒入$CaCl_2$溶液中，会观察到$CaCl_2$溶液中有圆形或椭圆形的凝胶珠形成

【例4】下面是制备固定化酵母细胞的实验步骤，请回答下列问题：

酵母细胞的活化→配制$CaCl_2$溶液→配制海藻酸钠溶液→海藻酸钠溶液与酵母细胞混合→固定化酵母细胞

（1）在＿＿＿＿＿＿＿状态下，微生物处于休眠状态。活化就是让处于休眠状态的微生物重新恢复＿＿＿＿＿＿＿状态。活化前应选择足够大的容器，因为酵母细胞活化时＿＿＿＿＿＿＿。

（2）固定化细胞技术一般采用包埋法，而固定化酶常用＿＿＿＿＿＿＿和＿＿＿＿＿＿＿。

（3）本实验的关键步骤是＿＿＿＿＿＿＿。

（4）海藻酸钠溶化过程中的注意事项是＿＿＿＿＿＿＿
＿＿＿＿＿＿＿。

（5）如果海藻酸钠浓度过低，形成的凝胶珠所包埋的酵母细胞数目＿＿＿＿＿＿＿。如果形成的凝胶珠不是圆形或椭圆形，说明＿＿＿＿＿＿＿。

（6）该实验中$CaCl_2$溶液的作用是＿＿＿＿＿＿＿。

【拓展延伸】

（1）固定酵母细胞的过程中三次使用到蒸馏水，请说出是哪三个环节？

（2）本题中固定酵母细胞使用了海藻酸钠，除此之外固定细胞还可以使用哪些固定化材料？

（3）制备好的固定化酵母细胞可以用于酒精发酵，如果酵母细胞没有活化或溶化好的海藻酸钠溶液没有冷却就加入了酵母细胞，则会对酒精发酵产生怎样的影响？

·学习小结

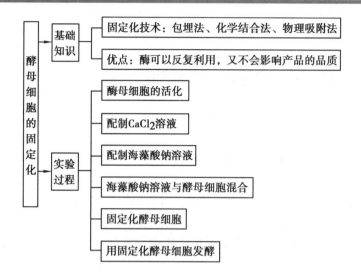

·达标检测

1.下列属于固定化酶应用特点的是(　　)

①可以被反复利用;②有利于酶与产物分离;③能自由出入载体;④一种固定化酶只催化一种酶促反应;⑤酶多用包埋法固定化。

A.①②③　　　　　　B.③⑤　　　　　　C.①②④　　　　　　D.①②⑤

2.下列关于使用固定化酶技术生产高果糖浆的说法,正确的是(　　)

A.高果糖浆的生产需要使用果糖异构酶

B.在反应柱内的顶端装上分布着许多小孔的筛板,防止异物进入

C.将葡萄糖溶液从反应柱的上端注入,果糖从反应柱下端流出

D.固定化酶技术复杂,成本较高

3.下图所示的几种固定方式中属于包埋法的一组是(　　)

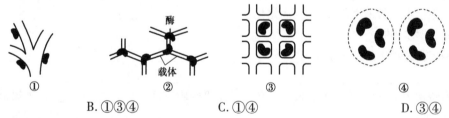

A.①②　　　　　　B.①③④　　　　　　C.①④　　　　　　D.③④

4.下列有关固定化酶和固定化细胞的说法不正确的是(　　)

A.固定化酶活性的发挥需要适宜的温度和 pH

B.固定化细胞发挥作用除了需要适宜的温度和 pH 外,还需要有机营养

C.固定化酶和固定化细胞的共同点是所固定的酶都在细胞外起作用

D.固定化酶和固定化细胞都能反复使用,但酶的活性可能下降

5.如图所示,图甲为人工种子生产过程示意图,图乙为图甲中③过程的相关操作。请据图回答问题:

(1)图甲中,过程①、②分别称为_____、_____。

(2)图乙中,包埋形成人工种子的过程中,先适当加热使海藻酸钠溶化,然后将溶化的海藻酸钠溶液_____,再加入

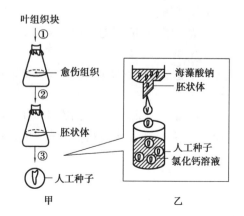

_____充分搅拌混合均匀。

(3)若用图乙的方法"制备固定化酵母细胞",海藻酸钠溶液的浓度对实验结果影响较大,若浓度过高,则_____,通常评价该实验结果主要是观察凝胶珠的_____。

·课时对点练

注重双基　强化落实

【基础过关】

1.下列关于固定化酶和固定化细胞技术的叙述,正确的是(　　)

A.固定化细胞技术在多步连续催化反应方面优势明显

B.在固定化酶的应用中,要控制好pH、温度和溶解氧

C.利用固定化酶降解水体中有机磷农药,需提供适宜的营养条件

D.利用固定化酵母细胞进行发酵,糖类的作用只是作为反应底物

2.固定化细胞技术与固定化酶技术相比,所具备的特点是(　　)

A.成本更低、操作更容易、不能连续性生产

B.成本更高、操作更难、不能连续性生产

C.成本更低、操作更容易、能连续性生产

D.成本更低、操作更难、能连续性生产

3.目前,酶已经大规模地应用于各个领域,下列属于应用中面临的实际问题的是(　　)

A.酶通常对强酸、强碱、高温非常敏感,但对有机溶剂不敏感

B.酶的结构比较稳定,所以催化功能很强

C.酶直接用于生产时可能会混在产物中,影响产品的质量

D.直接用于生产中的酶可以多次利用

4.下面是制备固定化酵母细胞的步骤,正确的是(　　)

①配制 $CaCl_2$ 溶液;②海藻酸钠溶化;③海藻酸钠溶液与酵母细胞混合;④酵母细胞的活化;⑤固定化酵母细胞

A.①②③④⑤　　　　B.④①③②⑤　　　　C.④⑤②①③　　　　D.④①②③⑤

5.下列关于制备固定化酵母细胞的操作,正确的是(　　)

A.制备好海藻酸钠溶液后,要立即将其与酵母细胞混合以防凝固

B.制备固定化酵母细胞的过程中需用到注射器

C.以恒定的速度把混合液注射到 $CaSO_4$ 溶液中

D.凝胶珠在 $CaCl_2$ 溶液中应浸泡 10 min 左右

6.下列关于配制海藻酸钠溶液的叙述中,不正确的是(　　)

A.加热使海藻酸钠溶化是操作中最重要的一环

B.海藻酸钠溶液的浓度关系到固定化细胞的质量

C.海藻酸钠溶液的浓度过高时,易形成凝胶珠

D.海藻酸钠溶液的浓度过低时,形成的凝胶珠内包埋的酵母细胞过少

【能力提升】

7.固定化酵母细胞在发酵生产中得到了广泛应用,下列有关叙述正确的是(　　)

A.利用固定化酵母细胞发酵,发酵液浓度不宜过高

B.制备固定化酵母细胞时,形成的凝胶珠越大越好,越硬越好

C.固定化的酵母细胞不能繁殖,性状较为稳定

D.酵母细胞固定化是为了提高发酵速度

8.关于固定化酶的说法中,正确的是(　　)

A.固定化酶的种类多样,可催化一系列的酶促反应

B.酶被固定在不溶于水的载体上,可反复利用

C. 酶作为催化剂,反应前后结构不改变,所以固定化酶可永远利用下去

D. 固定化酶由于被固定在载体上,所以丧失了酶的高效性和专一性特点

9. 右图表示某同学进行的澄清苹果汁生产实验,下列相关叙述正确的是(　　)

A. 实验中所用的固定化果胶酶由海藻酸钠直接包埋获得

B. 为防止杂菌污染,图示装置制作完毕后应瞬间高温灭菌

C. 通过控制阀调节苹果汁流出的速率,保证反应充分进行

D. 固定化果胶酶不可重复使用,每次生产前应重新填装反应柱

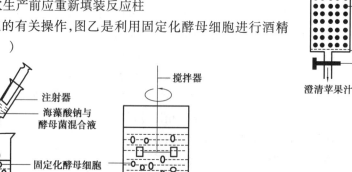

10. 如图甲表示制备固定化酵母细胞的有关操作,图乙是利用固定化酵母细胞进行酒精发酵的示意图,下列叙述不正确的是(　　)

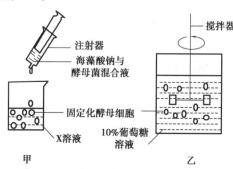

A. 刚溶化的海藻酸钠应迅速与活化的酵母菌混合制备混合液

B. 图甲中 X 溶液为 $CaCl_2$ 溶液,其作用是使海藻酸钠形成凝胶珠

C. 图乙发酵过程中搅拌的目的是使培养液与酵母菌充分接触

D. 图甲中制备的凝胶珠用蒸馏水洗涤后再转移到图乙装置中

11. 根据材料,回答下列问题:

材料　科学家发现,几乎所有的酶都可以在各种不同的微生物中找到,而微生物有繁殖快、产量高等优点,所以微生物成了酶制剂的主要原料。从 20 世纪 70 年代开始,人们找到了一种方法可以设计连续操作的生物反应系统,即固定化酶。科学家将酶或生产酶的细菌以一定的方法固定在某种载体上,并让生产原料从载体的一头流入,产品从载体的另一头流出,这样酶就可以重复使用。酶工程具有简便易行、见效迅速、耗能低、废物少等优点。

(1)以上材料体现了科学技术的发展是不断提出问题和解决问题的动态过程,介绍了从＿＿＿＿＿＿＿＿到＿＿＿＿＿＿＿＿＿,再到＿＿＿＿＿＿＿＿＿的发展过程。

(2)请列举固定化酶技术的应用实例。

＿＿＿＿＿＿＿＿＿＿＿＿＿＿＿＿＿＿＿＿＿＿＿＿＿＿＿＿＿＿＿＿＿＿＿＿＿＿。

(3)固定化酶在生产实践中的优点有＿＿＿＿＿＿＿＿＿＿＿＿＿＿＿＿＿＿＿＿＿＿＿＿＿＿

＿＿＿＿＿＿＿＿＿＿＿＿＿＿＿＿＿＿＿＿＿＿＿＿＿＿＿＿＿＿＿＿＿＿＿＿＿＿。

(4)固定化酶和固定化细胞技术通常采用的固定方法有＿＿＿＿＿＿、＿＿＿＿＿＿＿、＿＿＿＿＿。

12. 如图为固定化酵母细胞及其应用的相关图解,请据图回答下列问题:

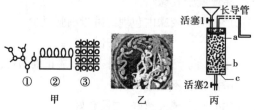

(1)某生物小组利用海藻酸钠制备固定化酵母细胞,应使用图甲中方法 [　　]＿＿＿＿＿＿＿＿(填号码及名称),而制备固定化酶则不宜用此方法,原因是＿＿＿＿＿＿＿＿＿＿＿＿＿＿＿＿＿＿＿。

(2)部分同学制得的凝胶珠如图乙所示,其原因可能是＿＿＿＿＿＿＿＿＿＿＿、＿＿＿＿＿＿＿＿＿等。观察形成的凝胶珠的颜色和形状,如果颜色过浅,说明＿＿＿＿＿＿＿＿＿＿;如果形成的凝胶珠不是＿＿＿＿＿＿＿＿,说明实验操作失败。

（3）某同学用图丙所示的装置来进行葡萄糖发酵。a代表_____，b代表_____。从上端漏斗中加入的反应液浓度不能过高,原因是_____。为使该实验中所用到的固定化酵母细胞可以反复利用,实验过程一定要在_____条件下进行。装置中长导管的作用是_____。

13. 回答下列有关酶工程的问题:

固定化酶是20世纪60年代迅速发展起来的一种技术。东北农业大学科研人员利用双重固定法,即采用戊二醛作交联剂(使酶相互连接),海藻酸钠作包埋剂来固定小麦酯酶,研究固定化酶的性质,并对其最佳固定条件进行了探究。下图显示的是部分研究结果(注:酶活力为固定化酶催化化学反应的总效率,包括酶活性和酶的数量)。

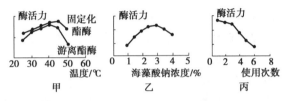

（1）应用酶的固定化技术最主要的目的是_____。

（2）从对温度变化适应性和应用范围的角度分析,甲图所示结果可以得出的结论是_____。

（3）乙图曲线表明浓度为_____的海藻酸钠包埋效果最好。当海藻酸钠浓度较低时,酶活力较低,原因可能是_____。

（4）固定化酯酶的活力随使用次数的增多而下降,由丙图可知,固定化酯酶一般重复使用_____次后酶活力明显下降。

（5）研究人员固定小麦酯酶不采用海藻酸钠直接包埋,而同时用戊二醛作为交联剂,这是因为_____。

（6）根据介绍,科研人员所采用的固定化技术可用下图中的_____表示。

【高考体验】

14. (2017·江苏,20)下列关于"酵母细胞的固定化技术"实验的叙述,正确的是(　　)

A. 活化酵母时,将适量干酵母与蒸馏水混合并搅拌成糊状

B. 配制 $CaCl_2$ 溶液时,需要边小火加热边搅拌

C. 将海藻酸钠溶液滴加到 $CaCl_2$ 溶液时,凝胶珠成形后应即刻取出

D. 海藻酸钠溶液浓度过高时凝胶珠呈白色,过低时凝胶珠易呈蝌蚪状

15. (2016·江苏,29)为了探索海藻酸钠固定化对绿球藻生长的影响,以及固定化藻对含 Zn^{2+} 污水的净化作用,科研人员用筛选到的一株绿球藻进行实验,流程及结果如下。请回答下列问题:

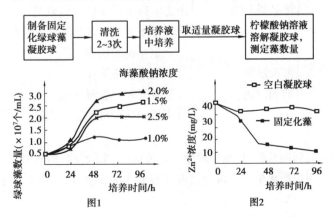

(1)实验中海藻酸钠的作用是_____,
CaCl₂ 的作用是_____。

(2)为洗去凝胶球上残余的 CaCl₂ 和其他污染物,并保持绿球藻活性,宜采用_____洗涤。图 1 中 1.0% 海藻酸钠组培养 24 h 后,移去凝胶球,溶液呈绿色,原因是_____。

(3)为探索固定化藻对含 Zn^{2+} 污水的净化作用,应选用浓度为_____海藻酸钠制备凝胶球。

(4)图 2 中空白凝胶球组 Zn^{2+} 浓度下降的原因是_____。
结合图 1 和图 2 分析,固定化藻的实验组 24～48 h 的 Zn^{2+} 浓度下降速度较快的主要原因是_____;72～96 h 的 Zn^{2+} 浓度下降速度较慢的原因有_____。

·课外阅读

自主研修　拓展视野

固定化微生物细胞利用微生物来生产酶具有生产成本低、周期短、产量大等优点。微生物产生的酶,可以分为分泌在细胞外的胞外酶和包含在细胞内的胞内酶。利用胞内酶时,需将细胞破碎后,将酶进行分离纯化,提取后酶的活性和稳定性往往都会受到很大的影响。

将微生物细胞限制或定位于特定空间位置,即将微生物制成固定化细胞后,既能避免复杂的细胞破碎、酶的提取和纯化过程,又能使酶的活性和稳定性得到较大提高。固定后的微生物细胞可以作为固体催化剂在多步酶促反应中发挥连续催化作用,同时,催化反应结束后又能被回收和重复利用。例如,人们将含有青霉素酰化酶的大肠杆菌细胞进行固定化,用于大规模地生产青霉素母核(青霉素的主体化学结构部分,即 6-氨基青霉烷酸),然后再对青霉素母核的侧链进行化学修饰,可以生产半合成青霉素,如氨苄青霉素。

知识体系构建　核心素养提升

·系统构建

把握整体　突破要点

【知识建网】

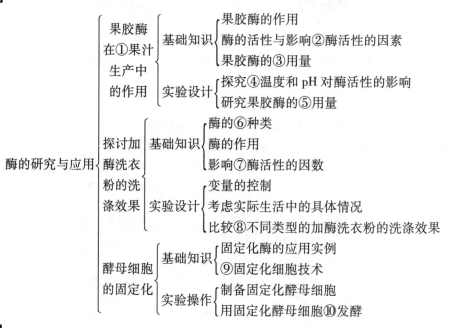

【要语必背】

1.果胶酶是分解果胶的一类酶的总称,包括多聚半乳糖醛酸酶、果胶分解酶和果胶酯酶等。

2.碱性蛋白酶能将大分子蛋白质水解为可溶性的氨基酸或小分子的肽,所以蛋白质类纤维织物不能用此种加酶洗衣粉洗涤。

3.温度、酸碱度和表面活性剂都会影响加酶洗衣粉的洗涤效果。

4.固定化酶常采用化学结合法和物理吸附法,而固定化细胞则常采用包埋法。

5.若配制的海藻酸钠溶液浓度过高,则难以形成凝胶珠;若浓度过低,则固定的酵母细胞少,影响实验效果。

6.固定化酶和固定化细胞技术既实现了酶的重复利用,降低了成本,又提高了产品质量。

·规律整合

系统总结　灵活应用

一、酶的相关探究实验中的操作提示

(1)探究温度对酶活性的影响时,可以选用 10 ℃ 作为温度梯度,设置的具体温度为 10 ℃、20 ℃、30 ℃、40 ℃、50 ℃ 和 60 ℃ 等,也可以根据酶的特点,尝试以 5 ℃ 作为温度梯度。

(2)探究 pH 对酶活性的影响时,只需将温度梯度改成 pH 梯度,并选定一个适宜的温度进行水浴加热。反应液中的 pH 可以通过体积分数为 0.1% 的氢氧化钠溶液或盐酸进行调节。

(3)探究酶的用量是建立在探究最适温度和 pH 对酶活性影响的基础之上的。此时,研究的变量是酶的用量,其他因素都应适宜且保持不变。实验时可以配制不同浓度的酶溶液,也可以只配制一种浓度的酶溶液,然后使用不同的体积即可。需要注意的是,反应液的 pH 必须相同,否则将影响实验结果的准确性。

(4)在混合反应物和酶之前,一定要让两者分别达到相应的条件。这样可以避免底物和酶在混合时条件变化而影响实验结果。

(5)将酶加入反应物后,应不时地用玻璃棒搅拌,使酶能更充分地催化反应。

(6)本课题中的自变量、因变量及注意事项归纳:

实验名称(目的)	自变量	因变量	注意事项
探究温度对果胶酶活性的影响	温度	果汁量(澄清度)	①底物和酶在混合时的温度是相同的;②温度梯度越小,实验结果越精确;③各试管中苹果泥的用量相同,果胶酶的用量也相同;④pH 为最适 pH
探究 pH 对果胶酶活性的影响	pH	果汁量(澄清度)	①温度应为最适温度;②pH 梯度可用 0.1% 的氢氧化钠溶液和盐酸调节;③用玻璃棒搅拌使反应充分进行
探究果胶酶的用量对酶活性的影响	果胶酶的用量	果汁量(澄清度)	①制备苹果匀浆后迅速加热,使苹果匀浆中的果胶酶变性;②温度、pH 应为最适宜且保持不变

【例1】果胶是植物细胞壁以及胞间层的主要成分之一。果胶酶能够分解果胶,瓦解植物细胞壁和胞间层。在果汁生产中应用果胶酶可以提高出汁率和澄清度。请你帮助完成以下有关果胶酶和果汁生产的实验课题。实验用具和材料:磨浆机、烧杯、试管、量筒、刀片、玻璃棒、漏斗、纱布等;苹果、质量分数为 2% 的果胶酶溶液、蒸馏水等。

[课题一]　验证果胶酶在果汁生产中的作用

实验方法及步骤:

(1)将苹果洗净去皮,用磨浆机制成苹果泥,加入适量蒸馏水备用。

(2)取两个 100 mL 洁净的烧杯,编号为 1、2,按相应程序进行操作,请把下表中未填写的内容填上。

操作顺序	项　目	烧　杯	
		1	2
①	在烧杯中加入苹果泥	20 mL	20 mL
②	A._____	2 mL	/
③	注入蒸馏水	/	B._____
④	在恒温水浴中保温,并用玻璃棒不时搅拌	10 min	10 min

(3) 取两个大烧杯, 同时进行过滤。观察(比较)_____, 并记录结果。

(4) 实验结果的预测及结论: 如果_____, 则说明果胶酶对果胶的水解具有催化作用。

[课题二] 探究果胶酶催化果胶水解的最适 pH

本课题实验步骤中, 在完成"烧杯中分别加入苹果泥, 试管中分别注入果胶酶溶液, 编号、编组"之后, 有下面两种操作。

方法一: 将试管中的果胶酶溶液和烧杯中的苹果泥相混合, 再把混合液的 pH 值分别调至 4、5、6、7、8、9、10。

方法二: 将试管中的果胶酶溶液和烧杯中的苹果泥的 pH 值分别调至 4、5、6、7、8、9、10, 再把 pH 值相等的果胶酶溶液和苹果泥相混合。

(1) 请问上述哪种方法更科学? _____。理由是_____
_____。

(2) 该实验步骤中也有用玻璃棒搅拌的操作, 其目的是使_____。

(3) 如果用曲线图记录实验结果, 在现有的条件下, 可用横坐标表示 pH, 纵坐标表示_____(填"果汁体积"或"试管体积")。根据你对酶特性的了解, 下列最可能表示实验结果的曲线是_____。

A   B   C   D

二、加酶洗衣粉使用时需要注意的问题

(1) 碱性蛋白酶能使蛋白质水解, 因此, 蛋白质类纤维(羊毛、蚕丝等)织物就不能用加酶洗衣粉洗涤, 以免纤维受到破坏。

(2) 使用加酶洗衣粉时, 必须注意洗涤用水的温度。碱性蛋白酶在 35 ~ 50 ℃时活性最强, 在低温下或 60 ℃以上就会失效。

(3) 加酶洗衣粉也不宜长期存放, 存放时间过长会导致酶活力降低。

(4) 加酶洗衣粉不宜与三聚磷酸盐共存, 否则酶的活性会丧失。

(5) 添加了碱性蛋白酶的洗衣粉可以分解人体皮肤表面蛋白质, 而使人患过敏性皮炎、湿疹等, 因此, 应避免与这类洗衣粉长时间接触。

【例2】为了进一步增强洗衣粉对血渍、奶渍、油污、土豆泥等衣物上常见污垢的去除能力, 洗衣粉中常常会添加各种酶类。请回答有关问题:

(1) 根据衣物上常见的污垢, 加酶洗衣粉中添加的酶类有碱性蛋白酶、_____。碱性蛋白酶能将血渍、奶渍等含有的大分子蛋白质水解成可溶性的_____。

(2) 下表为加酶洗衣粉包装袋上的产品说明, 根据你所学习的有关知识, 解释注意事项③的原因: _____
_____。

注意事项
①请将本品置于阴凉、干燥处, 避热、避湿、避光。
②不慎溅入眼中, 立即用水冲洗。
③水温以 30 ~ 50 ℃为宜, 切忌用 60 ℃以上的热水。

三、从酶到固定化酶再到固定化细胞的发展过程

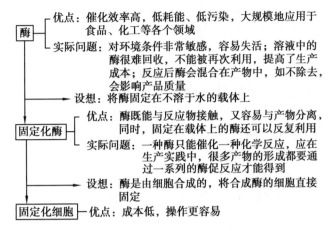

【例3】下列关于固定化酶和固定化细胞的说法,正确的是(　　　)

A. 固定化细胞常用物理吸附法,固定化酶常用包埋法

B. 固定化细胞技术一次只能固定一种酶

C. 固定化酶和固定化细胞所固定的酶都可以反复使用,但酶的活性迅速下降

D. 固定化酶不溶于反应液中,易于回收,可以重复利用

·核心素养提升

理念渗透　贯穿始终

【例4】回答下列有关酶的问题:

(1)已知微生物 B 可以产生脂肪酶,为了确定微生物 B 产生的脂肪酶的最适温度,某同学测得相同时间内,在 35 ℃、40 ℃、45 ℃温度下降解 10 g 油脂所需酶量依次为 4 mg、1 mg、6 mg,则上述三个温度中,＿＿＿＿＿＿＿＿ ℃条件下该酶活力最小。为了进一步确定该酶的最适温度,应围绕＿＿＿＿＿＿＿＿ ℃设计后续实验。

(2)若要提高衣物上血渍的去除效果,可在洗衣粉中加入＿＿＿＿＿＿＿＿酶,因为该酶能将血红蛋白水解成可溶性的＿＿＿＿＿＿＿＿ 或 ＿＿＿＿＿＿＿＿;若要提高衣物上油渍的去除效果,洗衣粉中可添加＿＿＿＿＿＿＿＿酶;使用加酶洗衣粉时,水温过低或过高时洗涤效果不好的原因分别是＿＿＿＿＿＿＿＿。

(3)乳糖酶宜采用化学结合法(共价键结合法)进行固定化,可通过检测固定化乳糖酶的＿＿＿＿＿＿＿＿确定其应用价值。除化学结合法外,酶的固定化方法还包括＿＿＿＿＿＿＿＿、＿＿＿＿＿＿＿＿及离子吸附法等。

【素养解读】本题主要考查的核心素养是科学思维、科学探究和社会责任,具体表现在四个角度:

核心素养	素养角度	具体表现
科学思维	分析与综合	(1)在 35 ℃、40 ℃、45 ℃温度下降解 10 g 油脂所需酶量依次为 4 mg、1 mg、6 mg,则上述三个温度中,45 ℃条件下该酶活力最小
	批判性思维	(2)依据酶的专一性,血渍中含有蛋白质,可用含蛋白酶的洗衣粉洗涤。其原理是蛋白酶能将蛋白质分解为小分子的肽或氨基酸。油渍的主要成分是脂肪,需用含脂肪酶的洗衣粉洗涤。水温过低抑制酶的活性,水温过高会使酶变性失活
科学探究	设计实验	(1)在三个温度实验中 40 ℃所需酶量最少,低于 35 ℃和 45 ℃所用酶量,说明酶的最适温度介于 35 ℃和 45 ℃之间,因此应围绕 40 ℃设计不同温度梯度,进行后续实验
社会责任		(3)针对现代生物技术在社会生活中的应用,开展科学实践,尝试解决现实生活问题,酶的作用是催化生化反应,固定化酶要体现其具体的应用价值

·跟踪训练

1.果胶酶在果汁生产中发挥着重要作用,下列说法正确的是(　　)

A.果胶酶只存在于植物中　　　　　　　B.果胶易溶于水,而不溶于乙醇

C.果胶酶和纤维素酶均能分解果胶　　　D.果胶酶和纤维素酶一起使用可以除去植物细胞壁

2.下列关于探究果胶酶最适用量的实验,叙述错误的是(　　)

A.配制不同浓度的果胶酶溶液,并在各组中加入等量的该溶液

B.调节pH,使各组中的pH相同而且处于适宜状态

C.用玻璃棒搅拌加酶的果泥,搅拌时间可以不同

D.在相同且适宜温度条件下进行实验

3.在探究温度对酶活性的影响的实验中,下列说法不正确的是(　　)

A.实验的自变量是温度

B.无关变量有pH、底物浓度、酶浓度、反应时间等

C.通过测定滤出的果汁的体积来判断果胶酶的最适温度

D.温度过低时,酶空间结构改变,果胶酶活性变小,但是不会失活

4.为了使牛仔裤呈现"穿旧"效果,在工业洗衣机中用酶洗代替传统的浮石擦洗,是目前重要的生产手段(工艺流程见下图)。下列叙述中错误的是(　　)

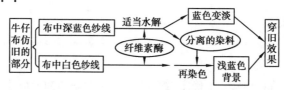

A.纤维素酶在仿旧中的作用机理与其在洗衣粉中去污的机理相似

B.在上述工艺中,为重复使用纤维素酶,可选用适当的包埋剂固定化酶

C.在上述工艺中,通过调节温度、酸碱度、处理时间可控制仿旧颜色的深浅

D.纤维素酶催化葡萄糖残基之间的糖苷键水解分解纤维素

5.下图是围绕加酶洗衣粉洗涤效果进行的研究的结果。下列有关叙述,不正确的是(　　)

A.本研究的自变量有温度和洗衣粉是否加酶

B.本研究的因变量可能是污渍残留量

C.两类洗衣粉的最佳使用温度都为t_1

D.温度超过t_2后加酶洗衣粉中的酶可能失活

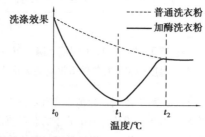

6.下列关于固定化酶和固定化细胞的叙述,错误的是(　　)

A.固定化酶的主要目的是实现酶的重复利用

B.溶解氧交换受阻是固定化酶应用的重要限制因素

C.固定化细胞用于生产能分泌到细胞外的产物

D.凝胶与被包埋细胞之间不是通过共价键结合

7.下列有关固定化酶和固定化细胞的叙述,正确的是(　　)

A.可用包埋法制备固定化酵母细胞　　　B.反应产物对固定化酶的活性没有影响

C. 葡萄糖异构酶固定前后专一性不同　　　D. 固定化细胞可以催化各种反应底物的一系列反应

8. 下列关于酶和固定化酵母细胞的研究与应用的叙述,错误的是(　　　)

A. 从酶的固定方式看,吸附法对酶活性的影响比化学结合法小

B. 作为消化酶使用时,蛋白酶制剂以口服方式给药

C. 尿糖试纸含有固定化的葡萄糖酶和过氧化氢酶,可以反复使用

D. 将海藻酸钠凝胶珠用蒸馏水冲洗,目的是洗去 $CaCl_2$ 和杂菌

9. 某生物课外活动小组发现,新鲜水果比放置一段时间的水果硬。他们根据所学知识,认为可能的原因是放置一段时间的水果果胶酶含量高,而果胶酶能将细胞壁分解,使水果细胞相互分离,导致水果变软。为探究上述假设是否正确,他们进行了如下探究:

(1)实验原理:_____。

(2)实验假设:_____。

(3)实验步骤:

①分别将等量的去皮后的新鲜苹果和放置一段时间的苹果切成小块,放在榨汁机中,制成果泥。

②分别用滤纸或5层纱布过滤,收集滤液(条件相同)。

③_____。

(4)实验结论:_____。

(5)根据此实验,能否得出水果放置时间越长,营养价值越高的结果? 为什么?

_____

10. 某实验小组进行固定化酵母细胞的制备,并进行了游离酵母和固定化酵母发酵产酒酒精度的比较,结果如下表所示。请回答下列问题:

产酒酒精度的比较

时间/d	游离酵母	固定化酵母
0	0	0
2	1.0	2.5
4	2.1	4.2
6	3.2	5.0
8	3.9	5.4
10	4.3	6.0
12	4.6	6.4

(1)制备固定化酵母细胞的实验步骤:酵母细胞的活化→_____→配制海藻酸钠溶液→_____→固定化酵母细胞。

(2)影响实验成败的关键步骤:_____。

(3)海藻酸钠起_____的作用。

(4)该小组将制备好的固定化酵母与游离酵母分别放在一定的相同条件下发酵,定时记录发酵液中酒精度的变化。

①实验过程中的"在一定的相同条件下发酵"中的条件是_____,要求条件相同是为了确保_____。

②由表格可知,固定化酵母和游离酵母发酵都能产生酒精,但固定化酵母在发酵前期的延迟期的时间比游离酵母发酵前期的延迟期的时间要_____。

(5)为了保证酵母菌的正常发酵,发酵装置中应加入的营养物质是_____。

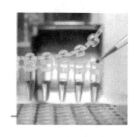

【导引】DNA 和蛋白质技术,包括 DNA 的提取、蛋白质的提取、DNA 片段的扩增等,是开展分子生物学研究的基本技术。本专题将从基础入手,学习 DNA 的粗提取、PCR 技术和血红蛋白的提纯。学习这些技术,不仅能够帮助学生初步了解分子生物学的基本实验方法,而且能够巩固必修课中学习的有关 DNA 和蛋白质的理论知识。

课题一 DNA 的粗提取与鉴定

[素养目标]

本课题通过尝试对植物或动物组织中的 DNA 进行粗提取,了解 DNA 的物理化学性质,理解 DNA 粗提取以及 DNA 鉴定的原理。

[重难点击]

1. 理解 DNA 的理化特性及根据其理化特性进行提取和鉴定的原理。

2. 初步掌握 DNA 的粗提取和鉴定方法。

[学海导航]

1. 通过阅读教材"基础知识",掌握提取并检验 DNA 的原理和方法。

2. 结合教材"实验设计",掌握 DNA 粗提取的选材、析出及鉴定。

3. 结合教材"操作提示",掌握实验过程中需注意的问题。

4. 分析教材"结果分析与评价"中的问题,掌握 DNA 粗提取与鉴定的技术。

【导引】生物体的性状之所以能够遗传给后代,是由于生物体内具有 DNA 或 RNA 这些遗传物质。通过必修2《遗传与进化》的学习,我们已经找到了证明 DNA 是主要的遗传物质的实验证据。那么 DNA 究竟是什么样的呢? 本课题就将通过实验操作,带领我们初步认识 DNA。

一、DNA 的理化特性、提取及鉴定的原理

·基础知识

夯实基础 突破要点

 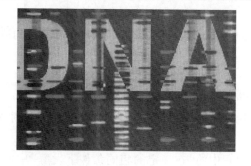

1. 提取 DNA 的方法和原理

(1)提取生物大分子的基本思路:选用一定的物理或化学方法分离具有不同物理或化学性质的生物大分子。

(2)提取 DNA 的方法:利用 DNA 与 RNA、蛋白质和脂质等在物理和化学性质方面的差异,提取 DNA,去除其他成分。

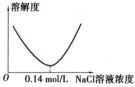

2.DNA的溶解性

（1）DNA在NaCl溶液中的溶解度

DNA在不同浓度的NaCl溶液中的溶解度不同,其中在0.14 mol/L NaCl溶液中溶解度最低。

（2）在酒精溶液中的溶解性:DNA不溶于酒精溶液,但是细胞中的某些蛋白质溶于酒精溶液。

3.DNA对酶、高温和洗涤剂的耐受性

（1）对酶的耐受性:蛋白酶能水解蛋白质,但对DNA没有影响。

（2）对温度的耐受性:大多数蛋白质不能忍受60～80 ℃高温,而DNA在80 ℃以上才会变性。

（3）对洗涤剂的耐受性:洗涤剂能够瓦解细胞膜,但对DNA没有影响。

4.DNA的鉴定

在沸水浴的条件下,DNA与二苯胺反应呈现蓝色。

·疑难探讨　　　　　　　　　　　　　　理解升华　重难透析

1.DNA溶解性原理

（1）DNA在NaCl溶液中的溶解度曲线,分析DNA和蛋白质在不同浓度的NaCl溶液中的溶解度有何特点。

①低于0.14 mol/L时：_____。

②高于0.14 mol/L时：_____。

（2）结合下表分析,如何通过控制NaCl溶液的浓度使DNA在盐溶液中溶解或析出,以达到去除杂质的目的?

项　目	溶解规律	2 mol/L NaCl溶液	0.14 mol/L NaCl溶液
DNA	DNA溶解度 曲线（0　0.14 NaCl浓度/(mol·L⁻¹)）	溶解	析出
蛋白质	蛋白质在NaCl溶液浓度从2 mol/L降低过程中,溶解度逐渐增大	部分发生盐析沉淀	溶解

（3）DNA不溶于酒精溶液,而细胞中的某些蛋白质则溶于酒精溶液,此特点对于提取DNA有什么作用?

2.DNA的耐受性原理

DNA变性和蛋白质变性的实质相同吗？请说明原因。

【归纳总结】DNA粗提取的三个原理

（1）利用DNA溶解度随NaCl溶液浓度的不同而不同的原理可粗提取DNA。

（2）利用DNA不溶于酒精,而细胞内的其他许多物质可溶于酒精的原理可进一步提纯DNA。

（3）利用DNA对酶、洗涤剂和高温的耐受性可以去除蛋白质杂质。

·案例剖析

【例1】在"DNA 的粗提取与鉴定"实验中,实验原理是 DNA 在不同浓度的 NaCl 溶液中的溶解度不同。DNA 的溶解度与图示曲线的对应点相符的是(　　)

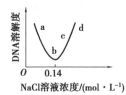

A. a 点浓度最适合析出 DNA

B. b 点浓度最适合析出 DNA

C. c 点浓度最适合析出 DNA

D. d 点浓度最适合析出 DNA

【例2】下列有关"DNA 的粗提取与鉴定"实验的叙述,正确的是(　　)

A. 利用 DNA 能溶于酒精溶液,而蛋白质不溶于酒精溶液,可将 DNA 与蛋白质分离

B. 利用高温能使 DNA 变性,却对蛋白质没有任何影响的特性,可将 DNA 与蛋白质分离

C. 利用 DNA 在 0.14 mol/L NaCl 溶液中溶解度最大的特点,可将 DNA 与蛋白质分离

D. 在 DNA 滤液中加入嫩肉粉,通过木瓜蛋白酶的作用,可将 DNA 与蛋白质分离

【拓展延伸】

在 DNA 的粗提取过程中,使用嫩肉粉分离 DNA 与蛋白质的原理是什么?

二、"DNA 的粗提取与鉴定"的实验设计与操作提示

·基础知识

1. 实验设计

(1)实验材料的选取

选用 DNA 含量相对较高的生物组织。

(2)破碎细胞,获取含 DNA 的滤液

①动物细胞的破碎。

a. 方法:由于动物细胞无细胞壁,因此可直接采用吸水涨破的方法。

b. 过程:以鸡血为例。

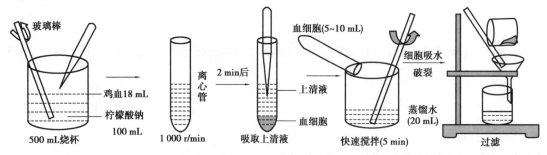

在鸡血细胞液中加入一定量的蒸馏水,同时用玻璃棒搅拌,细胞会吸水涨破,然后用纱布过滤,过滤后收集滤液即可。

②植物细胞的破碎。

a. 方法:需要先用洗涤剂溶解细胞膜。

b. 过程:以提取洋葱的 DNA 为例。

在切碎的洋葱中加入一定的洗涤剂和食盐,进行充分搅拌和研磨,过滤后收集研磨液。

（3）去除滤液中的杂质

方案一	利用DNA在不同浓度的NaCl溶液中的溶解度不同,通过控制NaCl溶液的浓度去除杂质
方案二	直接在滤液中加入嫩肉粉,反应10～15 min,嫩肉粉中的木瓜蛋白酶能够分解蛋白质
方案三	将滤液放在60～75 ℃的恒温水浴箱中保温10～15 min,注意严格控制温度范围

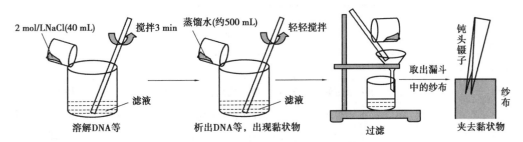

（4）DNA的析出

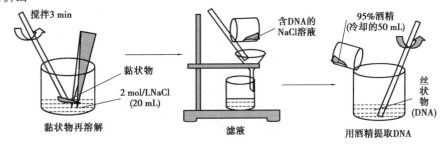

利用DNA不溶于冷却的酒精溶液这一原理,可从DNA溶液中析出比较纯净的DNA,此时DNA的状态为白色、丝状。

（5）DNA的鉴定

将白色丝状物溶解于5 mL物质的量浓度为2 mol/L的NaCl溶液中,再加入4 mL二苯胺试剂,沸水浴加热5 min,冷却后观察溶液的颜色,同时设计不含DNA的NaCl溶液作为对照。

2.操作提示

①以血液为实验材料时,每100 mL血液中需要加入3 g柠檬酸钠,防止血液凝固。

②加入洗涤剂的动作要轻缓、柔和,否则容易产生大量的泡沫,不利于后续步骤的操作。加入酒精和用玻璃棒搅拌时,动作要轻缓,以免加剧DNA分子的断裂,导致DNA分子不能形成絮状沉淀。

③鉴定DNA用的二苯胺试剂要现配现用,否则会影响鉴定的效果。

●疑难探讨

理解升华　重难透析

1.实验材料的选取

教材所给的生物材料中,哺乳动物的红细胞与鸡血哪个提取DNA的效果更好?

2.实验操作分析

（1）实验中应采用什么方法使鸡血细胞破裂?

（2）提取菜花的DNA时,加入洗涤剂和食盐的作用分别是什么?

（3）实验过程要充分地搅拌和研磨,如果研磨不充分,会对实验结果产生怎样的影响?

（4）实验过程中应如何使用玻璃棒搅拌? 为什么?

【规律方法】"DNA粗提取与鉴定"实验中四个关键操作的目的

（1）两次加入蒸馏水

次　　数	目　　的
第一次	使鸡血细胞吸水涨破
第二次	稀释NaCl溶液,使DNA逐渐析出

（2）三次加 NaCl 溶液

次　数	目　的
第一次	溶解 DNA,析出蛋白质等杂质
第二次	使 DNA 再溶解,以获得含杂质较少的 DNA
第三次	溶解 DNA,以便 DNA 与二苯胺反应

（3）三次过滤

次　数	纱布层数	目　的
第一次	单层	除去细胞破碎后的细胞膜、核膜、糖类、蛋白质等,获得含核物质的滤液
第二次	两层	除去不溶于 2 mol/L NaCl 溶液中的蛋白质等杂质,获得含 DNA 的滤液
第三次	多层	除去溶于 0.14 mol/L NaCl 溶液中的杂质,获得含 DNA 的丝状物

（4）六次搅拌

次　数	实验操作	目　的
第一次	搅拌加蒸馏水的鸡血细胞液	加速细胞破裂
第二次	搅拌含 DNA 的高浓度盐溶液	加速 DNA 的溶解
第三次	搅拌加蒸馏水的 NaCl 溶液	析出 DNA
第四次	搅拌含 DNA 的高浓度盐溶液	加速 DNA 的溶解
第五次	搅拌含 DNA 的酒精溶液	提取含杂质较少的 DNA
第六次	搅拌含 DNA 的白色丝状物的盐溶液	加速 DNA 的溶解

·案例剖析

活学活用　巩固提升

【例3】在 DNA 的粗提取实验过程中,对 DNA 提取量影响较小的是(　　　)

A. 使鸡血细胞在蒸馏水中充分破裂,释放出 DNA 等核物质

B. 搅拌时要用玻璃棒沿一个方向轻缓搅动

C. 在析出 DNA 黏稠物时,要缓缓加入蒸馏水,直至黏稠物不再增多

D. 要用冷酒精沉淀 DNA,甚至可将混合液再放入冰箱中冷却

【例4】下图所示为"DNA 的粗提取与鉴定"实验的实验步骤,请据图回答下列问题:

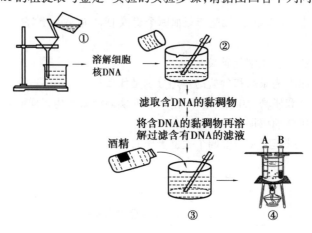

(1)请写出①②③④的实验步骤名称

①_____；

②_____；

③_____；

④_____。

(2)A、B两支试管中，_____试管中含有DNA，_____试管起对照作用。

【拓展延伸】

(1)步骤②是如何操作的？为什么能将DNA析出？

(2)步骤③的实验原理是什么？

·学习小结

归纳总结　构建网络

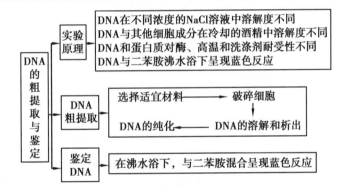

·达标检测

监测评价　达标过关

1.在混合物中提取DNA分子的基本思路是(　　)

A.根据各种大分子的理化性质的差异　　　　　　　　B.根据各种大分子的理化性质的共性

C.根据各种大分子在细胞内的功能　　　　　　　　　D.根据各种大分子的结构和在细胞内的位置

2.下表有关"DNA的粗提取与鉴定"的相关操作所选取的试剂,不正确的是(　　)

选项	相关操作	选取的试剂
A	破碎鸡血细胞	蒸馏水
B	溶解核内DNA	2 mol/L NaCl 溶液
C	提取杂质较少的DNA	冷却的95%的酒精
D	DNA的鉴定	双缩脲试剂

3.在DNA的粗提取和鉴定实验中,有两次DNA的沉淀析出,其依据的原理是(　　)

①DNA在NaCl溶液物质的量浓度为0.14 mol/L时溶解度最低;②DNA在冷却的体积分数为95%的酒精溶液中能沉淀析出

　　A.两次都是①　　　　　　　　　　　　　　　　　B.两次都是②

　　C.第一次是①,第二次是②　　　　　　　　　　　D.第一次是②,第二次是①

4.下列关于"DNA的粗提取与鉴定"实验的叙述,正确的是(　　)

　　A.用鸡血作为材料,原因是鸡血红细胞有细胞核,其他动物红细胞没有细胞核

B. 用不同浓度的 NaCl 溶液进行 DNA 粗提取,原因是 DNA 在其中溶解度不同

C. 用酒精进行提纯,原因是 DNA 溶于酒精,蛋白质不溶于酒精

D. 用二苯胺试剂进行鉴定,原因是 DNA 溶液中加入二苯胺试剂即呈蓝色

5. 下图为"DNA 的粗提取与鉴定"实验的相关操作。

(1)图中实验材料 A 可以是_____等,研磨前加入的 B 应该是_____。

(2)通过上述所示步骤得到滤液 C 后,再向滤液中加入 2 mol/L 的 NaCl 溶液的目的是_____,再过滤得到滤液 D,向滤液 D 中加入蒸馏水的目的是_____

(3)在"DNA 的粗提取与鉴定"实验中,将含有一定杂质的 DNA 丝状物分别放入体积为 2 mL 的 4 种溶液中,经搅拌后过滤,获得如表所示的 4 种滤液,含 DNA 最少的是滤液_____。

1	研磨液	搅拌后过滤	滤液 E
2	2 mol/L NaCl 溶液	搅拌后过滤	滤液 F
3	0.14 mol/L NaCl 溶液	搅拌后过滤	滤液 G
4	冷却的 95% 的酒精溶液	搅拌后过滤	滤液 H

(4)DNA 鉴定的原理是_____
_____。

·课时对点练

【基础过关】

1. 向含有 DNA 的浓度较高的 NaCl 溶液中加入蒸馏水会使(   )

A. DNA 的溶解度下降   B. DNA 的溶解度上升

C. 蛋白质的溶解度下降   D. DNA 和蛋白质充分溶解

2. DNA 溶液遇二苯胺(沸水浴)会变成(   )

A. 砖红色   B. 橘黄色   C. 紫色   D. 蓝色

3. 在采用鸡血为材料对 DNA 进行粗提取的实验中,若需进一步提取含杂质较少的 DNA,可以依据的原理是(   )

A. 在物质的量浓度为 0.14 mol/L 的 NaCl 溶液中,DNA 的溶解度最小

B. DNA 遇二苯胺在沸水浴的条件下会变成蓝色

C. DNA 不溶于酒精而细胞中的一些物质易溶于酒精

D. 质量浓度为 0.1 g/mL 的柠檬酸钠溶液具有抗凝血作用

4. 下列图示中能正确反映 DNA 溶解度与 NaCl 溶液浓度之间关系的是(   )

5. 下列与析出 DNA 黏稠物有关的叙述中,不正确的是(   )

A. 操作时缓缓滴加蒸馏水,降低 DNA 的溶解度

B. 在操作时,用玻璃棒轻缓搅拌,以保证 DNA 分子的完整性

C. 加蒸馏水可同时降低 DNA 和蛋白质的溶解度,两者均可析出

D. 当丝状黏稠物不再增加时,此时 NaCl 溶液的浓度相当于 0.14 mol/L

6. "DNA 的粗提取与鉴定"实验的正确操作步骤是(　　)

A. 制备鸡血细胞液→提取细胞核物质→溶解核内的 DNA→析出并滤取 DNA 黏稠物→DNA 的再溶解→提取较纯净的 DNA→鉴定 DNA

B. 制备鸡血细胞液→提取细胞核物质→溶解并析出 DNA→DNA 的再溶解→提取较纯净的 DNA→鉴定 DNA

C. 制备鸡血细胞液→溶解 DNA→提取细胞核中的 DNA→DNA 的再溶解→提取较纯净的 DNA→DNA 的鉴定

D. 制备鸡血细胞的细胞核物质提取液→溶解 DNA 并析出→提取较纯净的 DNA→DNA 的鉴定

【能力提升】

7. 在"DNA 的粗提取与鉴定"实验中,甲、乙、丙、丁四个小组除下表中所列处理方法不同外,其他操作步骤均正确,但实验结果却不同。下列有关叙述不正确的是(　　)

组别	实验材料	提取核物质时加入的溶液	去除杂质时加入的溶液	DNA 鉴定时加入的试剂
甲	鸡血	蒸馏水	95% 的酒精(25 ℃)	二苯胺
乙	菜花	蒸馏水	95% 的酒精(冷却)	双缩脲试剂
丙	猪血	蒸馏水	95% 的酒精(冷却)	二苯胺
丁	鸡血	蒸馏水	95% 的酒精(冷却)	二苯胺

A. 实验材料选择错误的组别是丙

B. 沸水浴后试管中溶液颜色变蓝的组别是甲、丁

C. 甲组实验现象差的原因是 25 ℃的酒精对 DNA 的凝集效果差

D. 乙组实验不成功仅因为在鉴定时加入了双缩脲试剂

8. 甲、乙两图为"DNA 的粗提取与鉴定"实验中涉及的两个操作装置图。下列相关叙述正确的是(　　)

A. 图甲的烧杯和图乙的试管中所用溶剂都为 NaCl 溶液,但两者浓度不同

B. 图乙试管经稍稍加热后即可观察到一支试管中的溶液明显变蓝,另一支试管中的溶液不变蓝

C. 图甲操作需用玻璃棒迅速搅拌以使 DNA 析出,并缠绕在玻璃棒上

D. 图乙操作中所用的二苯胺试剂需现配现用以达到较好的鉴定效果

9. 下列有关"DNA 的粗提取与鉴定"实验的叙述,正确的是(　　)

A. 新鲜猪血、菜花等动植物材料均可用于 DNA 的粗提取

B. 植物材料需先用洗涤剂破坏细胞壁再吸水涨破

C. DNA 不溶于 95% 的冷酒精而溶于 2 mol/L 的 NaCl 溶液

D. 溶有 DNA 的 NaCl 溶液中加入二苯胺试剂即可观察颜色变化

10. 在 DNA 粗提取与鉴定实验中,将第三次过滤获得的纱布上含有 DNA 的黏稠物(含有较多杂质)分别处理如下:

序号	操作过程
①	放入 2 mol/L 的 NaCl 溶液,搅拌后过滤
②	再加入 0.14 mol/L 的 NaCl 溶液,搅拌后过滤
③	再加入冷却的、同体积的体积分数为 95% 的酒精溶液,用玻璃棒沿一个方向搅拌,卷起丝状物

上述操作过程正确的是(　　)

A. ①②　　　　　　　　B. ①②③　　　　　　　　C. ①③　　　　　　　　D. ②③

11. 实验中对 DNA 进行鉴定时,做如下操作:

序　号	试　管	
	A	B
1	加 2 mol/L 的 NaCl 溶液 5 mL	加 2 mol/L 的 NaCl 溶液 5 mL
2	不加	加入提取的 DNA 丝状物并搅拌
3	加 4 mL 二苯胺,混匀	加 4 mL 二苯胺,混匀
4	沸水浴 5 min	沸水浴 5 min
实验现象		
实验结论		

(1)根据右图,完成表格空白处的实验内容。

(2)对于 B 试管,完成 1,2,3 的操作后溶液颜色如何?

_____。

(3)在沸水浴中加热的目的是_____,同时说明 DNA 对高温有较强的_____。

(4)A 试管在实验中的作用是_____。

(5)B 试管中溶液颜色的变化程度主要与_____有关。

12. 下图为"DNA 的粗提取与鉴定"实验装置:

20 mL蒸馏水　蒸馏水

纱布过滤

鸡血细胞液　滤液　DNA浓盐溶液

A　　B　　C

(1)该实验依据的原理是_____。

A. DNA 在 NaCl 溶液中的溶解度随 NaCl 溶液浓度的不同而不同

B. 利用 DNA 不溶于酒精的性质,可除去细胞中溶于酒精的物质而得到较纯的 DNA

C. DNA 是大分子有机物,不溶于水而溶于某些有机溶剂

D. 在沸水浴中 DNA 遇二苯胺会出现蓝色反应

(2)在图 A 所示的实验步骤中,加蒸馏水的目的是_____。通过图 B 所示的步骤取得滤液,再在溶液中加入 2 mol/L 的 NaCl 溶液的目的是_____;图 C 所示实验步骤中加蒸馏水的目的是_____。

(3)鉴定 DNA 的方法是,向溶有 DNA 丝状物的试管中加入_____试剂,混合均匀后,将试管置于沸水中加热 5 min,冷却后可观察到溶液呈_____;也可取少许 DNA 丝状物置于载玻片上,滴一滴_____溶液,片刻后用水冲洗,可见丝状物被染成_____。

13. 真核生物细胞内,大量 DNA 和蛋白质以及一些 RNA 等混杂在一起,难以分离。生物兴趣小组的同学为了获得纯度相对较高的 DNA 展开了实验探究。

(1)分离各种物质的基本思路是根据 DNA 和其他物质理化性质的不同而采取一定的方法,以下是从各种物质之间_____的差异角度开展研究:

①取鸡血细胞悬液 10 mL,加蒸馏水 20 mL,同时用玻璃棒_____(填"轻轻搅拌"或"快速搅拌"),过滤,取滤液,转移到塑料材质的大烧杯中。

②沿大烧杯内壁持续、缓慢地加入饱和硫酸铵溶液,用玻璃棒沿一个方向_____(填"轻轻搅拌"或"快速搅拌"),同时不断收集析出的物质。

下图是根据鸡血中几种物质的析出情况绘制的曲线,请据图分析:

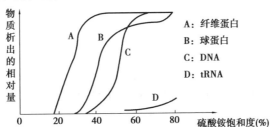

A:纤维蛋白
B:球蛋白
C:DNA
D:tRNA

③如果只要收集纤维蛋白,可采取的措施是_____。

④先用饱和度为40%的硫酸铵溶液析出绝大部分纤维蛋白和大部分球蛋白,再在饱和度约为_____的硫酸铵溶液中析出DNA(既保证DNA提取量较大又避免其他杂质过多),与此同时析出的物质还有_____。

(2)如果要进一步去掉其他杂质,尽可能提高获得的DNA纯度,可采取的两种办法有:将DNA与球蛋白的混合物加入_____中,收集再次析出物;用_____处理溶有DNA与蛋白质的溶液。

【真题体验】

14.(2015·江苏,25)图1和图2分别为"DNA的粗提取与鉴定"实验中部分操作步骤示意图,下列叙述正确的是(多选)( )

图1
图2

A.图1和图2中加入蒸馏水稀释的目的相同

B.图1中完成过滤之后保留滤液

C.图2中完成过滤之后弃去滤液

D.在图1鸡血细胞液中加入少许嫩肉粉有助于去除杂质

15.(2014·江苏,16)下列关于"DNA的粗提取与鉴定"实验的叙述,错误的是( )

A.酵母和菜花均可作为提取DNA的材料

B.DNA既溶于2 mol/L NaCl溶液也溶于蒸馏水

C.向鸡血细胞液中加蒸馏水搅拌,可见玻棒上有白色絮状物

D.DNA溶液加入二苯胺试剂沸水浴加热,冷却后变蓝

·课外阅读

自主研修 拓展视野

1.二苯胺鉴定DNA的化学原理

DNA中嘌呤核苷酸上的脱氧核糖遇酸生成ω-羟基-γ酮基戊醛,它再和二苯胺作用而呈现蓝色(溶液呈浅蓝色)。鉴定时溶液蓝色的深浅,与溶液中DNA含量的多少有关。

2.研磨液中几种药品的作用

Tris/HCl:提供缓冲体系,DNA在这一体系中呈稳定态(Tris为三羟甲基氨基甲烷)。

EDTA(乙二胺四乙酸二钠):是DNA酶的抑制剂,可以防止细胞破碎后DNA酶降解DNA。

SDS(十二烷基磺酸钠):可以使蛋白质变性,与DNA分离。

课题二 多聚酶链式反应扩增 DNA 片段

[素养目标]

本课题通过尝试PCR(多聚酶链式反应)技术的基本操作,体验PCR这一常规的分子生物学实验方法,理解PCR的原理,讨论PCR的应用。

[重难点击]

1. 了解 PCR 技术的基本操作。

2. 理解 PCR 的原理。

3. 讨论 PCR 的应用。

[学海导航]

1. 阅读教材,分析 PCR 技术与 DNA 复制的区别和联系,掌握 PCR 技术原理。

2. 阅读教材,分析 PCR 的过程,掌握 PCR 循环的原理。

3. 阅读教材"实验操作"及"操作提示",掌握 PCR 技术的实验操作过程及注意事项。

4. 阅读教材"结果分析与评价",掌握 DNA 含量测定的方法。

【导引】首先介绍了 PCR 是一种在体外迅速扩增 DNA 片段的技术;然后说明这一技术在遗传疾病的诊断、刑侦破案、古生物学、基因克隆等方面都有着广泛的应用,尤其在刑事侦破案件中常需要对样品 DNA 进行分析,PCR 技术能快速扩增 DNA 片段,在几个小时内复制出上百万份的 DNA 拷贝,有效地解决了因为样品中 DNA 含量太低而难以对样品进行分析的问题;进而指出学习目标是了解 PCR 技术的基本原理,并尝试用 PCR 技术扩增 DNA 片段。

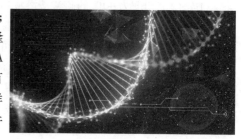

一、PCR 原理与反应过程

·基础知识

夯实基础　突破要点

1. PCR 原理与条件

(1) PCR 的概念

PCR 即多聚酶链式反应,是一种体外迅速扩增 DNA 片段的技术。它能以极少量的 DNA 为模板,在几小时内复制出上百万份的 DNA 拷贝。

(2) 细胞内 DNA 复制的基本条件

参与的组分	在 DNA 复制中的作用
解旋酶	打开 DNA 双链
DNA 母链	提供 DNA 复制的模板
四种脱氧核苷酸	合成子链的原料
DNA 聚合酶	催化合成 DNA 子链
引物	使 DNA 聚合酶能够从引物的 3′端开始连接脱氧核苷酸

(3) PCR 原理

①DNA 变性:在 80～100 ℃,DNA 的双螺旋结构将解体,双链分开,这个过程称为变性。

②DNA 复性:当温度缓慢降低后,两条彼此分离的 DNA 链又会重新结合成双链,这个过程称为复性。

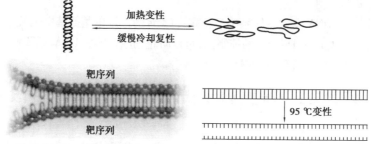

③子链的合成:DNA 聚合酶从引物的 3′端开始延伸 DNA 链,DNA 的合成方向总是从子链的 5′端向 3′端

延伸。

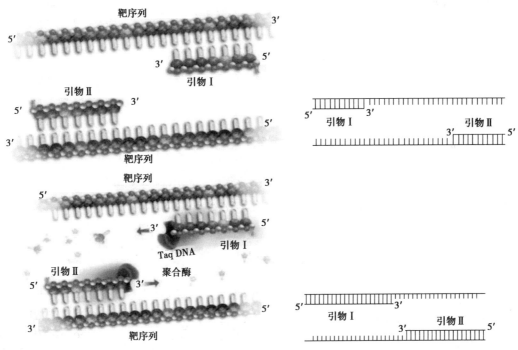

（4）PCR条件

①原料：四种脱氧核苷酸。

②模板：加热变性解旋后的两条DNA母链。

③酶：耐热的DNA聚合酶。

④引物：使DNA聚合酶能够从引物的3′端开始连接脱氧核苷酸。

⑤其他条件：需要稳定的缓冲溶液和能自动调节温度的温控设备等。

2. PCR过程与结果

（1）PCR过程

过程	温度	主要变化
变性	90 ℃以上	双链DNA解聚为单链
复性	50 ℃左右	两种引物通过碱基互补配对分别与两条单链DNA结合
延伸	72 ℃左右	溶液中的四种脱氧核苷酸（A,T,G,C）在DNA聚合酶的作用下,根据碱基互补配对原则合成新的DNA链

（2）PCR的结果

DNA聚合酶只能特异地复制处于两个引物之间的DNA序列,使这段固定长度的序列呈指数扩增。

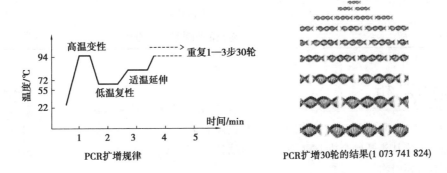

PCR扩增规律　　　　　　　PCR扩增30轮的结果(1 073 741 824)

·疑难探讨

1. PCR 原理

PCR 反应与体内 DNA 复制的引物在化学本质上是否相同？请分析原因。

2. PCR 反应过程

（1）PCR 反应中需要解旋酶和 DNA 聚合酶吗？若需要,则与细胞内 DNA 复制有何区别？

（2）PCR 的每次循环中应如何控制温度？请分析原因。

（3）结合下图分析 PCR 过程中 DNA 复制的方向是怎样的。

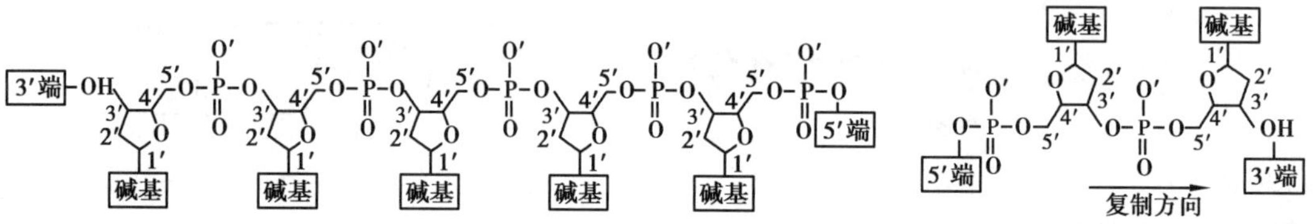

【归纳总结】 PCR 扩增与 DNA 复制的异同

项　目		DNA 复制	PCR 扩增
不同点	时期	有丝分裂间期或减 I 前的间期	任何时期
	场所	活细胞内	细胞外
	酶	解旋酶、DNA 聚合酶	耐高温的 *Taq* DNA 聚合酶
	引物	有转录,产生 RNA 作引物,无须人工加入	无转录,无引物产生,需人工加入两种 DNA 引物
	特点	边解旋边复制	全部解旋后再开始复制
	缓冲液	无需缓冲液	配制缓冲液代替细胞核液
	设备	无	控制温度变化的温控设备
相同点	原理	严格遵循碱基互补配对原则	
	引物	都需要分别与两条模板链相结合的两种引物	
	模板	DNA 的两条链为模板	
	特点	半保留复制	
	原料	游离的四种脱氧核苷酸	

·案例剖析

【例 1】 下列关于 DNA 复制和 PCR 技术的描述中,正确的是（　　　）

A. DNA 聚合酶不能从头开始合成 DNA,只能从 5′端延伸 DNA 链

B. DNA 复制不需要引物

C. 引物与 DNA 母链通过碱基互补配对进行结合

D. PCR 扩增的对象是氨基酸序列

【例 2】PCR 技术有效地解决了因为样品中 DNA 含量太低难以对样品进行研究的问题,而被广泛应用,与细胞内的 DNA 复制相比,PCR 可以快速扩增所需的 DNA 片段。请分析回答下列有关问题:

(1)体内 DNA 复制过程中用解旋酶打开双链 DNA,而 PCR 技术中的解旋原理是_____。

(2)此过程需要一种 *Taq* DNA 聚合酶。该酶是从_____中分离的。

(3)与普通 DNA 聚合酶相比,*Taq* DNA 聚合酶具有的特性是_____。

(4)与体内 DNA 复制相比较,PCR 反应要在_____中才能进行,并且要严格控制_____条件。

(5)PCR 中加入的引物有_____种,加入引物的作用是_____。

【拓展延伸】细胞内的 DNA 复制需要适宜的温度和 pH 吗? 若需要,是如何实现的?

【易错提醒】与 PCR 原理有关的三个易错点

(1)酶的作用位点:解旋酶的作用是使 DNA 两条链之间的氢键断开;DNA 聚合酶与 DNA 连接酶的作用都是催化形成磷酸二酯键。不要误认为解旋酶也作用于磷酸二酯键。

(2)DNA 聚合酶和 DNA 连接酶:DNA 聚合酶是将单个核苷酸连接到已有的单链片段的 3′端上,需要模板;而 DNA 连接酶连接的是两条 DNA 片段的缺口,不需要模板。

(3)PCR 中的解旋过程:PCR 过程中不需要解旋酶,需要升高温度才能打开氢键,但此时的温度不会破坏磷酸二酯键,因此,DNA 加热变性后变为单链,并未分解成单体。

二、PCR 的实验操作

1. 实验用具

　　　　PCR仪　　　　微量离心管　　微量移液器

名　称	作　用
PCR 仪	自动调控温度,实现 DNA 的扩增
微量离心管	进行 PCR 反应的场所
微量移液器	用于向微量离心管中转移 PCR 配方中的液体,每吸取一种试剂后,其上的枪头都必须更换

2. 实验步骤

准备:按照 PCR 反应需要的物质和条件,将需要的试剂和仪器准备好

↓

移液:用微量移液器按照配方在微量离心管中依次加入各试剂

↓

混合:盖严离心管口的盖子,用手指轻轻弹击管的侧壁,使反应液混合均匀

↓

离心:将微量离心管放在离心机上,离心约 10 s,使反应液集中在离心管底部

↓

反应:将离心管放入 PCR 仪中进行反应

【注意事项】避免外源 DNA 等因素的污染

①隔离操作区,所用微量离心管、枪头、缓冲液以及蒸馏水等在使用前必须进行高压灭菌;②分装试剂,简化

操作程序,使用一次性枪头。

3．DNA 含量的测定

(1)测定原理:DNA 在 260 nm 的紫外线波段有一强烈的吸收峰,峰值的大小与 DNA 含量有关。

(2)计算方法:DNA 含量(μg/mL)＝50×(260 nm 的读数)× 稀释倍数。

紫外分光度计

比色杯

·疑难探讨

理解升华　重难透析

1．实验过程分析

(1)离心的目的是什么? 在离心的过程中,微量离心管的盖子为什么一定要盖严?

(2)在离心前要用手轻轻弹击管的侧壁,目的是什么?

(3)PCR 实验中使用的微量离心管、枪头、缓冲液以及蒸馏水等在使用前必须进行高压蒸汽灭菌,为什么这样操作? 还有哪些操作与此目的相同?

2．结果检测

(1)实验中为什么要测定 DNA 的含量?

(2)如何判断 DNA 扩增成功?

(3)PCR 扩增过程可能会出现哪些异常结果?

·案例剖析

活学活用　巩固提升

【例3】进行 PCR 反应的具体实验操作顺序应为(　　　)
①设计好 PCR 仪的循环程序;②按配方准备好各组分;③用微量移液器向微量离心管中依次加入各组分;④进行 PCR 反应;⑤离心使反应液集中在离心管底部。

A.②③⑤④①　　　　　　B.①⑤③②④　　　　　　C.②③⑤①④　　　　　　D.④②⑤③①

【例4】近 20 年来,PCR(多聚酶链式反应)技术成为分子生物学实验室的一种常规实验手段。其原理是利用 DNA 半保留复制,在试管中进行 DNA 的人工复制(如下图),在短时间内,将 DNA 扩增几百万倍甚至几十亿倍,从而使实验室所需的遗传物质不再受限于活的生物体。

(1)加热使 DNA 双链间的_____键完全打开,称为_____;而在细胞中是在_____酶的作用下进行的。

(2)如果只需要大量克隆模板 DNA 中间的某个特定区段,应该加入_____种特定的引物。当温

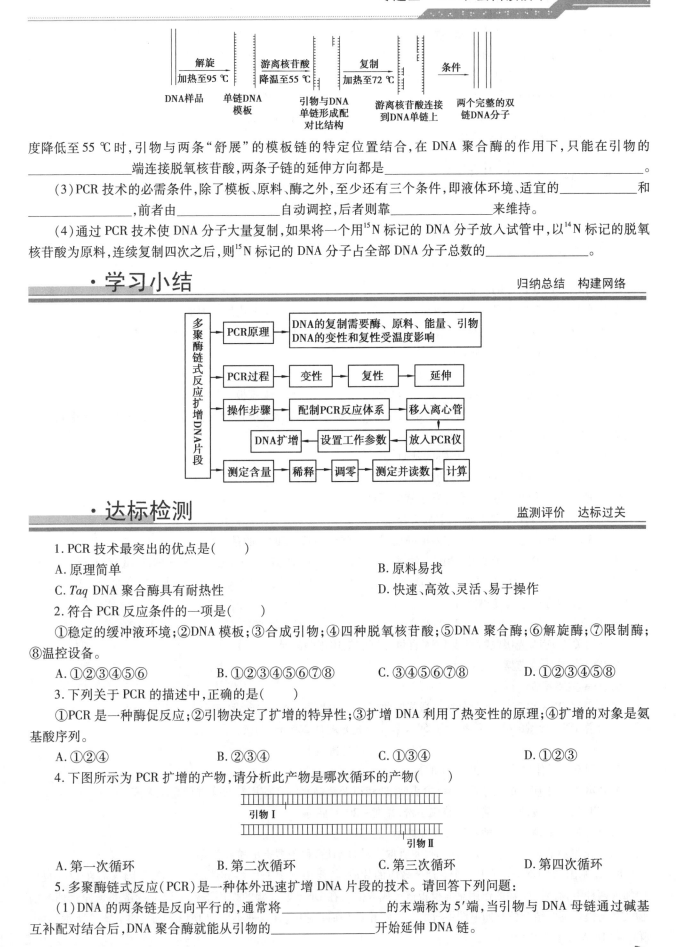

度降低至55 ℃时,引物与两条"舒展"的模板链的特定位置结合,在 DNA 聚合酶的作用下,只能在引物的_____端连接脱氧核苷酸,两条子链的延伸方向都是_____。

(3)PCR 技术的必需条件,除了模板、原料、酶之外,至少还有三个条件,即液体环境、适宜的_____和_____,前者由_____自动调控,后者则靠_____来维持。

(4)通过 PCR 技术使 DNA 分子大量复制,如果将一个用^{15}N 标记的 DNA 分子放入试管中,以^{14}N 标记的脱氧核苷酸为原料,连续复制四次之后,则^{15}N 标记的 DNA 分子占全部 DNA 分子总数的_____。

·学习小结

归纳总结　构建网络

·达标检测

监测评价　达标过关

1. PCR 技术最突出的优点是(　　　)

A. 原理简单

B. 原料易找

C. *Taq* DNA 聚合酶具有耐热性

D. 快速、高效、灵活、易于操作

2. 符合 PCR 反应条件的一项是(　　　)

①稳定的缓冲液环境;②DNA 模板;③合成引物;④四种脱氧核苷酸;⑤DNA 聚合酶;⑥解旋酶;⑦限制酶;⑧温控设备。

A. ①②③④⑤⑥　　　　B. ①②③④⑤⑥⑦⑧　　　　C. ③④⑤⑥⑦⑧　　　　D. ①②③④⑤⑧

3. 下列关于 PCR 的描述中,正确的是(　　　)

①PCR 是一种酶促反应;②引物决定了扩增的特异性;③扩增 DNA 利用了热变性的原理;④扩增的对象是氨基酸序列。

A. ①②④　　　　　　B. ②③④　　　　　　C. ①③④　　　　　　D. ①②③

4. 下图所示为 PCR 扩增的产物,请分析此产物是哪次循环的产物(　　　)

A. 第一次循环　　　　B. 第二次循环　　　　C. 第三次循环　　　　D. 第四次循环

5. 多聚酶链式反应(PCR)是一种体外迅速扩增 DNA 片段的技术。请回答下列问题:

(1)DNA 的两条链是反向平行的,通常将_____的末端称为5′端,当引物与 DNA 母链通过碱基互补配对结合后,DNA 聚合酶就能从引物的_____开始延伸 DNA 链。

(2)PCR 利用 DNA 的热变性原理解决了打开 DNA 双链的问题,但又导致了 DNA 聚合酶失活的新问题。到 20 世纪 80 年代,科学家从一种 *Taq* 细菌中分离出_____,它的发现和应用解决了上述问题。要将 *Taq* 细菌从其他普通的微生物中分离出来,所用的培养基叫_____。

(3)PCR 的每次循环可以分为_____三步。假设在 PCR 反应中,只有一个 DNA 片段作为模板,请计算在 5 次循环后,反应物中大约有_____个这样的 DNA 片段。

(4)简述 PCR 技术的主要应用:_____(要求至少答两项)。

·课时对点练

【基础过关】

1.PCR 技术扩增 DNA,需要的条件是(　　)

①目的基因;②引物;③四种脱氧核苷酸;④DNA 聚合酶等;⑤mRNA;⑥核糖体。

A.②③④⑤　　　　　　B.①②③⑥　　　　　　C.①②③④　　　　　　D.①③④⑤

2.下列有关 PCR 反应的叙述,正确的是(　　)

A.PCR 反应所需要的引物只是 RNA

B.PCR 反应所需要的材料是核糖核苷酸

C.PCR 反应所需要的酶在 60 ℃会变性

D.PCR 反应需要在一定的缓冲溶液中进行

3.下列各项属于引物作用的是(　　)

A.打开 DNA 双链

B.催化合成 DNA 子链

C.使 DNA 聚合酶能够从引物的 3′端开始复制

D.提供模板

4.PCR 一般要经过三十多次循环,从第二轮循环开始,上一次循环的产物也作为模板参与反应,由引物Ⅰ延伸而成的 DNA 单链作模板时(　　)

A.仍与引物Ⅰ结合进行 DNA 子链的延伸

B.与引物Ⅱ结合进行 DNA 子链的延伸

C.同时与引物Ⅰ和引物Ⅱ结合进行子链的延伸

D.无须与引物结合,在酶的作用下从头合成子链

5.PCR 仪实质上是一台自动调控温度的仪器,它调控不同温度的目的是(　　)

①95 ℃时,使 DNA 分子变性,磷酸二酯键断开;②95 ℃时,使 DNA 分子变性,解开螺旋;③55 ℃时,使 DNA 分子开始复制、延伸;④55 ℃时,引物与 DNA 单链结合;⑤72 ℃时,使 DNA 分子开始复制、延伸;⑥72 ℃时,使 DNA 分子恢复双螺旋结构,恢复活性。

A.①③⑤　　　　　　B.②③⑤　　　　　　C.②④⑤　　　　　　D.②④⑥

6.下面关于 DNA 光吸收特点或 DNA 含量计算的叙述正确的是(　　)

A.DNA 主要吸收蓝紫光

B.DNA 主要吸收红橙光

C.可根据 DNA 在 260 nm 紫外线波段光吸收量的多少推算 DNA 的含量

D.计算 DNA 含量的公式可表示为"50×紫外分光光度计 260 nm 的读数"

【能力提升】

7.下列有关操作过程的叙述,错误的是(　　)

A.PCR 实验中使用的微量离心管、枪头、缓冲液以及蒸馏水等在使用前必须进行高压灭菌

B.PCR 所用的缓冲液和酶应分装成小份,并在 −20 ℃储存

C.PCR 所用的缓冲液和酶从冰箱拿出之后,迅速融化

D.在微量离心管中添加反应成分时,每吸取一种试剂后,移液器上的枪头都必须更换

8."X 基因"是 DNA 分子上一个有遗传效应的片段,若要用 PCR 技术特异性地拷贝"X 基因",需在 PCR 反应中加入两种引物(注:引物的作用是与模板链形成双链后在 DNA 聚合酶的作用下就可以继续链的延伸),两种引物及其与模板链的结合位置如下图甲所示。经四轮循环后产物中有五种不同的 DNA 分子,如下图乙所示,其中第⑤种 DNA 分子有几个(　　)

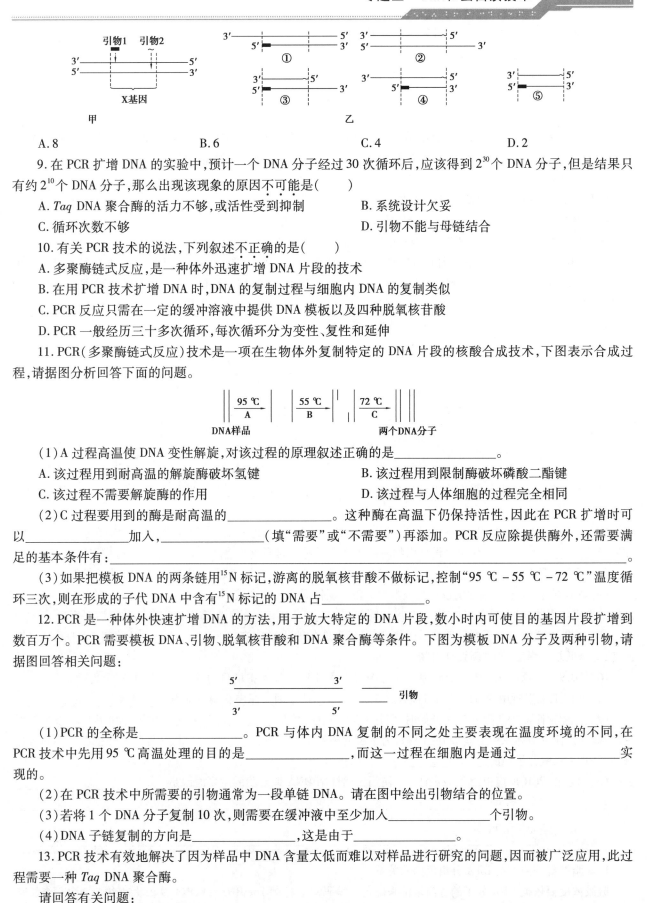

A. 8   B. 6   C. 4   D. 2

9. 在 PCR 扩增 DNA 的实验中,预计一个 DNA 分子经过 30 次循环后,应该得到 2^{30} 个 DNA 分子,但是结果只有约 2^{10} 个 DNA 分子,那么出现该现象的原因不可能是(   )

A. *Taq* DNA 聚合酶的活力不够,或活性受到抑制   B. 系统设计欠妥

C. 循环次数不够   D. 引物不能与母链结合

10. 有关 PCR 技术的说法,下列叙述不正确的是(   )

A. 多聚酶链式反应,是一种体外迅速扩增 DNA 片段的技术

B. 在用 PCR 技术扩增 DNA 时,DNA 的复制过程与细胞内 DNA 的复制类似

C. PCR 反应只需在一定的缓冲溶液中提供 DNA 模板以及四种脱氧核苷酸

D. PCR 一般经历三十多次循环,每次循环分为变性、复性和延伸

11. PCR(多聚酶链式反应)技术是一项在生物体外复制特定的 DNA 片段的核酸合成技术,下图表示合成过程,请据图分析回答下面的问题。

(1)A 过程高温使 DNA 变性解旋,对该过程的原理叙述正确的是_____。

A. 该过程用到耐高温的解旋酶破坏氢键   B. 该过程用到限制酶破坏磷酸二酯键

C. 该过程不需要解旋酶的作用   D. 该过程与人体细胞的过程完全相同

(2)C 过程要用到的酶是耐高温的_____。这种酶在高温下仍保持活性,因此在 PCR 扩增时可以_____加入,_____(填"需要"或"不需要")再添加。PCR 反应除提供酶外,还需要满足的基本条件有:_____。

(3)如果把模板 DNA 的两条链用 ^{15}N 标记,游离的脱氧核苷酸不做标记,控制"95 ℃ – 55 ℃ – 72 ℃"温度循环三次,则在形成的子代 DNA 中含有 ^{15}N 标记的 DNA 占_____。

12. PCR 是一种体外快速扩增 DNA 的方法,用于放大特定的 DNA 片段,数小时内可使目的基因片段扩增到数百万个。PCR 需要模板 DNA、引物、脱氧核苷酸和 DNA 聚合酶等条件。下图为模板 DNA 分子及两种引物,请据图回答相关问题:

(1)PCR 的全称是_____。PCR 与体内 DNA 复制的不同之处主要表现在温度环境的不同,在 PCR 技术中先用 95 ℃高温处理的目的是_____,而这一过程在细胞内是通过_____实现的。

(2)在 PCR 技术中所需要的引物通常为一段单链 DNA。请在图中绘出引物结合的位置。

(3)若将 1 个 DNA 分子复制 10 次,则需要在缓冲液中至少加入_____个引物。

(4)DNA 子链复制的方向是_____,这是由于_____。

13. PCR 技术有效地解决了因为样品中 DNA 含量太低而难以对样品进行研究的问题,因而被广泛应用,此过程需要一种 *Taq* DNA 聚合酶。

请回答有关问题:

(1)体内 DNA 复制过程中用解旋酶打开双链 DNA,而 PCR 技术_____来实现。

(2)*Taq* DNA 聚合酶是从热泉中的 *Taq* 细菌中分离出来的。

①为什么 *Taq* 细菌能从热泉中被筛选出来呢?_____。

②*Taq* DNA 聚合酶的功能是_____。

(3)与体内 DNA 复制相比较,PCR 反应要在_____中才能进行,并且要严格控制_____条件。

(4)PCR 反应中加入的引物有_____种,加入引物的作用是_____。

【高考体验】

14.(2013·江苏,22)小鼠杂交瘤细胞表达的单克隆抗体用于人体试验时易引起过敏反应,为了克服这个缺陷,可选择性扩增抗体的可变区基因(目的基因)后再重组表达。下列相关叙述正确的是(多选)(　　)

　A.设计扩增目的基因的引物时不必考虑表达载体的序列

　B.用 PCR 方法扩增目的基因时不必知道基因的全部序列

　C.PCR 体系中一定要添加从受体细胞中提取的 DNA 聚合酶

　D.一定要根据目的基因编码产物的特性选择合适的受体细胞

15.(2017·江苏,33)金属硫蛋白(MT)是一类广泛存在的金属结合蛋白,某研究小组计划通过多聚酶链式反应(PCR)扩增获得目的基因,构建转基因工程菌,用于重金属废水的净化处理。PCR 扩增过程示意图如下图所示,请回答下列问题:

　(1)从高表达 MT 蛋白的生物组织中提取 mRNA,通过_____获得_____用于 PCR 扩增。

　(2)设计一对与 MT 基因两端序列互补配对的引物(引物 1 和引物 2),为方便构建重组质粒,在引物中需要增加适当的_____位点。设计引物时需要避免引物之间形成_____,而造成引物自连。

　(3)图中步骤 1 代表_____,步骤 2 代表复性,步骤 3 代表延伸,这三个步骤组成一轮循环。

　(4)PCR 扩增时,复性温度的设定是成败的关键。复性温度过高会破坏_____的碱基配对。复性温度的设定与引物长度、碱基组成有关,长度相同但_____的引物需要设定更高的复性温度。

　(5)如果 PCR 反应得不到任何扩增产物,则可以采取的改进措施有_____(填序号:①升高复性温度;②降低复性温度;③重新设计引物)。

16.(2019·新课标全国卷Ⅰ,38)基因工程中可以通过 PCR 技术扩增目的基因。回答下列问题。

　(1)基因工程中所用的目的基因可以人工合成,也可以从基因文库中获得。基因文库包括_____。

　(2)生物体细胞内的 DNA 复制开始时,解开 DNA 双链的酶是_____。在体外利用 PCR 技术扩增目的基因时,使反应体系中的模板 DNA 解链为单链的条件是_____。上述两个解链过程的共同点是破坏了 DNA 双链分子中的_____。

　(3)目前在 PCR 反应中使用 *Taq* 酶而不使用大肠杆菌 DNA 聚合酶的主要原因是_____

_____。

课外阅读

自主研修　拓展视野

1.琼脂糖凝胶浓度与 DNA 分离范围的关系

凝胶浓度要依据 DNA 分子的分离范围来确定。编码双歧杆菌 16srRNA 的 DNA 片段大小约为 1 500 个核苷酸的长度,因此根据下表选用 1%(1 g/100 mL,下同)的凝胶浓度。

琼脂糖凝胶浓度与DNA分离范围的关系

琼脂糖凝胶浓度/%	线型DNA分子的分离范围/kb
0.3	5～60
0.6	1～20
0.7	0.8～10
0.9	0.5～7
1.2	0.9～6
1.5	0.2～3
12.0	0.1～2

2.核酸电泳缓冲液

核酸电泳缓冲液有三种,分别是 Tris—硼酸(TBE)、Tris—乙酸(TAE)和 Tris—磷酸(TPE)。在上述三种缓冲液中:TBE与TPE缓冲液容量高,对DNA的分离效果好,但TPE液中含磷酸盐的浓度偏高,容易使DNA沉淀。TAE液的缓冲容量低,价格较便宜。本实验选用的是TBE缓冲液。缓冲液中的EDTA可螯合正价阳离子,从而抑制DNA酶的活性,防止PCR产物被降解。

10倍浓缩的TBE缓冲液配方如下:Tris 108 g;EDTA 9.3 g;硼酸 55 g。将上述物质溶解后,用蒸馏水定容至 1 000 mL,调节 pH 值为8.0～8.2备用,使用时需稀释10倍。

3.核酸电泳的指示剂与染色剂

核酸电泳常用的指示剂是溴酚蓝,溴酚蓝在碱性条件下呈蓝紫色。指示剂一般与蔗糖、甘油或聚蔗糖400组成载样缓冲液。载样缓冲液的作用是:能够增加样品密度,确保DNA均匀沉入加样孔内;能够在电泳中形成肉眼可见的蓝紫色指示带,从而帮助预测核酸电泳的速度和位置;能够使样品呈现蓝紫色,使加样操作更方便。核酸电泳后,需要染色才能在紫外线下观察到带型。最常用的染色方法是溴化乙啶染色法。溴化乙啶(EB)是一种荧光染料,有剧毒,因此操作时要非常小心。EB可嵌入DNA双链的碱基对之间,在紫外线激发下,能发出红色荧光。染色的方法有两种。一种是在凝胶电泳液中加入EB,使其终浓度为 0.5 μg/ mL;一种是在电泳后,将凝胶浸入 0.5 μg/ mL 的EB溶液中,染色 10～15 min。当凝胶染色过深时,可以将凝胶放入蒸馏水中浸泡 30 min 后再观察。

4.PCR的常见问题

PCR实验很容易出现假阳性或假阴性结果。出现假阴性结果的常见原因有:*Taq* DNA聚合酶活力不够或其活性受到抑制;引物设计不合理;提取的模板质量或数量不过关以及PCR系统的建立欠妥当;循环次数不够;等等。当实验中出现假阴性的情况时,应首先在原来扩增的产物中再加入 *Taq* DNA聚合酶,并增加 5～10 次循环。为了防止假阴性结果的出现,在选用 *Taq* DNA聚合酶时,要注意用活力高、质量好的酶。同时,在提取DNA模板时,应特别注意避免提取物中含有抑制酶活性的污染物,如酚、氯仿等的存在。尽管 *Taq* DNA聚合酶对模板纯度的要求不高,但也不允许有机试剂的污染。PCR扩增的先决条件以及特异性的高低,很大程度上取决于引物与靶DNA的互补情况,尤其需要保证引物的3′端与靶基因互补。PCR技术高度灵敏,极其微量的靶基因污染都会造成非目标DNA片段的大量扩增,因此模板DNA的污染是PCR假阳性结果的主要原因。此外,样品中存在靶基因的同源序列也可能造成假阳性结果。为了避免因污染而造成的假阳性结果,PCR操作时要做到:隔离操作区,分装试剂,简化操作程序,使用一次性吸头等。

课题三　血红蛋白的提取和分离

[素养目标]

本课题通过尝试对血液中血红蛋白的提取和分离,体验从复杂体系中提取生物大分子的基本过程和方法,并了解色谱法、电泳法等分离生物大分子的基本原理,为今后运用这些技术打下基础。

[重难点击]

1.尝试提取和分离血液中的血红蛋白,体验提取生物大分子的基本过程和方法。

2.了解凝胶色谱法、电泳法等分离生物大分子方法的基本原理。

[学海导航]

1.通过阅读教材"基础知识",掌握蛋白质分离的方法凝胶色谱法的原理、缓冲液的制备及作用和蛋白质纯度鉴定的方法电泳法的原理。

2.分析教材"实验操作",掌握蛋白质提取和分离的过程。

3.阅读教材"操作提示",掌握蛋白质分离过程中需注意的问题。

【导引】蛋白质是生命活动不可缺少的物质。随着人类基因组计划的进展以及多种生物基因组测序工作的完成,人类跨入了后基因组——蛋白质组时代。对蛋白质的研究与应用,首先需要获得纯度较高的蛋白质。因此,从复杂的细胞混合物中提取、分离高纯度的蛋白质是生物科学研究中经常要做的工作。本课题通过当今生物科学在蛋白质研究领域的进展,说明提取、分离高纯度的蛋白质的重要性和必要性,进而明确地提出课题目的:以血红蛋白为实验材料,学习蛋白质提取和分离的一些基本技术。让学生发挥主动性,让学生介绍当前有关蛋白质研究的新进展,激发学生的学习兴趣,然后指出本课题的学习意义,让学生初步体会分离纯化蛋白质的过程和方法。

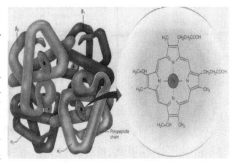

一、蛋白质的分离技术

·基础知识

夯实基础　突破要点

1.蛋白质的分离依据

根据蛋白质各种特性的差异,如分子的形状和大小、所带电荷的性质和多少、溶解度、吸附性质和对其他分子的亲和力等,可以分离不同种类的蛋白质。

2.凝胶色谱法

(1)概念:也称分配色谱法,是根据相对分子质量的大小分离蛋白质的有效方法。

(2)凝胶的特点:

形态:微小的多孔球体

组成:大多数由多糖类化合物构成

结构:内部有许多贯穿的通道

(3)常用凝胶:葡聚糖或琼脂糖。

(4)分离原理:

①相对分子质量较小的蛋白质容易进入凝胶内部的通道,路程较长,移动速度较慢,通过凝胶的时间较长。

②相对分子质量较大的蛋白质无法进入凝胶内部的通道,只能在凝胶外部移动,路程较短,移动速度较快,通过凝胶的时间较短。

3.缓冲溶液

(1)作用:在一定范围内,缓冲溶液能够抵制外界的酸和碱对溶液 pH 的影响,维持 pH 基本不变。

(2)配制:通常由1~2 种缓冲剂溶解于水中配制而成。调节缓冲剂的使用比例就可以制得在不同 pH 范围内使用的缓冲液。

(3)意义:能够在实验室条件下准确模拟生物体内的生理环境,保持体外溶液的 pH 与体内环境中的 pH 基本一致。

4.电泳

(1)概念:带电粒子在电场的作用下发生迁移的过程。

(2)原理:

①带电粒子:许多重要的生物大分子,如多肽、核酸等都具有可解离的基团,在一定的 pH 下,这些基团会带上

正电或负电。

②迁移动力与方向:在电场的作用下,带电分子会向着与其所带电荷相反的电极移动。

③分离依据:利用待分离样品中各种分子带电性质的差异以及分子本身的大小、形状的不同,使带电分子产生不同的迁移速度,从而实现样品中各种分子的分离。

(3)常用的电泳方法:琼脂糖凝胶电泳和聚丙烯酰胺凝胶电泳。

·疑难探讨
理解升华　重难透析

1.凝胶色谱法

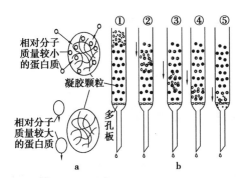

(1)结合上图,根据凝胶色谱法的分离原理,填表分析不同大小的分子洗脱的次序。

蛋白质种类	相对分子质量大的	相对分子质量小的
直径大小		
运动方式		无规则的扩散运动
运动路程	较短	
运动速度		较慢
洗脱次序	先流出	后流出

(2)结合上图分析,为什么相对分子质量较大的蛋白质会先从色谱柱中洗脱出来?

(3)凝胶色谱法分离蛋白质时通过一次洗脱能否将所需蛋白质与其他杂质彻底分离?

2.电泳
(1)从电荷方面思考,适合电泳法分离的各种分子需具备什么条件?

(2)SDS—聚丙烯酰胺凝胶电泳分离蛋白质是否能依据蛋白质所带电荷的差异? 为什么?

【归纳总结】琼脂糖凝胶电泳和SDS—聚丙烯酰胺凝胶电泳的两点区别
(1)分离原理不同
①琼脂糖凝胶电泳依据分子所带电荷的差异和分子大小、形状等。
②SDS—聚丙烯酰胺凝胶电泳则完全取决于分子大小,而非电荷性质和分子形状。
(2)用途不同
①琼脂糖凝胶电泳广泛应用于核酸的研究中,用于分离大分子核酸。
②SDS—聚丙烯酰胺凝胶电泳则广泛应用于分离蛋白质和相对分子质量较小的核酸。

·案例剖析

【例1】凝胶色谱法分离蛋白质时最先由色谱柱下端流出的是(　　)

A.相对分子质量较小的蛋白质　　　　　B.相对分子质量较大的蛋白质

C.凝胶颗粒　　　　　　　　　　　　　D.葡萄糖或琼脂糖分子

【例2】有关凝胶色谱法和电泳法的说法,正确的是(　　)

A.它们都是分离蛋白质的重要方法

B.它们的原理相同

C.使用凝胶色谱法需要使用缓冲溶液而电泳不需要

D.以上说法都正确

二、实验操作和操作提示

·基础知识

1.样品处理

(1)红细胞的洗涤

加入抗凝血剂柠檬酸钠　　　初次离心后的结果　　　3次洗涤后的结果

①目的:去除杂蛋白。

②方法:低速短时间离心。

③标准:直至上清液不再呈现黄色。

(2)血红蛋白的释放

磁力搅拌器　　　　　　搅拌器转子　　　　　搅拌器正在工作　　　　搅拌的结果

红细胞$\xrightarrow[\text{蒸馏水}]{\text{加入}}$到原血液的体积$\xrightarrow[40\%\text{体积的甲苯}]{\text{加入}}$磁力搅拌器上搅拌$\xrightarrow{10\text{ min}}$血红蛋白释放。

(3)分离血红蛋白溶液

①方法:混合液$\xrightarrow{2\ 000\text{ r/min 离心 }10\text{ min}}$分层。

②分层结果(自上而下):

第1层:无色透明的甲苯层。

第2层:脂溶性物质的沉淀层——白色薄层固体。

第3层:血红蛋白的水溶液——红色透明液体。

第4层:其他杂质的暗红色沉淀物。

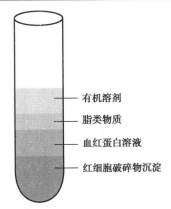

——有机溶剂
——脂类物质
——血红蛋白溶液
——红细胞破碎物沉淀

③结果处理:将试管中的液体用滤纸过滤,除去脂溶性沉淀层,于分液漏斗中静置片刻后,分出下层的红色透明液体。

2.透析——粗分离

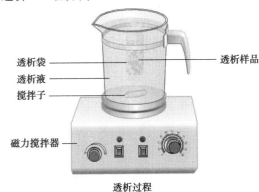

透析袋

透析液

搅拌子

磁力搅拌器

透析样品

透析过程

装配好的凝胶柱(加样前)

加透析样品

样品
缓冲液
样品

①　　②　　③　　④

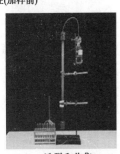

样品渗入凝胶床　　　　洗脱和收集

(1)过程:取1 mL的血红蛋白溶液装入透析袋中,将其放入盛有300 mL的物质的量浓度为20 mmol/L的磷酸缓冲液中(pH=7.0),透析12 h。

(2)原理:透析袋能让小分子自由进出,而将大分子保留在袋内。

(3)目的:去除样品中相对分子质量较小的杂质。

3.凝胶色谱操作——纯化

(1)凝胶色谱柱的制作

↓

(2)凝胶色谱柱的装填:凝胶用蒸馏水充分膨胀后,配成凝胶悬浮液,一次性缓慢倒入凝胶色谱柱内

↓

(3)样品的加入 { ①加样前:打开流出口,使柱内凝胶面上的缓冲液缓慢下降到与凝胶面平齐,关闭出口
②加样:用吸管小心地将1 mL透析后的样品加到色谱柱的顶端,注意不要破坏凝胶面
③加样后:打开下端出口,使样品渗入凝胶床内

↓

(4)洗脱:关闭下端出口,加入磷酸缓冲液,连接缓冲液洗脱瓶,打开下端出口,进行洗脱

4. SDS—聚丙烯酰胺凝胶电泳——纯度鉴定

判断纯化的蛋白质是否达到要求,需要进行蛋白质纯度的鉴定。鉴定方法中,使用最多的是 SDS—聚丙烯酰胺凝胶电泳。

5. 操作提示

(1)红细胞的洗涤:洗涤次数、离心速度与离心时间十分重要。洗涤次数过少,无法除去血浆蛋白;离心速度过高和时间过长会使白细胞等一同沉淀,达不到分离的效果。

(2)色谱柱填料的处理:商品凝胶使用前需直接放在洗脱液中膨胀,可以将加入洗脱液的湿凝胶用沸水浴加热,加速膨胀。

(3)凝胶色谱柱的装填:在装填凝胶柱时,不得有气泡存在。气泡会搅乱洗脱液中蛋白质的洗脱次序,降低分离效果。

(4)蛋白质的分离:如果红色区带均匀一致地移动,说明色谱柱制作成功。

·疑难探讨

理解升华　重难透析

1. 实验操作过程

(1)材料的选择:与其他真核细胞相比,哺乳动物成熟红细胞有什么特点?这一特点对进行蛋白质的分离有什么意义?

(2)洗涤红细胞的目的是什么?如何判断红细胞已洗涤干净?

(3)在血红蛋白释放过程中,蒸馏水和甲苯的作用分别是什么?

(4)血红蛋白释放后的混合液离心后分为哪几层?如何获得血红蛋白溶液?

(5)将收集的血红蛋白溶液放在透析袋中进行透析,透析的目的是什么?

2. 凝胶色谱操作

(1)在制作凝胶色谱柱时,凝胶色谱柱的高度不足或直径过大对洗脱效果分别有何影响?

(2)试从凝胶色谱的分离原理分析,凝胶的装填为什么要紧密、均匀?

【归纳总结】血红蛋白的提取和分离中各操作的主要目的

操　作	目　的
红细胞的洗涤	去除杂蛋白,如血浆蛋白
血红蛋白的释放	使红细胞破裂,释放血红蛋白
分离血红蛋白溶液	经离心使血红蛋白与其他杂质分离开
透析	除去样品中相对分子质量较小的杂质
纯化	除去相对分子质量较大的杂质蛋白质

·案例剖析

活学活用　巩固提升

【例3】下列关于凝胶色谱法分离血红蛋白实验中样品的加入和洗脱的叙述中,不正确的是(　　　)

A. 加样前,打开色谱柱下端的流出口,使柱内凝胶面上的缓冲液缓慢下降到凝胶面的下面

B. 用吸管小心地将1 mL透析后的样品加到色谱柱的顶端,不要破坏凝胶面

C. 加样后,打开下端出口,使样品渗入凝胶床内

D. 等样品完全进入凝胶层后,关闭下端出口

【例4】下图表示血红蛋白提取和分离的部分实验装置,请据图分析回答下列问题:

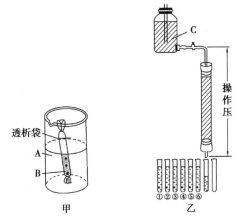

(1)血红蛋白是人和其他脊椎动物红细胞的主要组成成分,其在红细胞中的作用体现了蛋白质具有_____功能。

(2)甲装置用于_____,目的是去除样品中_____的杂质,图中A是_____,B是_____溶液。

(3)用乙装置分离蛋白质的方法叫_____,是根据_____分离蛋白质的有效方法。

(4)乙装置中,C是_____,其作用是_____。

(5)用乙装置分离血红蛋白时,待_____时,用试管收集流出液,每5 mL收集一管,连续收集,图中试管序号表示收集的先后。经检测发现,试管②和试管⑤中蛋白质含量最高,则试管⑤中的蛋白质相对分子质量比血红蛋白_____(填"大"或"小")。

【规律方法】凝胶色谱法分离蛋白质中确定收集蛋白质时间的方法

(1)血红蛋白的收集:利用血红蛋白的颜色,当红色的蛋白质接近色谱柱底端时,就要收集流出液。

(2)其他无色蛋白质的收集:可以在实验时加入指示剂以掌握样品的移动位置,确定最佳的收集时机。

·学习小结

归纳总结　构建网络

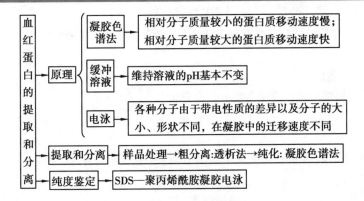

·达标检测

1.用凝胶色谱法分离蛋白质时,相对分子质量大的蛋白质(　　)

A.路程较长,移动速度较慢　　　　　　　　B.路程较长,移动速度较快

C.路程较短,移动速度较慢　　　　　　　　D.路程较短,移动速度较快

2.下列各项中不属于电泳使样品中各分子分离的原因的是(　　)

A.分子带电性质的差异　　　B.分子的大小　　　　C.分子的形状　　　　D.分子的变性温度

3.下列有关提取和分离血红蛋白的程序,叙述错误的是(　　)

A.样品的处理就是通过一系列操作收集到血红蛋白溶液

B.通过透析可以去除样品中相对分子质量较大的杂质,此为样品的粗分离

C.可通过凝胶色谱法将相对分子质量大的杂质蛋白除去,即样品的纯化

D.可通过 SDS—聚丙烯酰胺凝胶电泳鉴定血红蛋白的纯度

4.下图表示血红蛋白提取和分离实验的部分装置或操作方法,请回答下列问题:

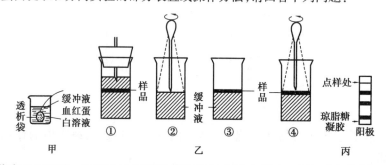

(1)为了提取和分离血红蛋白,首先对红细胞进行洗涤以去除杂蛋白,洗涤时应使用生理盐水而不使用蒸馏水的原因是_____。

(2)图甲表示_____过程,该操作目的是去除样品中_____的杂质。现有一定量的血红蛋白溶液,进行上述操作时若要尽快达到理想的实验效果,可以_____(写出一种方法)。一段时间后,若向烧杯中加入双缩脲试剂,透析袋内溶液是否出现紫色,并说明判断的依据:_____

_____。

(3)观察图乙,往色谱柱中加样的正确操作顺序是_____(用序号表示)。在进行④操作前,应该等样品_____,且要_____(填"打开"或"关闭")下端出口。

(4)图丙表示电泳法分离蛋白质的结果,不同蛋白质得以分离是因为_____

_____。

·课时对点练

【基础过关】

1.凝胶色谱法是分离蛋白质分子的一种常用方法,但并非所有的蛋白质都可以用此方法进行分离,能分离的蛋白质分子之间必须(　　)

A.具有相同的相对分子质量

B.相对分子质量不同,但都是相对分子质量较大的分子

C.相对分子质量不同,但都是相对分子质量较小的分子

D.具有不同的相对分子质量

2.根据血清蛋白醋酸纤维素薄膜电泳图谱示意图分析,所带负电荷最多的球蛋白是(　　)

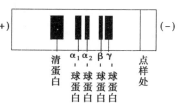

A.α_1-球蛋白　　　　　　　　B.α_2-球蛋白

C.β-球蛋白　　　　　　　　D.γ-球蛋白

3. 使用凝胶色谱法分离蛋白质实验中,相对分子质量不同的蛋白质在凝胶中的行进过程可表示为图中( )

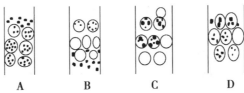

A　　　　B　　　　C　　　　D

4. 下列说法不正确的是( )

A. 在一定范围内,缓冲溶液能够抵制外界的酸、碱对溶液 pH 的影响,维持 pH 基本不变

B. 缓冲溶液通常由 1~2 种缓冲剂溶解于水中配制而成

C. 电泳是指带电粒子在电场的作用下发生迁移的过程

D. 透析袋能使大分子自由进出,而将小分子保留在袋内

5. 蛋白质的提取和分离分为哪几步,依次是( )

A. 样品处理、凝胶色谱操作、SDS—聚丙烯酰胺凝胶电泳

B. 样品处理、凝胶色谱操作、纯化

C. 样品处理、粗分离、纯化、纯度鉴定

D. 样品处理、纯化、粗分离、纯度鉴定

6. 在血红蛋白分离过程中,使用缓冲液的作用是( )

A. 维持溶液浓度不变

B. 维持溶液酸碱度不变

C. 催化蛋白质分离过程顺利完成

D. 无实际意义

【能力提升】

7. 已知某样品中存在甲、乙、丙、丁、戊五种物质,其分子大小、电荷的性质和数量情况如下图所示。下列叙述正确的是( )

A. 将样品装入透析袋中透析 12 h,若分子乙保留在袋内,则分子甲也保留在袋内

B. 若五种物质为蛋白质,则用凝胶色谱柱分离时,甲的移动速度最快

C. 将样品以 2 000 r/min 的速度离心 10 min,若分子戊存在于沉淀中,则分子丙也存在于沉淀中

D. 若五种物质为蛋白质,用 SDS—聚丙烯酰胺凝胶电泳分离样品中的蛋白质分子,则分子甲和分子戊形成的电泳带相距最近

8. 关于在凝胶柱上加入样品和洗脱的操作,下列说法不正确的是( )

A. 加样前要使柱内凝胶面上的缓冲液下降到与凝胶面平齐

B. 让吸管管口沿管壁环绕移动,贴壁加样至色谱柱顶端,不要破坏凝胶面

C. 打开下端出口,待样品完全进入凝胶层后,直接连接缓冲液,洗脱瓶开始洗脱

D. 待红色的蛋白质接近色谱柱底端时,每 5 mL 收集一管,连续收集流出液

9. 凝胶柱的制作顺序一般是( )

①橡皮塞打孔;②挖凹穴;③装玻璃管;④盖尼龙网;⑤盖尼龙纱;⑥将橡皮塞插入玻璃管;⑦接尼龙管、装螺旋夹;⑧柱顶插入安装玻璃管的橡皮塞。

A. ①③④⑤⑥⑧⑦② 　　B. ①②③④⑤⑥⑦⑧ 　　C. ①②③④⑥⑤⑧⑦ 　　D. ①②③⑦⑥⑤⑧④

10. 下列关于蛋白质提取和分离实验中样品处理步骤的描述,正确的是( )

A. 红细胞的洗涤:加入蒸馏水,缓慢搅拌,低速短时间离心

B. 血红蛋白的释放:加入生理盐水和甲苯,置于磁力搅拌器上充分搅拌

C. 分离血红蛋白:将搅拌好的混合液离心,过滤后,用分液漏斗分离

D. 透析:将血红蛋白溶液装入透析袋,然后置于 pH 值为 4.0 的磷酸缓冲液中透析 12 h

11. 凝胶色谱技术是 20 世纪 60 年代初发展起来的一种快速而又简单的分离技术,由于设备简单、操作方便,不需要有机溶剂,对高分子物质有很好的分离效果,目前已经被生物化学、分子生物学、生物工程学、分子免疫学

以及医学等有关领域广泛应用,不但应用于科学实验研究,而且已经大规模地用于工业生产。据图回答问题:

(1)a、b均为蛋白质分子,其中先从色谱柱中洗脱出来的是_____,原因是_____。

(2)自己制作凝胶色谱柱时,在色谱柱底部d位置相当于多孔板的结构可由_____替代。

(3)装填凝胶色谱柱时,色谱柱内不能有气泡存在,原因是_____。

(4)洗脱用的液体应尽量与浸泡凝胶所用的液体_____(填"相同"或"不同"),洗脱时,对洗脱液的流速要求是_____。

12. 某生物兴趣小组在"蛋白质的提取和分离"实验中,准备从猪的血液中初步提取血红蛋白,设计的"血红蛋白提取、分离流程图"如下:

实验准备(配制缓冲液、血细胞悬液) → 样品处理(洗涤、破碎、离心等) → 蛋白质粗分离(透析)
→ 纯化、纯度鉴定(凝胶色谱法、电泳等)

请回答下列有关问题:

(1)样品处理中红细胞的洗涤要用_____反复冲洗、离心。向红细胞悬液中加入一定量的低浓度 pH=7.0 的缓冲液并充分搅拌,可以破碎红细胞,破碎细胞的原理是_____。

(2)血红蛋白粗分离阶段,透析的目的是_____,若要尽快达到理想的透析效果,可以_____(写出一种方法)。

(3)电泳利用了待分离样品中各种分子的_____等的差异,产生不同迁移速度,实现各种分子的分离。

(4)一同学通过血红蛋白醋酸纤维薄膜电泳,观察到正常人和镰刀型细胞贫血症患者的血红蛋白电泳结果如图所示。由图可知携带者有_____种血红蛋白,从分子遗传学的角度作出的解释是_____。

13. 血红蛋白是人和其他脊椎动物红细胞的主要组成成分,负责血液中 O_2 或 CO_2 的运输。请根据血红蛋白的提取和分离流程图回答问题。

(1)将实验流程补充完整:A 为_____,B 为_____。凝胶色谱法是根据_____分离蛋白质的有效方法。

(2)洗涤红细胞的目的是去除_____,洗涤次数过少,无法除去_____;离心速度过高和时间过长会使_____一同沉淀,达不到分离的效果。洗涤干净的标志是_____。释放血红蛋白的过程中起作用的是_____。

(3)在洗脱过程中加入物质的量浓度为 20 mmol/L 的磷酸缓冲液(pH=7.0)的目的是_____。如果红色区带_____,说明色谱柱制作成功。

【真题体验】

14.(2011·广东,5)以下关于猪血红蛋白提纯的描述中,不正确的是( )

A. 洗涤红细胞时,使用生理盐水可防止红细胞破裂

B. 猪成熟红细胞中缺少细胞器和细胞核,提纯时杂蛋白较少

C. 血红蛋白的颜色可用于凝胶色谱法分离过程的监测

D. 在凝胶色谱法分离过程中,血红蛋白比分子量较小的杂蛋白移动慢

· 课外阅读

聚丙烯酰胺凝胶电泳鉴定血红蛋白纯度

1. 试剂的配制

(1)丙烯酰胺和 N,N-甲叉双丙烯酰胺:用去离子水配制29%(29 g/100 mL,下同)的丙烯酰胺和1%的 N,N-甲叉双丙烯酰胺的贮存液。由于丙烯酰胺和双丙烯酰胺在贮存过程中分别会缓慢转变为丙烯酸和双丙烯酸,这一反应是由光或碱催化的,因此在每次使用前,应核实溶液的 pH 值不超过7.0;并且应将配制好的溶液置于棕色瓶中,室温贮存,每隔几个月须重新配制。

(2)十二烷基硫酸钠(SDS):用去离子水配成10%的贮存液,于室温保存。

(3)用于制备分离胶和浓缩胶的 Tris 缓冲液:1.5 mol/L、pH = 8.8 的 Tris 缓冲液(分离胶缓冲液);1 mol/L、pH = 6.8 的 Tris 缓冲液(浓缩胶缓冲液)。

(4)TEMED(N,N,N',N'-四甲基乙二胺):TEMED 通过催化过硫酸铵形成自由基而加速丙烯酰胺与双丙烯酰胺的聚合。

(5)过硫酸铵:用去离子水配制10%的过硫酸铵溶液。过硫酸铵提供驱动丙烯酰胺和双丙烯酰胺聚合所必需的自由基。此溶液须配制新鲜液。

(6)Tris—甘氨酸电泳缓冲液:25 mmol/L Tris,250 mmol/L 甘氨酸(pH = 8.3),0.1%的 SDS。

(7)样品处理液:50 mmol/L Tris—HCl(pH = 6.8),100 mmol/L DTT(巯基苏糖醇)或5%的巯基乙醇,2%的 SDS,0.1%的溴酚蓝,10%的甘油。

(8)染色液:0.1%的考马斯亮蓝 R250,40%的甲醇,10%的冰醋酸。

(9)脱色液:10%的甲醇和10%的冰醋酸。

由于制备凝胶的丙烯酰胺和双丙烯酰胺具有很强的神经毒性,并且容易被皮肤吸收,因此操作必须在通风橱内或通风处进行。TEMED 和过硫酸铵对黏膜和上呼吸道组织、眼睛、皮肤等有很大的破坏作用,吞服可致命,因此在进行电泳操作时一定要按照实验要求和步骤,在老师的指导下完成。操作时要戴好一次性手套。

2. 电泳

(1)根据厂家说明书安装电泳用的玻璃板。

(2)配制 SDS—聚丙烯酰胺凝胶电泳分离胶溶液。将去离子水4.6 mL,30%的丙烯酰胺2.7 mL,1.5 mol、pH = 8.8 的 Tris 缓冲液2.5 mL,10%的 SDS 0.1 mL,10%的过硫酸铵0.1 mL,TEMED 0.006 mL 混合均匀,迅速灌注在两玻璃板的间隙中,要留出灌注浓缩胶所需空间(梳子的齿长再加0.5 cm),再在胶液面上小心注入一层水(高2~3 mm),以阻止氧气进入凝胶溶液。

(3)分离胶聚合完全后(约30 min),倾出覆盖水层,再用滤纸吸净残留水。

(4)配制 SDS—聚丙烯酰胺凝胶电泳浓缩胶溶液。将去离子水2.7 mL,30%的丙烯酰胺0.67 mL,1.0 mol、pH = 6.8的 Tris 缓冲液0.5 mL,10%的 SDS 0.041 mL,10%的过硫酸铵0.04 mL,TEMED 0.004 mL 混合均匀,直接灌注在聚合的分离胶上,并立即在浓缩胶溶液中插入干净的梳子。整个操作过程应注意避免气泡的产生。然后再补加浓缩胶溶液,使其充满梳子之间的空隙,将凝胶垂直放置于室温下聚合。

(5)在等待浓缩胶聚合时,可对样品进行处理。在电泳样品中按1:1体积比加入样品处理液,在100 ℃温度下加热3 min,使蛋白质变性。

(6)浓缩胶聚合完全后(30 min),小心移出梳子。把凝胶固定于电泳装置上,上下槽各加入 Tris—甘氨酸电泳缓冲液。必须设法排出凝胶底部两玻璃板之间的气泡。

(7)按顺序加样,加样量通常为10~25 μL。样品可以多加几个,例如,血浆样品红细胞破碎后(即进行凝胶色谱分离之前)的样品和凝胶色谱分离之后的样品。

(8)将电泳装置与电源相接,凝胶上所加电压为8 V/cm。当染料前沿进入分离胶后,把电压提高到15 V/cm,继续电泳直至溴酚蓝到达分离胶底部上方约1 cm 处,关闭电源。

(9)从电泳装置上卸下玻璃板,用刮刀撬开玻璃板。将紧靠最左边一孔(第一槽)凝胶下部切去一角,以标注凝胶的方位。

(10)将电泳凝胶片放在考马斯亮蓝染色液中染色1~2 h。换脱色液脱色3~10 h,其间需多次更换脱色液至背景清楚。脱色后,可将凝胶浸于水中,长期封装在塑料袋内使其不会降低染色强度。为保存永久性记录,可对凝胶进行拍照,或将凝胶干燥成胶片。

知识体系构建 核心素养提升

·系统构建

把握整体 突破要点

【知识建网】

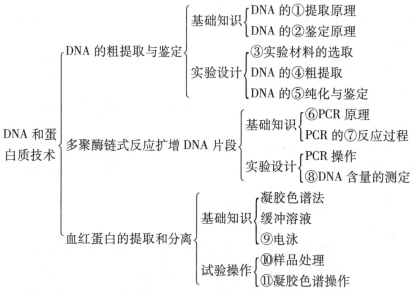

【要语必背】

1.DNA不溶于酒精,但是细胞中的某些蛋白质溶于酒精,可利用酒精将DNA和蛋白质分开。

2.DNA在0.14 mol/L NaCl溶液中溶解度最低。

3.PCR原理:DNA热变性原理。PCR每次循环都包括变性、复性和延伸三步。

4.DNA聚合酶不能从头开始合成DNA,只能从3′端延伸DNA链。DNA的合成方向总是从子链的5′端向3′端延伸。

5.利用凝胶色谱法分离蛋白质时,相对分子质量大的先洗脱出来,相对分子质量小的后洗脱出来。

6.在电泳中,待分离样品中各种分子带电性质的差异以及分子本身的大小、形状都会影响分子的迁移速度。

7.SDS—聚丙烯酰胺凝胶电泳的迁移率完全取决于分子的大小。

8.蛋白质提取和分离的一般步骤是:样品处理与粗分离、纯化和纯度鉴定。

9.在对蛋白质进行纯度鉴定时,使用最多的方法是SDS—聚丙烯酰胺凝胶电泳。

·规律整合

系统总结 灵活应用

一、DNA的粗提取与鉴定中的"234"

加蒸馏水2次	①加到鸡血细胞液中,使血细胞吸水破裂
	②加到含DNA的2 mol/L的NaCl溶液中,使NaCl溶液的物质的量浓度下降到0.14 mol/L,DNA析出

续表

用纱布过滤 3 次	①过滤血细胞破裂液,得到含细胞核物质的滤液 ②过滤溶有 DNA 的 2 mol/L 的 NaCl 溶液 ③滤取 0.14 mol/L 的 NaCl 溶液中析出的 DNA(黏稠物)
用 NaCl 溶液 4 次	①加 2 mol/L 的 NaCl 溶液,溶解提取细胞核物质 ②用 0.14 mol/L 的 NaCl 溶液使 DNA 析出 ③用 2 mol/L 的 NaCl 溶液,溶解滤取的 DNA 黏稠物 ④用 2 mol/L 的 NaCl 溶液,溶解丝状物用于鉴定 DNA

【例1】将粗提取的 DNA 丝状物分别加入 0.14 mol/L NaCl 溶液、2 mol/L NaCl 溶液、体积分数为 95% 的酒精溶液中,然后用放有纱布的漏斗过滤,分别得到滤液 P、Q、R 以及存留在纱布上的黏稠物 p、q、r,其中由于含 DNA 少可以丢弃的是(　　)

A. P、Q、R　　　　　　　　B. p、q、r　　　　　　　　C. P、q、R　　　　　　　　D. p、Q、r

二、去除 DNA 滤液中杂质的三种方案

项　目	原　理	方　法
方案一	DNA 在不同浓度的 NaCl 溶液中溶解度不同	在滤液中加入 NaCl,使 NaCl 溶液物质的量浓度为 2 mol/L,过滤除去不溶的杂质;再调节 NaCl 溶液物质的量浓度为 0.14 mol/L,析出 DNA,过滤除去溶液中的杂质,再用物质的量浓度为 2 mol/L 的 NaCl 溶液溶解 DNA
方案二	DNA 对酶的耐受性	直接在滤液中加入嫩肉粉,反应 10 ~ 15 min,嫩肉粉中的木瓜蛋白酶能够分解蛋白质
方案三	DNA 对高温的耐受性	将滤液放在 60 ~ 75 ℃的恒温水浴箱中保温 10 ~ 15 min,注意严格控制温度范围,使蛋白质沉淀而 DNA 分子未变性,可将 DNA 与蛋白质分离

【例2】如图表示以鸡血为实验材料进行 DNA 的粗提取与鉴定的操作程序,请分析回答问题。

破碎细胞、释放 DNA 一 → 过滤 二 → 溶解细胞核内的 DNA 三 → DNA 的析出 四 → 再溶解 五 → 过滤 六 →

DNA 的初步纯化 七 → DNA 的鉴定 八 →

(1)步骤一中,向鸡血细胞液中加入_____并搅拌,可使鸡血细胞破裂。

(2)步骤二:过滤后收集含有 DNA 的_____。

(3)步骤三、四的操作原理是_____。步骤四通过向溶液中加入_____调节 NaCl 溶液物质的量浓度至_____ mol/L,DNA 将会析出,过滤去除溶液中的杂质。

(4)步骤七:向步骤六过滤后的_____中,加入等体积的冷却的_____,静置 2 ~ 3 min,溶液中会出现_____色丝状物,这就是粗提取的 DNA。

(5)步骤八:DNA 遇_____试剂,沸水浴 5 min,冷却后,溶液呈_____色。

三、DNA 的粗提取、PCR 技术、蛋白质分离之间的比较

项　目	DNA 的粗提取	PCR 技术	蛋白质分离
实验原理	DNA 在不同浓度的 NaCl 溶液中溶解度不同,且不溶于冷酒精	利用 DNA 热变性原理体外扩增 DNA	依据蛋白质相对分子质量的大小等分离蛋白质

续表

项　目	DNA 的粗提取	PCR 技术	蛋白质分离
实验过程	选取材料→破碎细胞释放 DNA→除杂→DNA 析出与鉴定	变性→复性→延伸	样品处理及粗分离→凝胶色谱操作→SDS—聚丙烯酰胺凝胶电泳
实验结果	获得较纯净的 DNA	获得大量 DNA	相对分子质量不同的蛋白质得以分离
实验意义	为 DNA 研究打下基础	解决了 DNA 研究中材料不足的问题	为蛋白质的研究和利用提供了原材料

【例3】PCR 是一种 DNA 体外扩增技术。自 1988 年,PCR 仪问世,便被广泛应用于基因扩增和 DNA 序列测定。如图是 PCR 技术示意图,请回答下列问题。

(1)①将双链 DNA _____,使之变性,从而导致_____。

②引物延伸需提供_____作为原料。

(2)红细胞含有大量血红蛋白,我们可以选择猪、牛、羊或其他脊椎动物的血液进行实验,来提取和分离血红蛋白。血红蛋白提取和分离的程序可分为四步:样品处理、粗分离、纯化、纯度鉴定。请回答下列有关问题。

①样品处理,它包括红细胞的洗涤、_____、分离血红蛋白溶液。

②收集的血红蛋白溶液在透析袋中经过透析,这就是样品的粗分离。透析的目的是_____。

透析的原理是_____。

四、DNA 体内复制与体外复制(PCR)的比较

PCR 技术是一种体外迅速扩增 DNA 片段的技术,与细胞内 DNA 复制的过程相比既有相同点又有不同点。通过列表比较的方法准确掌握两者的异同,是防止在此类问题上出错的重要措施。细胞内 DNA 复制与体外 DNA 扩增(PCR)的比较如下:

项　目		细胞内 DNA 复制	PCR
不同点	解旋	在解旋酶作用下边解旋边复制	95 ℃高温解旋、双链完全分开
	酶	解旋酶、DNA 聚合酶	Taq DNA 聚合酶
	引物	RNA	一般为单链 DNA
	能量	ATP	dNTP
	温度	体内温和条件	高温
	循环次数	受生物自身控制	三十多次
相同点		①需提供 DNA 复制的模板;②都需要四种脱氧核苷酸作原料;③子链延伸的方向都是从 5′端到 3′端;④都需要酶的催化。	

【例4】PCR 过程与细胞内的 DNA 复制过程相比,主要有两点不同,它们是(　　　)

①PCR 过程需要的引物一般是人工合成的单链 DNA;②PCR 过程不需要 DNA 聚合酶;③PCR 过程中 DNA 的解旋不依靠解旋酶,而是通过对反应温度的控制来实现的;④PCR 过程中,DNA 不需要解旋,直接以双链 DNA 为模板进行复制。

A.③④ B.①② C.①③ D.②④

五、DNA 粗提取和鉴定与血红蛋白提取和分离的比较

大分子物质的提取与分离,一般是根据其固有的理化性质,利用不同的物理或化学方法,达到分离不同成分的目的。对于 DNA 与血红蛋白的提取和分离的相关知识,可通过下表来辨析掌握。

项　目	DNA 粗提取和鉴定	血红蛋白的提取和分离
材料选取	DNA 含量高的生物组织	哺乳动物成熟的红细胞
细胞破碎	动物细胞:加蒸馏水并搅拌 植物细胞:加洗涤剂和食盐搅拌、研磨	加蒸馏水和甲苯充分搅拌
去除杂质	①用不同浓度的 NaCl 溶液处理 ②用酒精溶液处理 ③用蛋白酶处理	①透析处理 ②纯化处理
鉴定	加入二苯胺,沸水浴	SDS—聚丙烯酰胺凝胶电泳测定蛋白质的相对分子质量

【例5】下列关于 DNA 和血红蛋白的提取与分离(鉴定)实验的分析,正确的是(　　　　)

A. DNA 在 NaCl 溶液中的溶解度随 NaCl 溶液浓度的降低而减小

B. 分离蛋白质装填凝胶色谱柱时,下端的尼龙管先打开后关闭

C. 在蛋白质提取和分离过程中进行透析可去除溶液中的 DNA

D. 利用一定范围内的高温使蛋白质变性而对 DNA 没有影响的特性可将 DNA 与蛋白质分离

·核心素养提升

理念渗透　贯穿始终

"科学探究"是指能够发现现实世界中的生物学问题,针对特定的生物学现象,进行观察、提问、实验设计、方案实施以及对结果进行的交流与讨论的能力。在探究中,乐于并善于团队合作,勇于创新。

生物学科是实验性很强的自然学科,生物学知识是在实验过程中总结提炼的,也是在实验中发展和完善的。培养科学的实验方法和实验能力,是学好生物学的重要任务;积极开展探究性学习,是培养探究能力的重要途径。首先,要精心设计问题,创设探究性问题情境。其次,让探究活动走进生活,探究活动不只是在课堂实验之中,在日常生活中也存在着大量的可探究的问题,发挥学习的主动性,通过发现问题、提出问题、分析问题、解决问题,理论联系实际,培养创造力和创新精神。

【例6】(2018·烟台模拟)如图为"DNA 粗提取和鉴定"实验的相关操作,仔细观察并分析回答:

(1)操作①和④都是加入蒸馏水,其目的相同吗? _____。简要说明:_____

_____。

(2)操作②中加入酒精的目的是_____

_____。

(3)操作③中的黏稠物是经过_____过滤获得的。加入 2 mol/L NaCl 溶液的目的是_____

_____。

【素养解读】本题主要考查的核心素养是科学思维,具体表现在两个角度:

素养角度	具体表现
分析与综合	分析相应操作的目的
比较与分类	比较相似操作的异同

·跟踪训练

1. 下列关于"DNA 的粗提取与鉴定"实验操作的说法中,正确的是(　　)

A. 该实验中有两次加入蒸馏水,均是为了析出 DNA

B. 该实验中多次要求用玻璃棒单向搅拌,目的是搅拌均匀

C. 该实验中有 3 次过滤,过滤时使用尼龙布层数与 DNA 的存在状态有关

D. 实验中 3 次加入 NaCl 溶液,第二次的目的是析出 DNA

2. 下列关于"DNA 的粗提取与鉴定"实验的叙述,正确的是(　　)

A. 洗涤剂能瓦解细胞膜并增加 DNA 在 NaCl 溶液中的溶解度

B. 将 DNA 丝状物放入二苯胺试剂中沸水浴后冷却变蓝

C. 调节 NaCl 溶液浓度或加入木瓜蛋白酶,都可以去除部分杂质

D. 加入冷却的酒精后用玻璃棒快速搅拌滤液会导致 DNA 获得量增多

3. 下列有关 PCR 技术的说法,不正确的是(　　)

A. PCR 是一项在生物体外复制特定的 DNA 片段的核酸合成技术

B. PCR 技术的原理是 DNA 双链复制

C. 利用 PCR 技术获取目的基因的前提是要有一段已知目的基因的核苷酸序列

D. PCR 扩增中必须有解旋酶才能解开双链 DNA

4. 下图 a、b、c 均为 PCR 扩增的 DNA 片段,下列有关说法正确的是(　　)

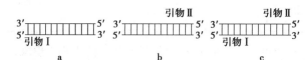

A. 片段 a、b、c 的长度均相同　　　　　　　　　　　　B. 片段 a、b 只是第一次循环的产物

C. 片段 c 最早出现在第二次循环的产物中　　　　　　D. 经过 30 次循环后,片段 c 的数量为 2^{30}

5. 下列关于 DNA 聚合酶催化合成 DNA 子链的说法中,正确的是(　　)

A. 以 DNA 为模板,使 DNA 子链从 5′端延伸到 3′端的一种酶

B. *Taq* DNA 聚合酶必须在每次高温变性处理后再添加

C. DNA 聚合酶能特异性地复制整个 DNA 的全部序列

D. *Taq* DNA 聚合酶是从深海中的某种菌体内发现的

6. 下列有关"血红蛋白提取和分离"的相关叙述中,正确的是(　　)

A. 用蒸馏水进行红细胞的洗涤,其目的是去除细胞表面的杂蛋白

B. 将血红蛋白溶液进行透析,其目的是去除相对分子质量较大的杂质

C. 血红蛋白释放时加入有机溶剂,其目的是使血红蛋白溶于有机溶剂

D. 整个过程不断用磷酸缓冲液处理,是为了维持血红蛋白的结构

7. 关于 DNA 的实验,叙述正确的是(　　)

A. 用兔的成熟红细胞可提取 DNA

B. PCR 的每个循环一般依次经过变性—延伸—复性三步

C. DNA 溶液与二苯胺试剂混合,沸水浴后生成蓝色产物

D. 用甲基绿对人的口腔上皮细胞染色,细胞核呈绿色,细胞质呈红色

8. 蛋白质的分离与提纯技术是蛋白质研究的重要技术,下列有关叙述不正确的是(　　)

A. 根据蛋白质分子不能透过半透膜的特性,可将样品中各种不同蛋白质分离

B. 根据蛋白质所带电荷性质的差异及分子大小,可通过电泳分离蛋白质

C. 根据蛋白质相对分子质量的大小,可通过凝胶色谱法分离蛋白质

D. 根据蛋白质的分子大小、密度不同,可通过离心沉降法分离蛋白质

9. "DNA 的粗提取与鉴定"实验中,A、B、C、D、E 五个小组除下表中所列处理方法不同外,其他操作步骤均相

同且正确,但实验结果却不同。

组别	实验材料	提取核物质时加入的溶液	去除杂质时加入的溶液	DNA鉴定时加入的试剂
A	鸡血	蒸馏水	体积分数为95%的酒精(25 ℃)	二苯胺
B	菜花	蒸馏水	体积分数为95%的酒精(冷却)	双缩脲
C	人血浆	蒸馏水	体积分数为95%的酒精(冷却)	二苯胺
D	人血细胞	2 mol/L的氯化钠	0.14 mol/L的氯化钠	双缩脲
E	鸡血	蒸馏水	体积分数为95%的酒精(冷却)	二苯胺

(1)实验材料选择错误的组别是_____,其原因是_____。

(2)沸水浴中试管颜色变蓝的组别是_____;蓝色较淡的是_____,其原因是_____
_____。

(3)B组实验不成功最主要的原因是_____。

10.H7N9型禽流感是全球首次发现的新亚型RNA流感病毒引起的,目前最为快速有效的检测手段是RT—PCR核酸检测。RT—PCR的过程包括反转录作用从RNA合成cDNA,再以cDNA为模板进行扩增,过程如下图所示。据此分析下列问题:

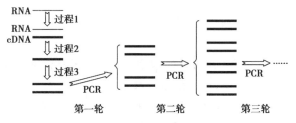

(1)传统PCR技术的原理是_____,过程中低温复性的含义是_____。

(2)在RT—PCR中每一步都有酶的参与,上图中过程1中的关键酶是_____;PCR中的关键酶是
_____,该酶的作用特点是_____、_____。

(3)在对病毒核酸进行检测时,主要通过RT—PCR扩增其关键的基因序列,这时引物的设计就非常关键,根据下图分析,请你选择合适的引物:_____。

专题六 植物有效成分的提取

【导引】植物有效成分的提取,是一个专门的研究领域,涉及的技术十分广泛。本专题的两个课题涵盖了提取植物有效成分的三种最基本的技术:蒸馏、压榨和萃取。实践这些技术,不仅能够加深对植物有效成分的认识、增进对实验原理的理解,而且能够锻炼设计和安装实验装置的能力。

课题一 植物芳香油的提取

[素养目标]

1.通过设计简易的实验装置来提取植物芳香油,了解提取植物芳香油的基本原理;

2.研究从生物材料中提取特定成分的方法,初步学会某些植物芳香油的提取技术。

[重难点击]

1.简述植物芳香油的来源及其提取方法。

2.通过实验设计,初步掌握植物芳香油的提取技术。

[学海导航]

1.阅读教材"基础知识",了解植物芳香油的来源、提取方法和不同材料的提取方法的选择。

2.分析教材"(一)",掌握玫瑰精油提取的方法、装置及过程。

3.分析教材"(二)",掌握橘皮精油提取的方法、材料的处理及提取过程。

4.通过教材"操作提示",分析影响精油品质的因素。

【导引】本课题从古代人类将芳香植物或花卉制成干品,当作药物和香料使用谈起,引入到欧洲中世纪香料贸易的发展,促成了植物芳香油提取技术的诞生,反映了社会生活的需要对科学技术的推动。随着有机化学的发展,人造香料日益普及,但人们对天然植物芳香油仍情有独钟,它一方面说明了科学技术的发展赋予了人类更多的自由,同时也反映了人造物依旧很难取代自然产物的事实。在充分体现了植物芳香油与人类社会生产生活的紧密联系后,教材说明了本课题的目标:了解提取植物芳香油的原理,设计简单的实验装置,从橘皮或玫瑰花中提取芳香油。教师在教学中

可充分利用上述素材,对学生进行生动的科学、技术、社会的教育,并激发学生动手实践的兴趣。

一、植物芳香油的来源和提取方法

·基础知识

夯实基础 突破要点

1.植物芳香油的来源、特点

(1)来源:植物器官,如玫瑰花用于提取玫瑰油,樟树树干用于提取樟油。

(2)特点:

①具有很强的挥发性。

②成分较复杂,主要包括萜类化合物及其衍生物。

2.植物芳香油的提取方法

(1)不同方法的选用依据:植物原料的特点。

(2)提取方法:

①蒸馏法 {
- 原理:利用水蒸气将挥发性较强的植物芳香油携带出来,形成油水混合物,冷却后,混合物又会重新分出油层和水层。
- 种类 {
  - 分类依据:蒸馏过程中原料放置的位置。
  - 类型:水中蒸馏、水上蒸馏和水汽蒸馏。
- 局限性:由于水中蒸馏会导致原料焦糊和有效成分水解等问题,因此对柑橘、柠檬等原料不适用。
}

②压榨法:主要适用于柑橘、柠檬芳香油的制备。

③萃取法 {
- 原理:植物芳香油不仅挥发性强,而且易溶于有机溶剂
- 步骤 {
  - 将粉碎、干燥的植物原料用有机溶剂浸泡
  - ↓
  - 芳香油溶解于有机溶剂
  - ↓
  - 蒸发出有机溶剂
- 注意事项:有机溶剂必须事先精制,除去杂质,否则会影响芳香油的质量
}

(3)蒸馏、压榨、萃取 3 种提取方法的比较:

提取方法	提取原理	方法步骤	适用范围
水蒸气蒸馏法	利用水蒸气将挥发性较强的植物芳香油携带出来	①水蒸气蒸馏 ②分离油层 ③除水过滤	提取玫瑰油、薄荷油等
压榨法	通过机械加压,压榨出植物中的芳香油	①石灰水浸泡、漂洗 ②压榨、过滤、静置 ③再次过滤	适用于柑橘、柠檬等易焦糊、有效成分易水解等原料的提取
萃取法	使提取物溶解在有机溶剂中,蒸发后得到提取物	①粉碎、干燥 ②萃取、过滤 ③浓缩	适用范围广,要求原料的颗粒要尽可能细小,能充分浸泡在有机溶剂中

·疑难探讨

理解升华　重难透析

1. 水蒸气蒸馏法的分类

(1)三种水蒸气蒸馏法的分类依据是什么?

(2)三种方法的操作过程有哪些相同点?

2. 植物芳香油提取方法的选取

(1)选择植物芳香油提取方法的依据是什么?

(2)柑橘和柠檬为何不适于用水中蒸馏?

3.某植物芳香油易溶于有机溶剂,那么可用什么方法提取？如何操作？

【归纳总结】水中蒸馏、水上蒸馏和水汽蒸馏的区别

(1)这三种方法的基本原理相同,但蒸馏过程中原料放置位置不同。

①水中蒸馏:原料放在蒸馏容器的水中,水要完全浸没原料。

②水上蒸馏:蒸馏容器中水的上方有筛板,原料放在筛板上,水量以沸腾时不浸湿原料为宜。

③水气蒸馏:蒸馏容器下方有一排气孔,连接外源水蒸气,上方有筛板,上面放原料。

(2)特点:水中蒸馏设备简单、成本低、易操作;水上蒸馏和水汽蒸馏所需时间短,出油率高。

·案例剖析

活学活用　巩固提升

【例1】下列属于植物芳香油理化性质的是(　　　)

①具有较强的挥发性;②易溶于水;③易溶于有机溶剂;④具有特殊的植物香味

A.①②③　　　　　　B.②③④　　　　　　C.①③④　　　　　　D.①②④

【例2】柑橘、柠檬芳香油的制备通常采用压榨法而不采用水蒸气蒸馏法,其原因不包括(　　　)

A.水中蒸馏会导致原料焦煳　　　　　　　B.柑橘、柠檬芳香油易溶于有机溶剂

C.会使芳香油的有效成分水解　　　　　　D.柑橘皮、柠檬皮中的芳香油含量高

【方法链接】植物芳香油提取方法的选择原则

植物芳香油提取方法主要根据植物原料的性质确定:

(1)挥发性强、热稳定性高的芳香油可以用水蒸气蒸馏法提取。

(2)植物芳香油含量高的材料一般采用压榨法提取。

(3)易溶于有机溶剂的植物芳香油可以采用萃取法提取。

二、实验操作及注意事项

·基础知识

夯实基础　突破要点

1.玫瑰精油的提取

(1)玫瑰精油

①用途:制作高级香水,是高级香水的主要成分。

②性质:化学性质稳定,难溶于水,易溶于有机溶剂,能随水蒸气一同蒸馏。

(2)玫瑰精油的提取

①方法:一般采用水蒸气蒸馏法提取;根据其化学性质,也可采用萃取法提取。

②实验流程:

a.取材:在玫瑰的盛花期,最好是选用当天采摘的鲜玫瑰花。

b.安装蒸馏装置,如下图。

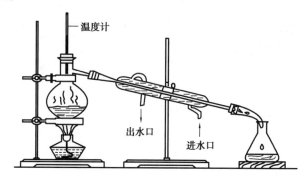

c.蒸馏:在蒸馏瓶中加几粒沸石,防止液体过度沸腾。

d.分液:用锥形瓶收集乳白色的乳浊液,向锥形瓶中加入 NaCl,使乳浊液分层。

e.除水:加入无水 Na_2SO_4 吸收水分,放置过夜,再过滤。

2.橘皮精油的提取

(1)橘皮精油

①性质:无色透明,具有诱人的橘香味。

②成分:主要为柠檬烯。

③用途:是食品、化妆品和香水配料的优质原料。

(2)橘皮精油的提取

①方法:一般采用压榨法。

②流程:

橘皮的处理:将新鲜橘皮干燥去水

↓

石灰水浸泡:用石灰水浸泡橘皮

↓

清水漂洗:浸泡好的橘皮用流水漂洗干净,沥干水分

↓

粉碎与压榨:将橘皮粉碎,加入相当于橘皮质量0.25%的 $NaHCO_3$ 和5%的 Na_2SO_4,并调节 pH 值至 7~8,用压榨机压榨得到压榨液

↓

过滤压榨液:用普通布袋过滤,再离心处理滤液,分离出上层橘皮油

↓

静置处理:将橘皮油在 5~10 ℃下静置 5~7 d,分离出上层澄清橘皮油

↓

再次过滤:将下层橘皮油用滤纸过滤,滤液与上层橘皮油合并,得到橘皮精油

3.操作提示

(1)玫瑰精油的提取:蒸馏时温度不能太高,时间不能太短。

(2)橘皮精油的提取:橘皮在石灰水中浸泡的时间为 10 h 以上,这样压榨时不会滑脱,出油率高,并且过滤时不会堵塞筛眼。

·疑难探讨

理解升华　重难透析

1.玫瑰精油的提取

(1)所给的材料有鲜玫瑰花和干玫瑰花,应分别选取哪种方法提取玫瑰精油?

(2)如图所示为蒸馏装置,试分析使用水蒸气蒸馏装置的注意事项(从安装顺序、水的应用方面考虑)。

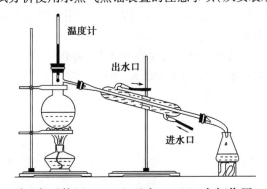

(3)在玫瑰乳浊液的处理过程中,先后使用 NaCl 和无水 Na_2SO_4 有何作用?

(4)蒸馏时许多因素都会影响产品的品质,为了提高品质,对蒸馏温度和蒸馏时间应如何控制?

2.橘皮精油的提取

(1)为了提高橘皮精油的出油率,对原料要如何处理?

(2)在提取橘皮精油的过程中用石灰水浸泡的目的是什么? 对浸泡时间有何要求?

(3)在提取橘皮精油的实验流程中,第一次过滤之后、静置之前还有一个离心操作,目的是什么?

(4)压榨法提取橘皮精油时的两次过滤有何不同?

【归纳总结】橘皮精油提取中的注意事项

(1)实验中要注意避免石灰水与皮肤接触。

(2)为了能将柑橘皮均匀地浸泡在石灰水中,柑橘皮可以放入家用榨汁机中粉碎,但要注意安全。

(3)可以将未经浸泡的样品作为对照,探究浸泡时间对出油率的影响。

(4)压榨前要充分考虑容器能够承受的压力范围,防止因容器破裂而导致实验失败和发生安全事故。

(5)为了使橘皮油易与水分离,还要分别加入相当于橘皮质量0.25%的$NaHCO_3$和5%的Na_2SO_4,并调节pH值至7~8。

(6)静置处理要掌握好温度(5~10 ℃)和时间(5~7 d)。

·案例剖析

活学活用　巩固提升

【例3】在利用水蒸气蒸馏法制取的玫瑰乳浊液提纯的过程中,先后使用NaCl和无水Na_2SO_4,其作用分别是(　　)

A.分层、吸水　　　　　　B.溶解、吸水　　　　　　C.吸水、分层　　　　　　D.分层、萃取

【例4】下列是与芳香油提取相关的问题,请回答:

(1)玫瑰精油适合用水蒸气蒸馏法提取,其理由是玫瑰精油具有_____的性质。蒸馏时收集的蒸馏液_____(填"是"或"不是")纯的玫瑰精油,原因是_____

_____。

(2)当蒸馏瓶中的水和原料量一定时,蒸馏过程中,影响精油提取量的主要因素有蒸馏时间和_____。当原料量等其他条件一定时,提取量随蒸馏时间的变化趋势是_____

_____。

(3)如果蒸馏过程中不进行冷却,则精油提取量会_____,原因是_____。

(4)密封不严的瓶装玫瑰精油保存时最好存放在温度_____的地方,目的是_____

(5)某植物花中精油的相对含量随花的不同生长发育时期的变化趋势如下图所示。提取精油时采摘花的最适时间为_____d左右。

(6)从薄荷叶中提取薄荷油时_____(填"能"或"不能")采用从玫瑰花中提取玫瑰精油的方法,理由是_____。

【拓展延伸】

(1)为什么易挥发、难溶于水、化学性质稳定的植物芳香油适合用蒸馏法提取?

(2)提取玫瑰精油时还可以采用什么方法? 为什么?

【规律方法】玫瑰精油的提取和橘皮精油的提取实验中过滤的作用

(1)玫瑰精油的提取实验中过滤的作用是除去固体Na_2SO_4。

(2)橘皮精油的提取实验中过滤的作用是除去固体物和残渣。

勇者
教育

·学习小结

归纳总结　构建网络

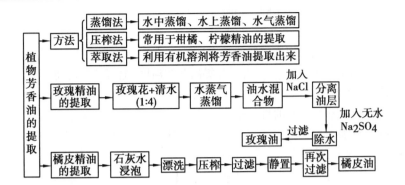

·达标检测

监测评价　达标过关

1.提取的植物芳香油具有很强的挥发性,其组成比较复杂,主要包括(　　)

A.蛋白质和糖　　　　B.核酸和蛋白质　　　　C.脂肪和蛋白质　　　　D.萜类化合物及其衍生物

2.在蒸馏过程中,将水蒸气蒸馏法划分为水中蒸馏、水上蒸馏和水汽蒸馏的标准是(　　)

A.原料的种类　　　　B.原料的特性　　　　C.原料放置的位置　　　　D.原料的成分

3.分离出的橘皮精油一般要放在5~10 ℃的冰箱中静置5~7 d,其主要目的是(　　)

A.低温保持橘皮精油的活性　　　　　　　　B.低温降低橘皮精油的挥发性

C.去除水和蜡质等杂质　　　　　　　　　　D.低温使橘皮精油凝固

4.在提取植物芳香油时,分液漏斗的活塞要均匀地涂上一层润滑油,顶塞不能涂润滑油,并且还要进一步检测顶塞与活塞处是否渗漏,其主要目的是防止(　　)

A.水分的散失　　　　B.芳香油的挥发　　　　C.细菌感染　　　　D.杂质的渗入

5.通过对玫瑰精油、橘皮精油提取过程的学习,请你自己设计一个提取茉莉油的过程,并回答下列问题:

(1)第一步,采摘原料,提炼茉莉油的原料为_____,要在_____期采收,此时,茉莉油的含量较高。

(2)提取茉莉油常采用_____法,此方法是通过水分子向原料中渗透,使_____,形成精油与水的共沸物,蒸馏出的水蒸气与精油通过_____、_____后得到精油。

(3)下图是茉莉油的生产工艺,请据图回答:

茉莉花 + 水→蒸馏器→ A → B →油水混合物→ C →直接精油→加 D →过滤→茉莉油

①向蒸馏器中加入原料时,茉莉花与清水的质量比大约为_____。

②A 表示_____过程,B 表示_____过程,C 表示_____。通过 C 提取出的直接精油,可能还混有一定的水分,所以要向提取液中加入 D _____吸水,放置过夜,再过滤除去固体物质,即可得到茉莉油。

·课时对点练

注重双基　强化落实

【基础过关】

1.不少植物器官均可用于提取植物芳香油,下面所列芳香油由茎和叶提取的是(　　)

A.薄荷油　　　　B.玫瑰油　　　　C.橘皮油　　　　D.茴香油

2.将原料完全浸没于水中的蒸馏方法叫(　　)

A.水上蒸馏　　　　B.水下蒸馏　　　　C.水中蒸馏　　　　D.水气蒸馏

3.植物芳香油生产的原料采自植物的花、茎、叶、果实、根等部位,出油量的多少及油的品质与多种因素有关,其中在材料的处理上,下列叙述错误的是(　　)

A.应及时采收　　　　　　　　　　　　B.摘收部位要符合要求

C.对原料应及时进行处理　　　　　　　D.摘收后不能马上加工,应停放一段时间后加工

4.在水蒸气蒸馏装置中从进水口通入水的作用是(　　)

A.加热　　　　　　B.防止过度沸腾　　　　C.过滤　　　　　　D.冷却

5.在蒸馏过程中,要提高产品质量,应该采取的措施是(　　)

A.提高蒸馏温度,延长蒸馏时间　　　　B.提高蒸馏温度,缩短蒸馏时间

C.降低蒸馏温度,缩短蒸馏时间　　　　D.严控蒸馏温度,延长蒸馏时间

6.压榨完橘皮后,处理压榨液时,离心的目的是(　　)

A.除去质量较小的残留固体物　　　　　B.除去固体物和残渣

C.除去果蜡、果胶　　　　　　　　　　D.除去水分

【能力提升】

7.提取茉莉精油的正确步骤是(　　)

A.鲜茉莉花 + 清水——→水蒸气蒸馏——→除水——→分离油层——→茉莉油

B.鲜茉莉花 + 清水——→水蒸气蒸馏——→油水混合物——→分离油层——→除水——→茉莉油

C.鲜茉莉花 + 清水——→除水——→水蒸气蒸馏——→油水混合物——→分离油层——→茉莉油

D.鲜茉莉花 + 清水——→分离油层——→除水——→水蒸气蒸馏——→茉莉油

8.橘皮精油的提取实验中,用压榨法得到压榨液,为了使橘皮油易于与水分离,还要分别加入两种物质,并调节 pH 值至 7 ~ 8,这两种物质是(　　)

A.相当于橘皮质量 0.25% 的小苏打和 0.25% 的硫酸钠

B.相当于橘皮质量 0.25% 的小苏打和 5% 的硫酸钠

C.相当于橘皮质量 5% 的小苏打和 0.25% 的硫酸钠

D.相当于橘皮质量 5% 的小苏打和 5% 的硫酸钠

9.某同学在实验中设计了如图所示的装置提取玫瑰精油,装置中的两处错误是(　　)

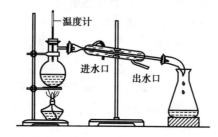

A.温度计位置过低、冷凝管进水口和出水口接错

B.冷凝管进水口和出水口接错、无须酒精灯加热

C.温度计位置过低、无须酒精灯加热

D.以上叙述均不正确

10.玫瑰精油素有"液体黄金"之称,下面是提取玫瑰精油的实验流程图,请据图分析下列说法中,不正确的是(　　)

鲜玫瑰花 + 清水 → A → 油水混合物 ①→ 分离油层 ②→ 除水 ③→ 玫瑰油

A.提取玫瑰精油的方法是水蒸气蒸馏法

B.①和②操作要求分别加入氯化钠和无水硫酸钠

C.③操作是萃取,以除去固体硫酸钠

D.该实验流程也可用于从薄荷叶中提取薄荷油

11.如图是用水蒸气蒸馏法从薄荷叶中提取薄荷油的装置图,请据图补充完整下面的实验步骤并回答有关问题:

勇者
教育

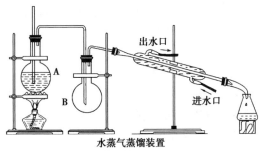

水蒸气蒸馏装置

Ⅰ.实验步骤:

(1)安装好如图所示的装置,特别要注意将冷凝器夹好。

(2)将薄荷叶尽量剪碎,取适量的薄荷叶放入_____瓶内。

(3)向_____瓶内加水,至容积的_____左右,为防止出现水碱,可加入数滴稀硫酸。还应向瓶中放入几粒_____以防暴沸。

(4)向冷凝器中通入_____。

(5)放好连接管,将连接管的出口放在接收瓶中。接收瓶口上盖一小块铝箔或牛皮纸。

(6)将蒸汽发生器加热,至瓶中的水沸腾,然后调节火的大小,以维持水稳定的沸腾温度。

(7)当接收瓶内漂在水上的油状物(即精油)不再增多时即可停止实验。

Ⅱ.回答有关问题:

(1)A蒸馏瓶通入B蒸馏瓶中的连接管为什么要插入B蒸馏瓶底部?

_____。

(2)冷凝器的作用是_____。

(3)接收瓶口上盖一小块铝箔或牛皮纸,其目的是_____。

12.请回答下列与实验室提取芳香油有关的问题:

(1)植物芳香油的提取可采用的方法有压榨法、_____和_____。

(2)芳香油溶解性的特点是不溶于_____,易溶于_____,因此可用_____作为提取剂来提取芳香油。

(3)橘子果实含有芳香油,通常可用_____作为材料提取芳香油,而且提取时往往选用新鲜的材料,理由是_____。

(4)对材料压榨后可得到糊状液体,为除去其中的固体物获得乳状液可采用的方法是_____。

(5)向得到的乳状液中加入氯化钠并放置一段时间后,芳香油将分布于液体的_____层,原因是_____。加入氯化钠的作用是_____。

(6)从乳状液中分离得到的芳香油中要加入无水硫酸钠,作用是_____。

13.有人设计了一套实验室分馏芳香油的操作程序,分为五个步骤:①将蒸馏瓶固定在铁架台上,在蒸馏烧瓶上塞好带温度计的橡皮塞。②连接好冷凝管,把冷凝管固定在铁架台上,将冷凝管进水口的橡皮管的另一端与水龙头相连,将与出水口相连的橡皮管放在水槽中。③把酒精灯放在铁架台上,根据酒精灯高度确定铁圈的高度,放好石棉网。④向蒸馏烧瓶中放入几片碎瓷片,再用漏斗向烧瓶中加入原料,塞好带温度计的橡皮塞,把接收器连接在冷凝管的末端,并伸入接收装置(如锥形瓶)中。⑤检查气密性。

(1)玫瑰精油高温下_____分解,_____溶于水,_____溶于有机溶剂,可以采用_____提取,再经_____过程即可得到较纯净的玫瑰精油。

(2)上述实验正确的操作顺序是_____→_____→_____→_____→_____。

(3)冷凝管的水流方向与蒸气的方向_____。

(4)温度计水银球应放在_____位置,以测量_____的温度。

(5)在蒸馏烧瓶中加入几片碎瓷片的目的是_____

(6)通过蒸馏,得到的＿＿＿＿＿＿＿＿＿。若想得到纯净的玫瑰精油,需＿＿＿＿＿＿＿＿＿。首先＿＿＿＿＿＿＿＿＿,目的是＿＿＿＿＿＿＿＿＿,静置后从＿＿＿＿＿＿＿＿＿(填"上层"或"下层")得到产物。

(7)提取玫瑰精油的原理是＿＿＿＿＿＿＿＿＿＿＿＿＿＿＿＿＿＿＿＿＿＿＿＿＿＿＿＿。

14.(2018·重庆一中二模,37)辣椒红素是从成熟红辣椒果实中提取的天然色素,属于类胡萝卜素。辣椒红素的提取流程是:红辣椒→粉碎→干燥→加溶剂→振荡→萃取→蒸馏→成品。回答下列问题:

(1)辣椒红素可采用有机溶剂萃取的方法提取,说明辣椒红素具有＿＿＿＿＿＿＿＿＿的特点,提取时振荡的目的是＿＿＿＿＿＿＿＿＿,萃取过程应避免明火加热,这是因为＿＿＿＿＿＿＿＿＿＿＿＿＿＿＿＿＿。

(2)取等量的辣椒粉与不同萃取剂按1:2的比例混合后,利用萃取装置在不同温度下萃取1 h,然后测定萃取液中辣椒红素的含量,结果如下图:

据图分析可知,提取辣椒红素最理想的萃取剂是＿＿＿＿＿＿＿＿＿。用乙醚提取辣椒红素时,色素的量随温度的升高反而逐渐降低,可能的原因是＿＿＿＿＿＿＿＿＿＿＿＿＿＿＿＿＿＿＿＿＿＿＿＿＿＿＿＿。

(3)若要比较辣椒红素和β-胡萝卜素在四氯化碳中溶解度的差异,可以在18 cm×30 cm滤纸下端距离底边2 cm处的位置,分别点样辣椒红素和β-胡萝卜素,待点样液干燥后将滤纸置于装有＿＿＿＿＿＿＿＿＿的密封玻璃瓶中,然后观察＿＿＿＿＿＿＿＿＿＿＿＿＿＿＿＿＿＿＿＿＿＿＿＿＿。

【高考体验】

15.(2011·山东,34)研究发现柚皮精油和乳酸菌素(小分子蛋白质)均有抑菌作用,两者的提取及应用如图所示。

(1)柚皮易焦煳,宜采用＿＿＿＿＿＿＿＿＿法提取柚皮精油,该过程得到的糊状液体可通过＿＿＿＿＿＿＿＿＿除去其中的固体杂质。

(2)筛选乳酸菌A时可选用平板划线法或＿＿＿＿＿＿＿＿＿接种。对新配制的培养基灭菌时所用的设备是＿＿＿＿＿＿＿＿＿。实验前需对超净工作台进行＿＿＿＿＿＿＿＿＿处理。

(3)培养基中的尿素可为乳酸菌A生长提供＿＿＿＿＿＿＿＿＿。电泳法纯化乳酸菌素时,若分离带电荷相同的蛋白质,则其分子量越大,电泳速度越＿＿＿＿＿＿＿＿＿。

(4)抑菌实验时,在长满致病菌的平板上,会出现以抑菌物质为中心的透明圈。可通过测定透明圈的＿＿＿＿＿＿＿＿＿来比较柚皮精油和乳酸菌素的抑菌效果。

·课外阅读

自主研修　拓展视野

1.植物芳香油的用途

植物芳香油是植物有效成分的提取液,有特殊的植物香味和分子结构。芳香油种类繁多,如玫瑰花油、玉兰树油、八角油、桂油、薄荷油等。目前已开发利用的植物芳香油有近百种。

芳香油是贵重的工业原料。食品工业、造酒工业、香水工业、制药工业都离不开芳香油。我国是芳香油出口大国,每年出口的桂油、八角油、樟油、玫瑰花油、薄荷油等,创汇超过数亿美元。植物芳香油散发出的芬芳气味,使人身心爽快,有助于消除疲劳,恢复精力;植物芳香油还可以不同程度地提高人体神经系统、内分泌系统的功能,帮助人体提高免疫力,具有保健、美容、治疗的作用。在今日崇尚回归自然、预防污染的风气下,人们对来自植物本体的芳香油越来越青睐。

2.植物芳香油的来历

最早,人们是通过加工植物和动物体来获取香料的。古代贵妇人所用的化妆品,很多都加有芳香植物的粉末,但涂抹起来并不方便,芳香油比植物干品好用多了。14 世纪,药剂师便开始尝试从芳香植物中蒸馏芳香油,用来治病。后来,芳香油的用途不断扩大,又被人们用作香皂和食品的香料添加剂。于是,人们栽培了大量芳香作物,建立了许多芳香油的加工作坊。目前风行全世界的芳香疗法也是以植物芳香油为中心载体的一类技术。

3.提取植物芳香油的方法

植物芳香油具有较强的挥发性,还能随水蒸气蒸发,因此可以利用蒸馏法提取植物芳香油。法国香水业作为一种工业生产,最初就是通过蒸馏法来获得芳香油的。玫瑰油、薄荷油、肉桂油、薰衣草油、檀香油等主要由蒸馏法获得。后来,人们又利用压榨法和萃取法来提取芳香油。压榨法是利用机械压力榨出芳香油。橘子油、柠檬油、甜橙油等都是用压榨法制得的。萃取法的大致过程是,将新鲜的植物材料浸泡在低沸点的有机溶剂中,如乙醚、苯、石油醚等,几小时后,取出残渣,蒸去溶剂,留下蜡质的膏状物。茉莉浸膏、桂花浸膏、白兰花浸膏、玳瑁花浸膏等都是用萃取法制成的。除了上述方法以外,植物芳香油的提取还有吸香法、浸泡法。吸香法利用的是油脂可以吸附油剂的原理。所选用的脂肪要经过特别处理,以防止变质变臭。吸香法采用的脂肪一般都含有猪油和牛油的成分。浸泡法与吸香法类似,但改用液体的油脂而不是吸香法中用到的膏状油脂。浸泡法通常用来提炼树脂、树胶及花瓣中的芳香精油。

课题二　胡萝卜素的提取

[素养目标]

1.本课题通过从胡萝卜中提取胡萝卜素,了解有关胡萝卜素的基础知识和提取胡萝卜素的基本原理;

2.初步学会胡萝卜素的提取技术和纸层析法的操作方法,并初步了解有机溶剂的相关知识。

[重难点击]

1.了解有关胡萝卜素的基础知识和提取胡萝卜素的基本原理。

2.初步学会胡萝卜素的提取技术和纸层析法的操作方法。

[学海导航]

1.通过教材"课题背景"和"基础知识",了解胡萝卜素的价值、工业提取方法,掌握胡萝卜素的性质和作用。

2.阅读教材"实验设计",掌握胡萝卜素提取的方法及实验装置。

3.分析教材"结果分析与评价",掌握用纸层析法鉴定提取的胡萝卜素粗品。

【导引】本课题不仅介绍了有关胡萝卜素的基础知识,而且提供了丰富的有关科学、技术、社会教育的素材。教师在引导学生了解胡萝卜素的化学结构和分类的基础上,要着重引导学生认识胡萝卜素在医药、食品加工等方面的广泛应用,以及胡萝卜素的提取在提高产品附加值方面所具有的重要经济意义,以激发学生的学习兴趣。值得注意的是,本课题只是对胡萝卜素进行粗提取,要获得某一类特定的胡萝卜素,还需要进一步分离。胡萝卜素在人类健康、食品开发(如人造奶油、胶囊、鱼浆炼制品、素食产品、速食面的调色剂等)、饲料、化妆品等方面有重要用途。

胡萝卜素复合胶囊

胡萝卜素食品

胡萝卜素修护唇膏

一、胡萝卜素的性质及萃取要求

·基础知识

1.胡萝卜素的基础知识

(1)胡萝卜素的性质:胡萝卜素是橘黄色结晶,化学性质比较稳定,不溶于水,微溶于乙醇,易溶于石油醚等有机溶剂。

(2)种类划分:胡萝卜素的化学分子式中包含多个碳碳双键,根据双键的数目可以将胡萝卜素划分为 α、β、γ 三类,最主要的组成成分是 β-胡萝卜素。

(3)一分子的 β-胡萝卜素可氧化成两分子维生素 A。

β-胡萝卜素　　　　　　　　　　维生素A

(4)提取途径:

①从植物中提取。

②从大面积养殖的岩藻中获得。

③利用微生物的发酵生产。

2.提取胡萝卜素的基本原理

(1)萃取剂的选择

①选择萃取胡萝卜素的有机溶剂的原则。

a.具有较高的沸点,能够充分溶解胡萝卜素,并且不与水混溶。

b.萃取效率要高。

c.对人无毒性,不易燃,易与产品分离,不影响产品质量。

②有机溶剂的分类。

有机溶剂分为水溶性和水不溶性两种:

a.乙醇和丙酮能够与水混溶,是水溶性有机溶剂;

b.石油醚、乙酸乙酯、乙醚、苯、四氯化碳等不能与水混溶,称为水不溶性有机溶剂。

(2)影响萃取的因素

①主要因素:萃取的效率主要取决于萃取剂的性质和使用量。

②次要因素:萃取的效率受原料颗粒的大小、紧密程度、含水量、萃取的温度和时间等条件的影响。

·疑难探讨

1.提取胡萝卜素能否用乙醇或丙酮作为萃取剂?为什么?

2.为什么用于提取胡萝卜素的萃取剂要有较高的沸点?

3.影响萃取效率的因素除了萃取剂的性质和使用量之外,还有哪些因素?

4.萃取胡萝卜素时为什么要避免明火加热?

·案例剖析

【例1】下列关于胡萝卜素的说法,不正确的是(　　　)

A.胡萝卜素存在于叶绿体类囊体薄膜上

B.胡萝卜素可划分为 α、β、γ 三类,其中 β-胡萝卜素是最主要的组成成分

C.胡萝卜素可用来预防肿瘤、癌症和心脑血管疾病等

D.β-胡萝卜素只存在于蔬菜中

【例2】萃取剂是萃取过程中必不可少的,故萃取剂的选择也是至关重要的,一般不考虑(　　　)

A.萃取剂与萃取物的溶剂互不相溶

B.萃取物在萃取剂中的溶解度要大于在原溶液中的溶解度

C.萃取剂的沸点

D.萃取剂可分为水溶性和水不溶性两种

二、胡萝卜素的提取和鉴定

·基础知识

1.提取方法

胡萝卜的提取方法是萃取法。

2.操作流程及注意事项

(1)操作流程:胡萝卜→粉碎→干燥→萃取→过滤→浓缩→胡萝卜素。

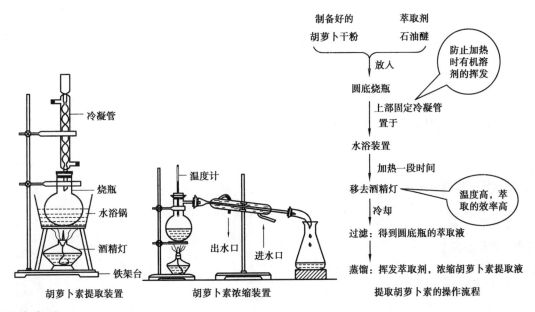

胡萝卜素提取装置　　　胡萝卜素浓缩装置　　　提取胡萝卜素的操作流程

(2)注意事项:

①避免明火加热,采用水浴加热。这是因为有机溶剂都是易燃物,直接使用明火加热容易引起燃烧、爆炸。

②为防止加热时有机溶剂挥发,需在加热瓶口安装回流冷凝装置。

③萃取液的浓缩可直接使用蒸馏装置。浓缩前要进行过滤,除去萃取液中的不溶物。

3.胡萝卜素粗品的鉴定

(1)方法:通过纸层析法进行鉴定。

(2)步骤:

做基线:在18 cm×30 cm 滤纸下端距底边2 cm 处做一基线,在基线上取 A、B、C、D 四点

↓

对照点样:A、D 点点上标准样品,B、C 点点上萃取样品

↓

干燥层析:吹干溶剂,放入石油醚中层析

↓

对比观察:对比观察标准样品与萃取样品对应层析带的异同

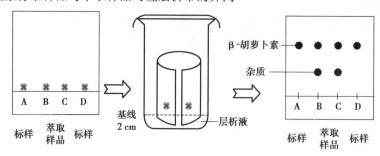

·疑难探讨

理解升华　重难透析

1.实验装置分析

如图为胡萝卜素的提取装置图,请据图回答下列问题:

(1)图中⑤是什么?有什么作用?

(2)④烧瓶内加入的萃取剂一般是什么?原料在加入前,一般要进行怎样的处理?

(3)该萃取过程采用的是水浴加热,其目的是什么?

2.实验过程分析

(1)萃取操作之前,为什么要将胡萝卜粉碎、干燥?

(2)实验操作中浓缩的实质是什么?

3.胡萝卜素粗品的鉴定

(1)结合教材中的图示分析本图有哪些错误。

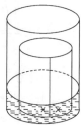

(2)层析结果怎样才能表明提取的胡萝卜素的纯度高?

·案例剖析

活学活用　巩固提升

【例3】下列关于提取胡萝卜素的实验流程的叙述中,不正确的是(　　)

A.萃取胡萝卜素的有机溶剂应该具有较高的沸点,能够充分溶解胡萝卜素,并且不与水混溶

B.萃取过程中在加热瓶口安装冷凝回流装置,是为了防止加热时有机溶剂的挥发

C.为了提高萃取的效率,可以适当地提高温度,可采用酒精灯直接加热的方法

勇者

教育

D.浓缩的过程是为了把萃取剂与β-胡萝卜素分开

【例4】下列关于胡萝卜素鉴定实验的有关叙述中,正确的是(　　)

A.每次点样应快速细致,形成直径相同的小圆点

B.点样后应立即将滤纸放入层析液中

C.层析液所用试剂为石油醚和酒精的混合液

D.层析过程中,滤纸放在普通烧杯中

【方法链接】蒸馏装置的两种用法

(1)在蒸馏法中的应用:用于蒸馏过程,蒸馏后植物有效成分随水蒸气一起蒸馏,冷凝后存在于油水混合物中。

(2)在萃取法中的应用:用于萃取液的浓缩,植物有效成分存在于蒸馏烧瓶中,冷凝后收集到的是有机溶剂。

学习小结

归纳总结　构建网络

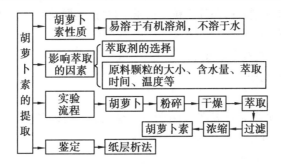

达标检测

监测评价　达标过关

1.有人说胡萝卜生吃营养价值高,有人说胡萝卜熟吃营养价值高,并且在炒胡萝卜时要多放油。你认为说法正确的是(　　)

　　A.两种都正确　　　　　　　　　　B.前一种正确,后一种错误

　　C.前一种错误,后一种正确　　　　D.两种都错误

2.下列有关胡萝卜素的叙述,错误的是(　　)

　　A.胡萝卜素的化学性质稳定,溶于水,不溶于乙醇

　　B.胡萝卜是提取天然β-胡萝卜素的原料

　　C.微生物的发酵生产是工业提取β-胡萝卜素的方法之一

　　D.提取后,干燥过程中,时间不能太长,温度不能太高

3.影响胡萝卜素提取的因素有(　　)

①温度;②胡萝卜的干燥程度;③萃取剂的性质;④萃取剂的使用量;⑤胡萝卜粉碎块大小;⑥加热时间。

　　A.①②③④⑤⑥　　　B.①③④⑥　　　C.①②④⑤⑥　　　D.①②③⑤

4.在胡萝卜素的提取过程中,对材料的处理正确的是(　　)

　　A.要把买来的胡萝卜放置几天后,再做实验

　　B.在烘箱中烘干胡萝卜时,为了节省时间,要求温度越高越好

　　C.为了充分干燥胡萝卜,所以干燥时间越长越好

　　D.要把烘干的胡萝卜用研钵研成胡萝卜干粉备用

5.根据从胡萝卜中提取胡萝卜素的相关知识及胡萝卜素的性质,回答下列问题:

(1)胡萝卜素是＿＿＿＿＿＿＿＿色的结晶。从胡萝卜中提取胡萝卜素时,常用＿＿＿＿＿＿＿＿作为溶剂,原因是＿＿＿＿＿＿＿＿＿＿＿＿＿＿＿＿＿＿＿＿＿＿＿＿＿＿＿＿＿＿＿＿＿＿＿＿＿＿＿。

(2)从胡萝卜中提取胡萝卜素常用的方法是＿＿＿＿＿＿＿＿法。用这种方法提取胡萝卜素的主要步骤是:粉碎、干燥、＿＿＿＿＿＿＿＿、＿＿＿＿＿＿＿＿、＿＿＿＿＿＿＿＿。

(3)在胡萝卜颗粒的加热干燥过程中,应严格将_____和_____控制在一定范围内,原因是_____。

(4)提取的胡萝卜素可通过_____法进行鉴定,在鉴定过程中需要用_____对照。

(5)一般情况下,提取胡萝卜素时,提取效率与原料颗粒的含水量成_____比。

·课时对点练

注重双基　强化落实

【基础过关】

1.胡萝卜素可以分为 α、β、γ 三类,划分的依据是(　　)

A.层析后出现在滤纸条上的位置

B.根据在人和动物体内的功能和作用部位

C.根据分子式中碳碳双键的数目

D.根据分解后产生的维生素 A 的分子数

2.萃取前往往要将胡萝卜烘干、粉碎,并且原料颗粒越小越好,这样做的目的是(　　)

A.让胡萝卜尽快溶解成胡萝卜素

B.让原料与萃取剂充分接触,提高萃取效率

C.让原料颗粒尽快溶于萃取剂中

D.节省萃取剂的使用量

3.有同学想研究萃取胡萝卜素的最佳温度,则在设计实验时应注意的是(　　)

A.萃取时间不用考虑是否相同

B.使用不同的萃取剂,但量要相同

C.原料颗粒大小不同

D.除温度外,其他因素相同,以保证单一变量

4.下列有关萃取的说法中,不正确的是(　　)

A.萃取后常需分液　　　　　　　　B.分液不一定要有萃取

C.分液常用的仪器是分液漏斗　　　D.萃取所用的试剂一般为水

5.为了增加胡萝卜素的萃取量,应该(　　)

A.尽量使用含水量多的胡萝卜　　　B.尽量使用粉碎的胡萝卜颗粒

C.尽量使用水溶性强的有机溶剂　　D.尽量在常温条件下萃取

6.对胡萝卜素的提取顺序,正确的是(　　)

A.胡萝卜→粉碎→萃取→干燥→浓缩→过滤→胡萝卜素

B.胡萝卜→粉碎→过滤→干燥→萃取→浓缩→胡萝卜素

C.胡萝卜→粉碎→过滤→萃取→干燥→浓缩→胡萝卜素

D.胡萝卜→粉碎→干燥→萃取→过滤→浓缩→胡萝卜素

【能力提升】

7.对比观察下列 4 个纸层析鉴定提取的胡萝卜素粗品的层析装置,其中正确的是(　　)

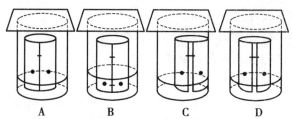

　　A　　　　　B　　　　　C　　　　　D

8.提取胡萝卜素和提取玫瑰油时都需要加热,但用萃取法提取胡萝卜素时,采用的是水浴加热法,而用水蒸气蒸馏法提取玫瑰油时是直接加热。其原因是(　　)

A.前者需要保持恒温,后者不需要恒温

勇者
教育

B.前者容易蒸发,后者不容易蒸发

C.胡萝卜素不耐高温,玫瑰油耐高温

D.前者烧瓶里含有机溶剂,易燃易爆,后者瓶中是水

9.如图甲为胡萝卜素粗品鉴定装置示意图,图乙为胡萝卜素的纸层析结果示意图。下列相关叙述中,错误的是( )

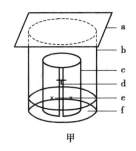
甲

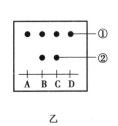
乙

A.图甲中a的作用是防止层析液挥发

B.在对图甲中的e进行点样时,应该快速细致并保持滤纸干燥

C.图乙的A、B、C、D四点中,属于标准样品样点的是A和D

D.在图乙中的层析谱中,②代表的物质是胡萝卜素,①代表的物质是其他色素和杂质

10.如图为科研人员分别用六种不同的提取溶剂(编号为1—6)按相同的提取步骤提取的类胡萝卜素的含量图,下列叙述错误的是( )

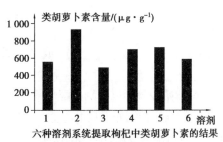
六种溶剂系统提取枸杞中类胡萝卜素的结果

A.使用有机溶剂为提取剂,是因为类胡萝卜素易溶于有机溶剂

B.相同的提取步骤是为了确保单一变量

C.实验课题为探究六种溶剂系统对枸杞中类胡萝卜素提取的影响

D.实验结论为不同溶剂对不同品种的类胡萝卜素的提取量影响不同

11.结合所学知识及装置图,回答下列问题:

(1)萃取剂可分为_____和_____两种,乙醇和丙酮属于_____,能否用于萃取β-胡萝卜素?_____。作为β-胡萝卜素萃取剂应具备_____的特点。

(2)在提取β-胡萝卜素时,常采用的原料是_____,因为其不仅_____,而且_____。

(3)萃取的效率主要取决于_____,同时也受到_____等条件的影响。

(4)萃取过程中,第一步需_____,以提高效率。因为_____,所以应避免明火加热,而采用水浴加热的方法。通过加热处理,β-胡萝卜素溶解在萃取液中,再经_____得到萃取液,经过_____后,可用_____装置直接进行浓缩。

12.胡萝卜素可用于治疗因缺乏维生素A而引起的各种疾病,还是常用的食品色素,还具有使癌变细胞恢复为正常细胞的作用。如图是提取胡萝卜素的实验流程示意图,请回答下列相关问题:

胡萝卜 → 粉碎 → 干燥 → A → 过滤 → B → 胡萝卜素

(1)除了可以从植物中提取天然胡萝卜素外,还可以从养殖的岩藻中获得或者利用_____生产。

(2)新鲜的胡萝卜含有大量的水分,在胡萝卜素的提取过程中,要对新鲜的胡萝卜进行_____处理,但要注意控制_____和时间,这是因为_____。

(3)图中 A 过程表示_____,此过程用到的有机溶剂应该具有较高的_____,能够充分_____胡萝卜素,并且不与水混溶。

(4)图中 B 过程表示_____,在此之前进行过滤的目的是_____。

【高考体验】

13.(2015·全国Ⅱ,39)回答与胡萝卜素有关的问题:

(1)胡萝卜含有的胡萝卜素中,最主要的是_____(填"α-胡萝卜素""β-胡萝卜素"或"γ-胡萝卜素"),一分子该胡萝卜素在人体内可以转变成两分子_____,后者缺乏会引起人在弱光下视物不清的病症,该疾病称为_____。胡萝卜素是_____(填"挥发性"或"非挥发性")物质。

(2)工业生产上,用养殖的岩藻作为原料提取胡萝卜素时,_____(填"需要"或"不需要")将新鲜的岩藻干燥。

(3)现有乙醇和乙酸乙酯两种溶剂,应选用其中的_____作为胡萝卜素的萃取剂,不选用另外一种的理由是_____。

14.(2013·山东,34)胡萝卜素是一种常用的食用色素,可分别从胡萝卜或产生胡萝卜素的微生物体中提取获得,流程如下:

酵母菌R → 酵母菌R → 菌体 → 离心
的筛选   的培养   裂解   沉淀 → 萃取 → 过滤 → 浓缩 → 胡萝卜素
胡萝卜 → 粉粹 → 干燥   的鉴定

(1)筛选产胡萝卜素的酵母菌 R 时,可选用_____或平板划线法接种。采用平板划线法接种时需要先灼烧接种环,其目的是_____。

(2)培养酵母菌 R 时,培养基中的蔗糖和硝酸盐可以分别为酵母菌 R 提供_____和_____。

(3)从胡萝卜中提取胡萝卜素时,干燥过程应控制好温度和_____,以防止胡萝卜素分解;萃取过程中宜采用_____方式加热以防止温度过高;萃取液浓缩前需进行过滤,其目的是_____。

(4)纸层析法可用于鉴定所提取的胡萝卜素。鉴定过程中需要用胡萝卜素标准品作为_____。

15.(2013·海南高考改编)根据相关知识,回答胡萝卜素提取和鉴定方面的问题:

(1)从胡萝卜中提取胡萝卜素时,通常在萃取前要将胡萝卜粉碎和_____,以提高萃取效率。

(2)水蒸气蒸馏法_____(填"适合"或"不适合")胡萝卜素的提取,原因是_____
_____。

(3)为了提高萃取效果,萃取时应_____。

(4)除去萃取液中的有机溶剂,可以采用_____法。

(5)鉴定萃取物中是否含有胡萝卜素时,通常可采用_____法,并以_____样品作为对照。

·课外阅读

自主研修　拓展视野

1. β-胡萝卜素的应用

1831 年,瓦坎罗德尔(Wackenroder)从胡萝卜中分离到了胡萝卜素,但直到 20 世纪 30 年代,胡萝卜素的化学结构才得以确定。植物中的胡萝卜素经人体吸收后,可以在体内转变为有生理活性的维生素 A。通常,我们把能在体内转变为维生素的物质称为维生素原,胡萝卜素就是维生素 A 原,其中起主要作用的是 β-胡萝卜素。胡萝卜素能够治疗因维生素 A 缺乏所引起的各种疾病。此外,胡萝卜素还能够有效清除体内的自由基,预防和修复细胞损伤,抑制 DNA 的氧化,预防癌症的发生。

β-胡萝卜素还可以作为禽畜饲料添加剂,能提高鸡的产蛋率,还可以提高牛的生殖能力。β-胡萝卜素具有优良的着色性能,着色范围是黄色、橙红,着色能力强,色泽稳定均匀,能与 K、Zn、Ca 等元素并存而不变色,尤其适合添加在儿童食品中,因此,被广泛作为食品、饮料及饲料的添加剂使用。β-胡萝卜素本身是油溶性的,非常适合油

勇者
教育

性产品或蛋白质类产品的开发,如人造奶油、胶囊、鱼浆制品、素食产品、速食面、调理包,等等。因此,β-胡萝卜素是联合国粮食及农业组织和世界卫生组织食品添加剂联合委员会认可的无毒、有营养的食品添加剂。研究还表明,将抗氧化维生素涂抹在皮肤上,不仅能防止紫外线的伤害,还能促进对已被伤害皮肤的修复,使皮肤保持弹性,β-胡萝卜素因而也逐渐应用于化妆品等新兴市场。

2.胡萝卜素的理化性质

胡萝卜素为紫红色或暗红色结晶粉末,稍有臭味,不溶于水和甘油,溶于石油醚,在橄榄油和苯中的溶解度为0.1 g/100 mL,在氯仿中溶解度为4.3 g/100 mL。胡萝卜素在弱碱条件下比较稳定,在酸中不稳定,在光照和含氧条件下也不稳定。胡萝卜素低浓度时为黄色,高浓度时为橙红色。重金属离子,特别是铁离子,可促使胡萝卜素褪色。除胡萝卜外,绿色蔬菜和黄玉米、小米等粮食中也含有一定量的胡萝卜素。

知识体系构建　核心素养提升

·系统构建

把握整体　突破要点

【知识建网】

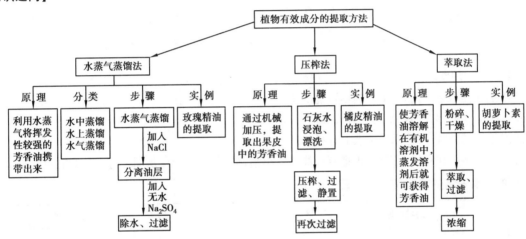

【要语必背】

1.植物芳香油具有很强的挥发性,主要包括萜类化合物及其衍生物。植物芳香油的提取方法有蒸馏、压榨和萃取等。

2.玫瑰精油的提取一般用水蒸气蒸馏法。其流程是:鲜玫瑰花 + 清水(1∶4)→水蒸气蒸馏→油水混合物 $\xrightarrow{\text{加入 NaCl}}$ 分离油层 $\xrightarrow{\text{加入无水 Na}_2\text{SO}_4}$ 除水 $\xrightarrow{\text{过滤}}$ 玫瑰油。

3.橘皮精油的提取一般用压榨法。其流程是:石灰水浸泡→漂洗→压榨→过滤→静置→再次过滤→橘皮油。

4.胡萝卜素不溶于水,易溶于石油醚等有机溶剂,可用萃取法提取。

5.胡萝卜素有 α、β、γ 三类,其中 β-胡萝卜素是最主要的组成成分。

6.提取胡萝卜素的流程:胡萝卜→粉碎→干燥→萃取→过滤→浓缩→胡萝卜素。

7.萃取的效率主要取决于萃取剂的性质和使用量,原料颗粒的大小、紧密程度、含水量、萃取的温度和时间等条件对萃取的效率也有影响。

8.萃取过程要避免明火加热,应采用水浴加热。

9.对提取的胡萝卜素可通过纸层析进行鉴定。

·规律整合

系统总结　灵活应用

一、几种物质的提取方法、原理及步骤

不同物质的提取是根据其理化性质的不同来进行的,因此,应先确定提取物质的理化性质,然后再选择适宜

的提取方法进行提取。

提取物质	提取方法	提取原理	步　骤
DNA	盐析法	①在不同浓度的NaCl溶液中溶解度不同 ②不溶于酒精,但某些蛋白质则溶于酒精	①溶解在物质的量浓度为2 mol/L的NaCl溶液中 ②加水稀释NaCl溶液至物质的量浓度为0.14 mol/L,使DNA析出,过滤 ③加入冷却酒精析出
血红蛋白	凝胶色谱法、电泳法	①根据相对分子质量的大小 ②各种分子带电性质差异	样品处理→粗提取→纯化→纯度鉴定
玫瑰精油	水蒸气蒸馏法	利用水蒸气将挥发性较强的植物芳香油携带出来	水蒸气蒸馏→分离油层→除水过滤
橘皮精油	压榨法	通过机械加压,压榨出果皮中的芳香油	石灰水浸泡、漂洗→压榨、过滤、静置→再次过滤
胡萝卜素	萃取法	使提取物溶解在有机溶剂中,蒸发后得到提取物	粉碎、干燥→萃取、过滤→浓缩

【例1】下列关于用萃取法来提取芳香油的理解,不正确的是(　　)

A.用萃取法来提取芳香油,要求原料尽可能细小

B.用萃取法提取的芳香油要易溶于有机溶剂

C.在浸泡植物材料时,要选用低沸点的有机溶剂

D.芳香油充分溶解在有机溶剂后,再把芳香油蒸发出来,剩下有机溶剂,从而使芳香油和有机溶剂分离

二、玫瑰精油和橘皮精油的提取方法比较

提取物质	化学性质	提取方法	提取原理
玫瑰精油	稳定,难溶于水,易溶于有机溶剂,能同水蒸气一同蒸馏	水蒸气蒸馏法	利用水蒸气将挥发性较强的植物芳香油携带出来,形成油水混合物,冷却后,混合物又会重新分出油层和水层
橘皮精油	无色透明,主要化学成分是柠檬烯	压榨法	橘皮精油有效成分在用水蒸气蒸馏时会发生部分水解,同时又会导致原料焦煳,故一般采用压榨法

【例2】芳香油的提取方法主要分为三种:蒸馏法、萃取法和压榨法。以下关于提取方法的选择,认识错误的是(　　)

A.水蒸气蒸馏法适用于提取玫瑰油、薄荷油等挥发性强的芳香油

B.压榨法适用于柑橘、柠檬等易焦煳原料的提取

C.若植物有效成分易水解,应采用水蒸气蒸馏法

D.提取玫瑰精油和橘皮精油的实验流程中共有的操作是分液

三、比较水蒸气蒸馏法与有机溶剂萃取提取装置及用途

比较项目	水蒸气蒸馏装置	有机溶剂萃取装置
装置图示	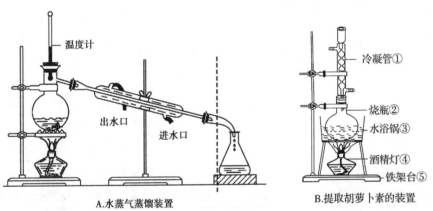	
用途	用于水蒸气蒸馏法提取易挥发且难溶于水的植物芳香油	用于易溶于有机溶剂、且不适于水蒸气蒸馏的原料中的有效成分的提取
有效成分位置	存在于右侧接收瓶中	存在于烧瓶内有机溶剂中

【例3】下图是玫瑰油提取的水蒸气蒸馏装置图和胡萝卜素提取的装置图,请据图分析,并比较回答下列有关问题:

A.水蒸气蒸馏装置　　　　　　B.提取胡萝卜素的装置

（1）从装置上看,A装置多了_____、连接管、_____;B装置增加了_____,目的是_____。

（2）A装置中提取物最后存在于_____,B装置提取物存在于_____。

（3）两个装置的差别是提取的方法不同,归根到底这是由于提取物的分子结构不同、理化性质不同。A装置中提取物一般具有_____,B装置中提取物在石油醚等有机溶剂中有较高的_____。

· 核心素养提升

理念渗透　贯穿始终

　　"社会责任"是指基于生物学的认识,参与个人与社会事务的讨论,作出理性解释和判断,解决生产生活问题的担当和能力。我们应以造福人类的态度和价值观,积极运用生物学的知识和方法,关注社会议题,参与讨论并作出理性解释,辨别迷信和伪科学;形成生态意识,参与环境保护实践;主动向他人宣传健康生活和关爱生命等相关知识;结合本地资源开展科学实践,尝试解决现实生活问题。

　　"社会责任"素养水平分四个方面:

　　一、知道社会热点中的生物学议题;认同健康的生活方式,珍爱生命,远离毒品;认同环境保护的必要性和重要性,认同地球是人类唯一的家园。

二、关注并参与社会热点中的生物学议题的讨论;接受科学、健康的生活建议;了解传染病的危害与防控知识;养成环保意识与行为;关注生物技术在生产、生活中的应用。

三、基于生物学的基本特点,辨别迷信和伪科学;制订适合自己的健康生活计划;主动运用传染病的相关防控知识保护自身健康;参与社区生物多样性保护以及环保活动的宣传和实践;具有通过科学实践解决生活中问题的意识和想法。

四、针对现代生物技术在社会生活中的应用,基于生物学的基本观点,辨别并揭穿伪科学;制订并践行健康生活计划;向他人宣传毒品的危害及传染病的防控措施;参与当地环保建议的讨论;能通过科学实践,尝试解决现实生活中的生物学问题。

【例4】(2017·全国卷Ⅲ)绿色植物甲含有物质W,该物质为无色针状晶体,易溶于极性有机溶剂,难溶于水,且受热、受潮易分解。其提取流程为:植物甲→粉碎→加溶剂→振荡→收集提取液→活性炭处理→过滤去除活性炭→蒸馏(含回收溶剂)→重结晶→成品。回答下列问题:

(1)在提取物质W时,最好应选用的一种原料是_____(填"高温烘干""晾干"或"新鲜")的植物甲,不宜选用其他两种的原因是_____。

(2)提取物质W时,振荡的作用是_____。

(3)活性炭具有很强的吸附能力,在提取过程中,用活性炭处理提取液的目的是_____
_____。

(4)现有丙酮(沸点56℃)、乙醇(沸点约78℃)两种溶剂,在提取物质W时,应选用丙酮作为提取剂,理由是___
_____
_____。

(5)该实验操作过程中应注意的事项是_____
_____(答出两点即可)。

【素养解读】本题主要考查的核心素养是科学思维和科学探究,具体表现在四个角度:

核心素养	素养角度	具体表现
科学思维	分析与综合	(1)中分析提取物质W时原料的处理方法;(3)中分析活性炭的作用
	比较与分类	(4)中比较丙酮和乙醇作为提取剂的优缺点
科学探究	分析实验	(2)中分析振荡的作用
社会责任	针对现代生物技术在社会生活中的应用,结合本地资源开展科学实践,尝试解决现实生活问题	

·跟踪训练

精练深思　触类旁通

1. 在工业生产中,提取薄荷、香茅、桉树叶等植物中的植物精油,通常将其置于蒸馏锅内的筛板上,筛板下盛放一定量水以满足蒸馏操作所需的足够的饱和水蒸气,水层高度以水沸腾时不溅湿原料底层为原则。然后采用直接火加热、直接或间接蒸气加热等方式提取此类植物的精油。这种方法叫(　　　)

A. 水中蒸馏法　　　　　　　　　　　　　B. 水上蒸馏法

C. 水汽蒸馏法　　　　　　　　　　　　　D. 既叫水上蒸馏法,也叫水汽蒸馏法

2. 在植物有效成分的提取过程中,常用萃取法、蒸馏法和压榨法,下列关于这三种方法的叙述错误的是(　　　)

A. 蒸馏法和萃取法都需要水浴加热

B. 压榨法适用于易焦煳原料的提取,如柑橘、柠檬等

C. 萃取法适用范围较广,一般原料颗粒小、萃取温度高、时间长,萃取效果好

D. 蒸馏法适用于提取玫瑰油、薄荷油等挥发性强的芳香油

3. 在植物有效成分的提取过程中,常用萃取法、蒸馏法和压榨法,下列关于这三种方法叙述错误的是(　　　)

A. 蒸馏法的实验原理是利用水将芳香油溶解,再把水蒸发掉,剩余的就是芳香油

B.压榨法的实验原理就是通过机械加压,压榨出果皮中的芳香油

C.萃取法的实验原理是使芳香油溶解在有机溶剂中,蒸发掉溶剂后就可获得芳香油

D.柑橘和柠檬不易采用蒸馏法提取

4.新鲜的柑橘皮中含有大量的果蜡、果胶和水分,压榨之前,需要将柑橘皮干燥去水,并用石灰水浸泡。下列叙述不正确的是(　　)

A.石灰水能破坏细胞结构、分解果胶,防止橘皮压榨时滑脱

B.石灰水是强碱,浸泡主要是为了中和柑橘皮中的酸性物质

C.浸泡后的柑橘皮要用流水漂洗,避免与皮肤接触

D.橘皮在石灰水中的浸泡时间应在 10 h 以上

5.下列关于玫瑰精油和橘皮精油提取的过程,叙述正确的是(　　)

A.玫瑰精油和橘皮精油都可用蒸馏、压榨和萃取的方法提取

B.在水蒸气蒸馏出的玫瑰乳浊液中加入无水 Na_2SO_4 的目的是除水

C.新鲜的橘皮中含有大量的果蜡、果胶等,为了提高出油率,需用 $CaCO_3$ 水溶液浸泡

D.玫瑰精油和橘皮精油都有很强的挥发性,易溶于有机溶剂,其成分都是萜类化合物的衍生物

6.胡萝卜素可用于治疗因缺乏维生素 A 而引起的各种疾病,下图是提取胡萝卜素的实验流程示意图,相关说法正确的是(　　)

胡萝卜 → 粉碎 → 干燥 → 甲 → 过滤 → 乙 → 胡萝卜素

A.图中干燥处理时的温度越高、时间越长越利于胡萝卜素提取

B.图中甲过程表示萃取,此过程用到的有机溶剂具有较低的沸点

C.图中乙过程表示浓缩,浓缩之前进行过滤的目的是除去萃取液中的不溶物

D.只能从植物中提取天然 β-胡萝卜素

7.胡萝卜素被认定为 A 类优秀营养色素,下列关于 β-胡萝卜素的说法不正确的是(　　)

A.β-胡萝卜素属脂溶性维生素 A 的一种,可治疗因缺乏维生素 A 而引起的骨质疏松、佝偻病等

B.β-胡萝卜素是一种抗氧化剂,可清除体内自由基,抑制自由基生成,具有抗衰老作用

C.β-胡萝卜素具有促进免疫细胞增殖,增强免疫细胞功能的作用,故可防治肿瘤、癌症等疾病

D.β-胡萝卜素摄入量大时,在体内可积累又不会引起中毒,故可作为食品添加剂和营养补充剂

8.关于胡萝卜素的纸层析鉴定,下列说法正确的是(　　)

①制备滤纸:取 18 cm×30 cm 滤纸条,在滤纸下端距底边 2 cm 处做一基线,取 A、B、C、D 4 个点。②点样:用最细注射器针头分别吸取标准样品和提取样品在 A、D 和 B、C 点上点样,吹干。③层析:将滤纸卷成筒状并固定,放到盛有 1 cm 深石油醚的密封玻璃瓶中层析。④观察:取出滤纸条,使石油醚自然挥发后观察层析带。⑤注意滤纸条预先干燥处理;点样时快速细致、样点圆点尽量细小;滤纸筒的竖直边缘不能接触;石油醚易挥发,注意层析容器要密封。

　　A.全对　　　　　B.四项对　　　　　C.三项对　　　　　D.两项对

9.根据提取橘皮精油的实验流程示意图回答下列问题:

①石灰水浸泡→②漂洗→③压榨→④过滤→⑤静置→⑥再次过滤→橘皮油

(1)第①步之前对橘皮的处理是_____。

(2)新鲜的橘皮中含有大量的_____、_____和_____,如果直接压榨,出油率较低。

(3)压榨是一个机械加压过程,要求是_____

_____。

(4)为了使橘皮油易与水分离,还要分别加入_____,并调节 pH 值至_____。

(5)第④步用_____过滤,目的是除去_____。

(6)第⑥步用_____过滤。

10.下图为提取胡萝卜素的装置示意图,请回答有关问题:

(1)胡萝卜素萃取的效率主要取决于＿＿＿＿＿＿＿＿和＿＿＿＿＿＿＿＿。

(2)一般来说,要想萃取效果好,就要保证＿＿＿＿＿＿＿＿＿＿＿＿＿＿＿＿＿＿。

(3)萃取过程应该避免明火加热,采用＿＿＿＿＿＿＿＿加热,其原因是＿＿＿＿＿＿＿

＿＿

(4)在加热瓶口安装冷凝回流装置的目的是＿＿＿＿＿＿＿＿＿＿＿＿＿＿＿＿＿＿＿。

(5)实验完成后,通过观察＿＿＿＿＿＿＿＿,可以验证实验是否成功。

冷凝管

烧瓶

水浴锅

酒精灯

铁架台

勇者
教育

参考文献

[1] 何国庆.食品发酵与酿造工艺学[M].2 版.北京:中国农业出版社,2013.

[2] J. 萨姆布鲁克,D. W. 拉塞尔.分子克隆实验指南[M].3 版.黄培堂,等,译.北京:科学出版社,2016.

[3] 李建武,等.生物化学实验原理和方法[M].北京:北京大学出版社,1994.

[4] 中山大学生物系生化微生物学教研室.生化技术导论[M].北京:人民教育出版社,1978.

 后 记

　　根据中华人民共和国教育部制定的《普通高中生物学课程标准(2020年修订版)》,以人民教育出版社出版的教材为参考依据,重庆市松树桥中学高中生物校本教材编委会编写了本书。本书在编写过程中得到了诸多教育界前辈和生物学科专家的热情帮助和大力支持,在此表示衷心的感谢。另外,我们还要特别感谢担任本精品选修课程校本教材顾问的刘恩山教授、张涛教授、赵占良老师,感谢所有对本教材提出修改意见,提供帮助和支持的专家、学者、教师以及社会各界朋友。

　　为了保证本书的实验和探究等学生活动切实可行,重庆师范大学生命科学学院2015级、2016级、2017级生物教育专业师生和重庆市松树桥中学生物学科组教师做了大量的研究准备工作,在此表示感谢。

　　一个建议,启迪智慧;一份厚爱,润泽心灵。自满是学习的拦路虎,自谦是智慧的引路人,唯有虚心的态度,方能领悟精髓,唯有谦恭的心灵,方能海纳百川。因此,我们还要感谢使用重庆市精品选修课程"生物技术实践"校本教材的全体同学,希望你们在使用本套校本教材的过程中,能够及时把意见和建议反馈给我们,共同完成重庆市精品选修课程"生物技术实践"校本教材建设工作。让我们携起手来,做海燕搏击风雨,做大鹏展翅高翔,千帆竞发,百舸争流,乘风破浪,扬帆远航。

　　我们的联系方式是:

　　E-mail:1748643676@ qq. com。

重庆市精品选修课程"生物技术实践"校本教材编委会

2019 年 12 月